国学新读本

近 思 录

路新生 注说

河南大学出版社

国学新读本编辑委员会

总策划　马小泉

主　编　李振宏

编　委　（以姓氏笔画为序）

马小泉　王　健　朱绍侯　刘小敏

李中华　李振宏　苏凤捷　何晓明

张云鹏　张富祥　宋会群　杨天宇

杨寄林　杨朝明　赵国华　郑慧生

姜建设　袁喜生　曹　峰　曹础基

曾振宇　戚良德　龚留柱　熊铁基

目　录

序 ……………………………………… 李振宏（1）

《近思录》通说 ………………………………………（1）

一　《近思录》的编纂及内在结构 ……………（2）

二　《近思录》与鹅湖之会 ……………………（27）

三　"主敬"与"主静"：《近思录》中的理欲观 ……（78）

四　关于《近思录》中的"辟二氏" ……………（101）

五　历史的嬗变：《近思录》学术地位的提升与
　　定格 …………………………………………（106）

六　《近思录》阅读要点 ………………………（116）

七　校注说明 ……………………………………（126）

《近思录》简注 ………………………………………（127）

《序》 ………………………………………………（127）

卷一　道体（凡五十一条） ……………………（129）

卷二　为学大要（凡百十一条） ………………（148）

卷三　格物穷理（凡七十八条） ………………（184）

卷四　存养（凡七十条） ………………………（210）

卷五　改过迁善,克己复礼(凡四十一条) ………(230)
卷六　齐家之道(凡二十二条) ……………(243)
卷七　出处进退辞受之义(凡三十九条) ……(251)
卷八　治国平天下之道(凡二十五条) ………(265)
卷九　制度(凡二十七条) ……………………(277)
卷十　处事之方(凡六十四条) ………………(290)
卷十一　教学之道(凡二十一条) ……………(310)
卷十二　改过及人心疵病(凡三十三条) ……(317)
卷十三　异端之学(凡十四条) ………………(326)
卷十四　圣贤气象(凡二十六条) ……………(334)

序

最近一些年来,一股"国学热"的思潮强劲涌动,在文化学界以至于整个社会上,引起了强烈反响。为什么在这样一个社会的大变革时代,在从传统社会向现代社会的转型期,最为传统的国学,却能引起国人的极大兴趣,这的确是一个值得思考和研究的问题。

"国学"作为一个学术文化概念,产生于近代。从渊源上讲,"国学"概念的产生,与"国粹"有些关联,并且是从对抗西学侵入的角度提出来的。今天,中华民族早已是一个独立于世界民族之林的自立自强的民族,全球经济一体化所带来的世界文化的汇合与交融,也早已是历史发展的必然趋势,而在这样的历史大势中,却会有"国学热"的产生,乍一看来,确有不可思议之处。但实际上,国学的当代走红,则与我们今天所处的历史时代有着一定的关系。

随着改革开放的迅速推进,随着市场经济的强劲发展,传统道德受到了强烈冲击,传统文化与现代文化观念的碰撞也日益强烈。于是,如何看待传统文化的问题,就严峻地提到了国人的面前。传统文化的出路何在,它从何而来,要走向何方,如何对之进行价值重估,一切关心文化问题、有着强烈历史责任感的人们,无不把关注的目光投向中国的传统学术。当然,也不排除一些对改革开放和市场经济所带来的冲击无法理解和接受,对现代经济发展对传统道德的亵渎强烈抗议的人们，自然而然地发出向传统文化复归而倡导国学的呼声。总之，不论是出于积极的思考，还是抱着一种向后看的心态，对国学的重视则成了最近十多年来一种普遍的文化选择。

于是，对待"国学热"就需要有一个分析的态度。对于任何一个民族的发展来说，传统文化都是其牢固的根基，是其一切历史的出发点，摒弃传统、甚至全盘否定传统文化，都是幼稚可笑的，不可取的。但一遇到问题就求助于传统，甚至一味狂热地提倡向传统复归，也是走不通的，过去那句常说的"倒退是没有出路的"话，虽说不是什么至理名言，却也还是有些道理的。这些年来，一些地方出现的中小学生、甚至幼儿园小朋友的读经热，就是一种值得注意的倾向。国学，毕竟是一种学术，需要有一定的文化基础，有一定的分析批判能力，才能对之进行识读、鉴别而决定其取舍。所以，严格地说，对于国学，尤其是经学，在当代中国，需要的是研究以及在此基础上的批判继承，而不是再像传统社会中那样采取唱诗班的方式，对青少年一代进行无分析地灌输。因此，如何弘扬传统文化，就是一个需要思考的问题。

正是基于以上考虑，为着弘扬优秀传统文化的需要，也为着对社会上盲目崇尚读经的风气有所引导，我们组织了这套"国学新读本"丛书，选择一些在中国传统文化中影响较大的国学典籍，对之进行简明扼要的注释，然后在读本前边，用较大篇幅解读该典籍的基本思想文化内涵，评述其在中国文化史上的地位和影响，并对如何阅读该典籍做出读书方法上的引导。通过这样一个较为翔实的导读内容，以批判分析的态度，给青年人的国学典籍阅读提供一个健康的思想导向。根据这样的宗旨，这套丛书，在大的结构上，每本都分为"通说"和"简注"两个部分，"通说"是导读的性质，"简注"在于疏通文字，希望这样的安排，能够为青年朋友和一般社会读者提供一个国学入门的向导。果能如此,也就实现了撰著者和出版者的愿望。

国学所以是国学,就在于它是我们祖国优秀民族文化和民族精神的载体。在这些国学典籍中,包含着民族文化的基因,蕴藏着民族精神的范型。衷心期待这套丛书能够成为广大读者学习国学精华、体认民族精神、继承祖国优秀文化遗产的良师益友。

李振宏

2008年2月28日

《近思录》通说

在中国儒学发展史上,《近思录》是一部重要的典籍。这部著作的编纂者为南宋大儒朱熹和吕祖谦。朱熹、吕祖谦是好友,学术交往密切。淳熙二年(1175年)夏,吕祖谦赴建阳寒泉精舍与朱熹相会,讲学论道。两人"相与读周子、程子、张子之书,叹其广大闳博,若无津涯,而惧夫初学者不知所入也"。"因共掇取其关于大体而切于日用者"①,辑录北宋理学大家周敦颐、张载、程颢、程颐四子论学语录计622条,编成《近思录》14卷。朱、吕两人只"止旬日"就能够编成《近思录》这一部大书,这却并不是说朱熹与吕祖谦原先没有读过四子的著述,在朱熹的"寒泉精舍"中率尔操觚,草草用事,只用了"旬日"便编成了《近思录》。换言之,朱、吕两人之所以"旬日"便能够编成《近思录》,恰恰说明二人原先一定已经熟读过四子书,掌握了四子思想的精华,成竹在胸,两人相聚于寒泉精舍,"温故"而"知新","旬日"而已。若缺乏原有的对四子著述及理念的深切理解和本身深厚的理学学养,朱、吕两人是断断编不出体大思精如《近思录》般的理学巨著的。朱熹对这部书赞誉有加,说:"修身导言大法,《小学》备矣;义理精微,《近思录》详之。""《近思录》一书,无不切人身,救人病者。"又说:"《近思录》好看。"甚至认

---

① 朱熹:《近思录序》。

为:"四子(按,即《四书》),六经之阶梯;《近思录》,四子之阶梯。"①朱子盛赞《近思录》,原因何在?据陈荣捷先生的研究,《近思录》的主要编纂者是朱熹。② 当年于《近思录》的语录抉择、卷数次第、体例编排等一系列问题上,朱熹殚精竭虑、呕心沥血,这或许是他"敝帚自珍"而绝不妄自菲薄,以至于如此夸赞《近思录》的原因之一。但朱熹的自誉绝非漫大无根之谈,因为这部著作之伟大经历了历史的考验。早在《近思录》面世之初该书已在学界流传。该书在儒学发展史上拥有无可取代的地位,确如陈荣捷先生所说:"《近思录》为我国第一本哲学选辑之书,亦为北宋理学之大纲,更是朱子哲学之轮廓。以后宋代之《朱子语类》,明代之《性理大全》,与清代之《朱子全书》与《性理精义》,均依此书之次序为次序,支配我国士人之精神思想凡五六百年。影响所及,亦操纵韩国与日本思想数百载,且成为官学。"③

一 《近思录》的编纂及内在结构

(一) 四子简介

《近思录》的"作者"是周敦颐、程颢、程颐、张载,合称"四子"。

周敦颐(1017～1073年),北宋哲学家。字茂叔,原名敦实,因避宋英宗旧讳改名敦颐,号濂溪,道州营道(今湖南道县)人。他幼年丧父,养于舅父龙图阁学士郑向家,后以荫入仕。历任洪州分宁

---

① (宋)黎靖德编:《朱子语类》,卷第一〇五,中华书局1994年版。
② 陈荣捷:《近思录详注集评·引言》,第3页,华东师范大学出版社2007年版。
③ 陈荣捷:《近思录详注集评·引言》,第1页,华东师范大学出版社2007年版。

县主簿、南安军司理参军、合州判官、虔州通判、广南东路判官、提点广南东路刑狱等，皆有政绩。晚年定居庐山莲花峰下，世称"濂溪先生"。程颢、程颐曾师事之。周氏学术思想以儒家学说为基础，融合道学，间杂佛学，提出"无极而太极"的宇宙生成论命题。主要著作有《太极图说》、《易通》，后人编成《周子全书》。

程颢（1032～1085年），北宋哲学家。字伯淳，河南洛阳伊川人，学者称明道先生。宋仁宗嘉祐进士。曾任江宁府上元县主簿等。神宗朝任太子中允、权监察御史里行。与其弟程颐、司马光等反对王安石新政。哲学上，程颢及程颐提出了"天理"范畴，以为理学的最高范畴。程颢说："吾学虽有所受，天理二字却是自家体贴出来。""天理"范畴涵括了"道"、"理"、"天"等普遍概念，是关于自然界事物及其运动变化的规律性以及社会伦理道德规范的概括和总结。程颢的主要著作有《定性书》、《识仁篇》等。后人以程颢、程颐兄弟的思想学说大同小异，故合称"二程理学"，他们的学说经南宋哲学家朱熹系统地发挥，形成"程朱理学"。程氏兄弟的著作文章被合编为《二程全书》。

程颐（1033～1107年），北宋哲学家。字正叔，河南洛阳伊川（今河南洛阳伊川县）人，世称伊川先生，为程颢之胞弟。历官汝州团练推官、西京国子监教授。元祐元年（1086年）除秘书省校书郎，授崇政殿说书。与其胞兄程颢共创"洛学"，为理学奠定了基础。幼承家学熏陶，政治上与兄程颢共同反对王安石变法。与程颢不但学术思想相近，而且教育思想基本一致，合称"二程"。著作有《周易程氏传》、《遗书》、《易传》、《经说》，被后人辑录为《程颐文集》；明代后期与程颢著述合编为《二程全书》。

张载（1020～1077年）北宋哲学家。字子厚，祖籍大梁（今河南开封）。生于长字（今陕西西安），随父侨寓于凤翔眉县横渠镇（今陕西眉县横渠镇），以后即在横渠镇讲学，人称横渠先生。弟子多为关中人，后人称他的学派为"关学"。嘉佑二年（1057年）举进士，先任祁州司法参军、丹州云岩县令，后迁著作佐郎、签书渭州军事判官公事等。哲学上，张载继承和发展了中国古代气一元论，提出了"太虚即气"的本体论。"太虚无形，气之本体"（《正蒙·太和》）认为气或太虚是最高实体，道是气化的过程。一切具体事物，都是太虚之气凝聚而成，是同一实体的不同形态："太虚不能无气，气不能不聚而为万物，万物不能不散而为太虚。"（《正蒙·太和》），张载还发挥了儒家传统的仁孝道德观念，并将它同"天人合一"思想结合，提出了调和等级矛盾的兼爱即"既吾同胞，物吾与矣"（《西铭》）的思想。"为天地立心，为生民立命，为往圣继绝学，为万世开太平"为张载名言。当代哲学家冯友兰将其称作"横渠四句"。由于其言简意宏，一直被人们传颂不衰。著作主要有《正蒙》、《西铭》、《易说》等，此外还有《经学理窟》一书；明代万历年间沈自彰汇编为《张子全书》。

（二）朱熹和吕祖谦

朱熹（1130～1200年），字元晦，一字仲晦，号晦庵，晚又号晦翁、遁翁、云谷老人，别称紫阳。祖籍婺源（古属安徽徽州，今属江西），生于南剑州尤溪（今属福建），后徙居建阳考亭（今属福建）。少聪慧而有大志，5岁读《孝经》，自题"不若是，非人也"[①]。绍兴十八年（1148年），年仅18岁即登进士第。二十一年，铨试及格，授左迪功郎、泉州同安县主簿。任满归乡，被差监潭州南岳庙。宋孝宗淳熙间（1174～1189年），历任知江西南康军、提举江西常平茶盐公事、提举浙东常平茶盐公事等。宋光宗时，历任知漳川、秘阁修撰、知潭州兼湖南安抚使。宋宁宗初，升焕章阁待制兼侍讲。

[①] 《宋元学案·晦翁学案》，第1496页，中华书局1986年版。

庆元二年（1196年），被反对派弹劾，罢出朝，旋归考亭，建"竹林精舍"（后更名为"沧州精舍"），从此以授徒讲学、著书立说为职志。朱熹曾主持白鹿洞书院，会讲岳麓书院、鹅湖书院等，传道授业数十年，弟子遍布天下，仅宋史记载的就达251人。朱熹早年研习儒家经典，此外，佛教禅学、道经、文学、兵法等亦无不喜好而探究之。拜二程的三传弟子李侗为师后，他专心攻求义理之学，尤重周敦颐、二程、张载。与此同时，朱熹又从佛、老二氏中汲取了丰富的学术营养，并且与传统儒学相互嫁接，终于成为集理学大成的伟大学者。他对经学、史学、文学、乐律研究都有贡献，影响极大，钱穆称之为"言其气魄之远大，议论之高广，组织之圆密，与夫开并时诸贤，皆无以逾乎朱子示之平实浅近"①、"盖自孔子以来，好古博学，殆无其（朱子）比"②。他开创的学派被称为"朱学"、"考亭学派"、"程朱学派"或"闽学"。朱熹的主要著述有《四书章句集注》、《四书或问》、《易本义》、《易学启蒙》、《诗集传》、《太极图说解》、《通书解》、《资治通鉴纲目》、《伊洛渊源录》以及由朱门弟子搜集，经后人编纂而成的《朱子语类》等。庆元六年（1200年）卒，嘉定元年（1208年）谥"文"。

吕祖谦（1137～1181年），字伯恭，祖籍山东东莱，人称"东莱先生"，后迁河南。宋室南渡，曾祖好问、祖父弸中避难南迁。好问、弸中皆好理学，祖谦幼承庭训，得中原文献之传。年少时东莱"性极偏"，"后因病中读《论语》，至'躬自厚而薄责于人'，有省，遂终身无暴怒"③。及长，从林之奇、汪应辰、胡宪游，又与张栻、朱熹相互友善、相互切磋。隆兴元年（1163年）他进士及第，复中博学

---

① 钱穆：《国学概论》，第229页，商务印书馆1997年版。
② 钱穆：《国学概论》，第223页，商务印书馆1997年版。
③ 《宋元学案·东莱学案》，第1652页，中华书局1986年版。

宏词科,任南外宗学教授。六年,任太学博士,召为博士兼国史院编修、实录院检讨官。淳熙三年(1176年),任秘书郎兼官如故,受命重修《徽宗实录》。五年,升著作郎,命诠释《圣宋文海》,断自中兴以前,孝宗赐名《皇朝文鉴》,计150卷。升直秘阁。六年,以疾主管武夷山冲道观而享祠禄。八年七月卒,归葬武义明招山。嘉定九年(1216年),谥"成",追封开封伯。

东莱为学主张明理躬行,他治经而尤重视史学,讲实理,育实才,求实用。东莱知识赅博,善取众长,蔚然成为理学大师,当时即与朱熹、张栻齐名,人称"东南三贤"。是时理学内部学派纷争,朱熹主张明理,陆九渊、陆九龄主张明心,然皆讲求心性。东莱兼取各家之长,强调以实用为归。全祖望校补《宋元学案》,对于当年理学内部的纷争不以为然,而伯恭敦厚温良,大器有容,得到了全祖望的首肯,是故独推之,说:"小东莱之学,平心易气,不欲逞口舌以与诸公角,大约在陶铸同类以渐化其偏,宰相之量也。"全祖望并进一步批评朱熹指出:"惜其(伯恭)早卒,晦翁(朱熹)遂日与人苦争,并诋及婺学。"①说的是伯恭谢世后朱熹曾经出于意气批评婺学,而伯恭正是婺学的开山。下至于清代王懋竑撰《朱熹年谱》,他甚至认为:"朱(熹)、张(栻)、吕(祖谦)三贤,同德同业,未易轩轾。张、吕早卒,未见其止,故集大成者归朱耳。"②这显然是在为吕祖谦名声不及朱熹而打抱不平了。吕著有《古周易》、《书说》、《吕氏家塾读诗记》、《春秋左氏传说》、《春秋左氏传续说》、《详注东莱左氏博议》、《大事记》及《通释》、《解题》、《少仪外传》、《丽泽论说集录》、《历代制度详说》、《周易系辞精义》、《十七史详节》、《东汉精华》等,并编有《宋文鉴》、《古文关键》等。

---

① 《宋元学案·东莱学案》,第1652页,中华书局1986年版。
② 王懋竑:《朱熹年谱》,第119~120页,台湾商务印书馆1982年版。

朱熹、吕祖谦情谊笃厚，学术交往尤其密切。朱熹建白鹿洞书院，特请吕祖谦撰写《白鹿洞书院记》，成为千古佳文。朱、吕两人又常以书信往来探讨治学心得。朱熹给吕祖谦的信现尚存有百余封，超过其他任何学友。吕祖谦写给朱熹的信保存至今的也多达67封。伯恭凡有撰述，多请朱子批评。如其所著《古周易》《左传音训》及《东莱易记》《大事记》等，朱熹均有评论。而朱熹的《论语要义》《西铭解》《太极图说解》《二程遗书》《二程外书》《伊洛渊源录》《大学章句》《中庸章句》等著述初稿撰成后，也都先送吕祖谦请他郢政。朱熹当时早已名声鹊起，是公认有眼力富见地的大学问家和教育家，朱熹却命其子师从吕祖谦，从中更可见朱对吕人格学品的推崇、信任及两人关系之密切。朱、吕二子声气相投、志同道合，有这个基础，才使他们相聚于建阳寒泉精舍"相与读周子、二程、张子之书"时能够产生编纂《近思录》的共鸣。虽说《近思录》编纂的工作主要由朱熹承担，但朱常致函于吕，向他咨询《近思录》的编纂意见，如《四库提要》引《晦庵集》就提到朱熹"乙未八月"、"丙申"、"戊戌"给东莱三书，"皆商榷改定《近思录》"，"灼然可证"《近思录》的面世是朱、吕二子和衷共济一同努力的结晶①。理学发展史上的这一巨著最终完成于朱、吕二子之手，并非偶然。

（三）"前三子"与二程：《近思录》冶四子于同炉

从学理的角度看，《近思录》的编纂有其学术上的重要起因。

朱子在《近思录·序言》中提到了他和吕祖谦"叹其（四子）广大闳博，若无津涯，而惧夫初学者不知所入也"。这话透露出一种对于四子之学浑然泯一、同炉共脍的意味。另据《近思录》卷五，其第15条从《程氏遗书》中选引程颢语录，间接引用了邵雍语录，指

---

① 《四库提要·子部·儒家类二》，第780页，中华书局1965年版。

出:"尧夫解'他山之石,可以攻玉',玉者,温润之物,若将两块玉来相磨,必磨不成。须是得他个粗砺底物,方磨得出。譬如君子与小人处,为小人侵陵,则修省畏避,动心忍性,增益豫防。如此便道理出来。"这段语录复述邵雍之论而不加评论,表明在这一问题上程颢赞同邵雍。《近思录》录用之,那么,《近思录》虽然没有点名引录邵雍,所选的仍然是包括邵雍在内的五子语录。

然而,理学的发展实际上存在着早、中二期。理学先驱当数周敦颐、邵雍、张载。三子均受到了道教的深刻影响,他们吸收了道家的万物化生论作为"形上"依据,用来与儒学中纲常名教"形下"的"践履性"内容相糅合,研讨宇宙本体,并"推极之于人生之正道"。① 如周子的代表作《太极图说》:

> 无极而太极。太极动而生阳,动极而静;静而生阴,静极复动。一动一静,互为其根;分阴分阳,两仪立焉。阳变阴合,而生水、火、木、金、土;五气顺布,四时行焉。五行,一阴阳也;阴阳,一太极也;太极,本无极也。五行之生也,各一其性。无极之真,二五之精,妙合而凝。乾道成男,坤道成女,二气交感,化生万物。万物生生而变化无穷焉,惟人也得其秀而最灵。形既生矣,神发知矣,五性感动而善恶分,万事出矣。圣人定之以中正仁义,(旧注:圣人之道,仁义中正而已矣。)而主静,(旧注:无欲,故静。)立人极焉。故圣人与天地合其德,日月合其明,四时合其序,鬼神合其吉凶。君子修之吉,小人悖之凶。故曰:"立天之道,曰阴与阳;立地之道,曰柔与刚;立人之道,曰仁与义。"

如张载的名篇《正蒙·太和篇》:

> 太虚无形,气之本体。其聚其散,变化之客形尔。至静无

---

① 钱穆:《国学概论》,第195页,商务印书馆1997年版。

感，性之渊源。有识有知，物交之客感尔。客感客形，与无感无形，惟尽性者一之。①

我们读濂溪、横渠的推论，虽然"满纸云烟"②，读起来很费脑筋，但却都能够产生论证圆融无碍且逻辑步骤严密的观感。"阴"、"阳"相伴，"动"、"静"相随，尤其是濂溪在"太极"之上构造出一个"无极"的概念更属理论上的创获。如朱熹所赞："若论'无极'二字，乃是周子灼见道体，迥出常情，不顾旁人是非，不计自己得失，勇往直前，说出人不敢说底道理，令后之学者晓然见得太极之妙，不属有无，不落方体。若于此看得破，方见得此老真得千圣以来不传之秘。"③不过，无论是濂溪的"无极"、"太极"，还是横渠的"太虚"，又都不得不承认是一种玄想的预设，本质上无法验证是它的根本特色。他们学理上更加鲜明的特点又在于，以上概念并非"人心"本有，而是都属于外在于人的"存在"，也就都可以归入"知识"的范畴。按照他们的意见，要想探得宇宙本体，从而为人生寻找一个最终的精神依托，就都得"向外"，向"无极"、"太极"、"太虚"的"知识"中去讨生活。特别是由于这种知识无法验证，这就使得"知识"变成了"信仰"。钱穆认为，"横渠言太虚为气之本体，犹濂溪谓'无极而太极'也"④，"虚"为"气"之体，"无"（无极）为"有"（太极）之本。钱穆先生的批评可谓一语中的。

下至于二程特别是程颐，理学内部的发展方向发生了重大的变更。二程一改周、张、邵的路径而注重"向内"，向"本心"求人生的根本索解，同时强调对于事理的"验证"。

---

① 《宋元学案·横渠学案》卷十七，中华书局1986年版。
② 钱钟书评《休谟的哲学》语，载《钱钟书散文》，第179页，浙江文艺出版社1997年版。
③ （宋）朱熹：《朱子文集》卷三十六。
④ 钱穆：《国学概论》，第199页，商务印书馆1997年版。

明道之学首重"识仁",如黄宗羲所说:"明道之学,以识仁为主,浑然太和元气之流行,其披拂于人也。"①明道的名篇"识仁篇"指出:

> 学者须先识仁。仁者,浑然与物同体,义、礼、智、信皆仁也。识得此理,以诚敬存之而已,不须防检,不须穷索。若心懈则有防。心苟不懈,何防之有?……天地之用,皆我之用。孟子言'万物皆备于我',须反身而诚,乃为大乐。②

这里,程颢的"内向"趋势很分明。"仁"须"以诚敬存之",且毋须"防检"和"穷索"。"诚"与"敬",这都属于一种"人心"的活动,是一种内心体悟的结果。因为明道重"向内",无论是"防检"也好"穷索"也罢,却都需要有一个"外在对象"的把捉才成。明道厚"此"薄"彼",所重确在内心体验,他引用孟子"万物皆备于我",这个"我"将主体获得大自由的感受提升到第一位,因此从中求得的一己之感悟即"反身而诚",必然是"心"之"大乐"。这个"乐",便是"自得其乐"之"乐"。

明道名篇《定性书》(原题《答横渠张子厚先生书》)原为答张载所问"定性未能不动,犹累于外物"而发。《近思录》收之于卷二第4条。明道谓:

> 所谓定者,动亦定,静亦定;无将迎,无内外。苟以外物为外。牵己而从之,是以己性为有内外也。且以己性为随物于外。则当其在外时,何者为在内?是有意于绝外诱,而不知性之无内外也。既以内外为二本,则又乌可遽语定哉?夫天地之常,以其心普万物而无心。圣人之常,以其情顺万物而无情。故君子之学,莫若廓然而大公,物来而顺应。《易》曰:"贞

---

① 《宋元学案·明道学案上》,第542页,中华书局1986年版。
② 《宋元学案·明道学案上》,第540页,中华书局1986年版。

吉,悔亡,憧憧往来,朋从尔思。"苟规规于外诱之除,将见灭于东而生于西也。非惟日之不足,顾其端无穷,不可得而除也。人之情各有所蔽,故不能适道,大率患在于自私而用智,自私则不能以有为为应迹,用智则不能以明觉为自然。今以恶外物之心,而求照无物之地,是反鉴而索照也。《易》曰:"艮其背,不获其身。行其庭,不见其人。"孟氏亦曰:"所恶于智者,为其凿也。"与其非外而是内,不若内外之两忘也。两忘则澄然无事矣。无事则定,定则明,明则尚何应物之为累哉?圣人之喜,以物之当喜,圣人之怒,以物之当怒,是圣人之喜怒不系于心,而系于物也。是则圣人岂不应于物哉?乌得以从外者为非,而更求在内者为是也。今以自私用智之喜怒,而视圣人喜怒之正为何如哉?夫人之情,易发而难制者,唯怒为甚。第能于怒时,遽忘其怒,而观理之是非,亦可见外诱之不足恶,而于道亦思过半矣。

谨按:明道所谓的"定性",实即"定心"。朱子于此所解最确:"'定性'字说得也诧异,此'性'字,是个'心'字义。"①明道所引"贞吉,悔亡。憧憧往来,朋从尔思",语出《周易·咸》卦九四爻辞。《说文》:"憧,意不定也。""憧憧往来,朋从尔思",意谓心神不宁,心中乱事杂陈纷扰不定,故其朋类从其所思。综观《定性书》,通篇强调的正是一个"定"字,即"内"有所"主",也就是"心"有定见的"内定"之功。这个"内",明道谓之"性",实为"心"。明道谓"天地之常,以其心普万物而无心,圣人之常,以其情顺万物而无情",此论最妙。老子《道德经》云:"天地不仁,以万物为刍狗;圣人不仁,以百姓为刍狗。"明道之论显然脱胎于老子。当然,老子的原意中绝没有当今人们所解读的那种天地对于万物藐视甚至歧视之意。老

---

① (宋)黎靖德编:《朱子语类》,卷第九五,中华书局1994年版。

子所强调的只是"在大自然的天眼看来,地球上的万物,应如刍狗那样自在而天然地消长和繁息"①。明道亦以老子之论为根骸,他所强调的是天地本"无心"却能"心普万物";以天地类"圣人",圣人本亦"无情"而能"情顺万物"。天地之"无心",并非天地对于万物"铁石心肠"般的冷酷,而是指它化生万物时的自然而然不留痕迹,毋须刻意而为却终能"普万物";圣人也并非强捉一个"情"字附和于万物之上,圣人也像"天"一样出于自然而然,所以终能"情顺万物",表现出了无为而为的"大情"。无心而终有"有心"之效,"无情"却必然表达出"有情"之验,这都是因为天地和圣人"内有所主"。如钱钟书即曾经引《明道语录》中的说法:"圣人,人也,故不能无忧。天则不为尧存,不为桀亡也。"钱钟书并下按语指出:"斯宾诺莎所谓'上帝无情感'(Deus expers est passionum),不忧不喜。然上帝无情,则天人悬绝,祷祀唐捐;而上帝有情,又下跻众生,无以高异。"②指出了中西哲人思路的一致性。钱穆则深刻认识到:"'性无内外',则物我一体也。'心普万物而无心,情顺万物而无情',即工夫即本体,重心情之体合,而无取乎知识之穷索,亦不必私意为迎合,此明道之所以异夫《太极图》(按,濂溪作)、《皇极经世》(按,邵雍作)、《正蒙》(按,张载作)诸书也。"③

当然,以上程颢重"内"的一面固然是他治学的突出特点,但明道同时也主张"格物",即明道也有强调内心的体悟必须能够"验证"的另一面,这一点绝不应忽视。《近思录》卷三第46条即载明道论"不以文害辞"。他指出:

> 文,文字之文。举一字则是文,成句是辞。《诗》为解一字

---

① 范曾:《中国画法研究》,载《中国文化》,第3页,第39期。
② 钱钟书:《管锥编》,第一册,第43页,中华书局1979年版。
③ 钱穆:《国学概论》,第210页,商务印书馆1997年版。

不行,却迁就他说,如"有周不显",自是作文当如此。

连字成句,以句成文,这似乎是主张"实学"重视"考据"的清儒的"专利",音韵训诂之学因此成了清儒的看家本领。殊不知此说早在明道这里已经表达得很充分了。明道这里的"文"指文字。成"句"成"文",当然以"识字"为前提。但是,如果拘泥于字义那就又会陷入"以文害辞"的陷阱,从而影响对语句的正确理解。例如,《诗经·大雅·文王》有"有周不显"句,其中的"不"字是"丕",即"大"的意思。故叶采《近思录集解》解道:"言周家岂不显乎?苟直谓之不显,是以文害辞。"

与长兄程颢的凸显内心体悟相似,程颐也明显走着"内向"之路。如程颐说:"性即理也。"又:"心,道之所在。心与道,浑然一也。"又:"问:'心之妙用有限量否?'曰:'心即道也。在天为命,在人为性,论其所主为心,其实只是一个。能通用之以道,又岂有限量?'"①这些都是伊川重"心"向"内"的表示。但伊川除了强调内心体悟外,比较起程颢来,他更加重视"致知",这一点更为吃紧。《宋元学案》卷十五载《伊川语录》谓:

> 问:"必有事焉,当用敬否?"曰:"敬只是涵养一事。必有事焉,须当集义。只知用敬,不知集义,却是都无事也。且如欲为孝,不成只守一个孝字?须是知所以为孝之道,又须是识在所行之先。譬如行路,须是光照。"

同条又载

> 问:"敬、义何别?"曰:"敬只是持己之道,义便知有是有非。顺理而行,是为义也。若只守一个敬,不知集义,却是都无事也。"

---

① 以上程颐语录均引自《宋元学案·伊川学案上》,中华书局1986年版。

伊川之"用敬"须合以"集义"的判断,那么,如果说"用敬"主于"向内",集义则主在"向外"。因为这个"义"含有"真理性",是在理解了"理"之后才能作出判断的,这就是伊川所说的"顺理而行,是为义也"的确切涵义。朱熹的解释更为此增添一有力的证据。朱子说:

> 敬有死敬,有活敬。若只守着主一之敬,遇事不济之以义辨其是非,则不活。若熟后,敬便有义,义便有敬。静则察其敬与不敬,动则察其义与不义。①

朱子解"敬"分别出"死敬"和"活敬",二者的区别就在于是否有"义"来"辨",亦即来"验证""敬"字。这样,伊川与前三子之间实际上出现了如钱穆先生所说的"自与濂溪、百源(邵雍)、横渠诸人为不一道者"的重要差异:周敦颐、邵雍、张载诸人"皆先悬空穷得一宇宙万物之理,而后以我之心合之……而其言宇宙万物之理者为无验"②。这里,钱穆先生抉发出了早期理学家与二程之间"绝然判迹"③的区别,那就是:二程尤其是伊川集义之"义",亦即其"致知"之"知"的可验证性。这个"义"、这个"知"虽然也属于"知识"的范畴,在这一点上与周子、邵雍、张载并无区别,但伊川的知识需要"义"的判断,这就避免了"知识"沦为"信仰"的可能。我们看伊川,他不仅在向内的同时注重向外,而且竟然又由"向外"的"致知"导向了"格物"。他指出:

> 凡一物上有一理,须是穷致其理。穷理亦多端,或读书,讲明义理;或论古今人物,别其是非;或应接事物,而处其当,皆穷理也。或问:"格物须物物格之,还只格一物而万理皆

---

① (宋)黎靖德编:《朱子语类》,卷第十二,中华书局1994年版。
② 钱穆:《国学概论》,第214页,商务印书馆1997版。
③ 钱穆:《国学概论》,第215页,商务印书馆1997版。

知？"曰："怎得便会贯通？若只格一物便通众理，虽颜子亦不敢如此道。须是今日格一件，明日又格一件，积习既多，然后脱然自有贯通处。"又曰："所务于穷理者，非道尽穷了天下万物之理，又不道是穷得一理便到。只要积累多后自然见去。"①

伊川特意标举"今日格一件，明日又格一件"的"得道"路径和方法，而"格物"又与"凡一物上有一理"相联系，则这里的"物"已不全如钱穆先生所说的"不假外求"的"内心"之"物"了，此"物"的确已经带有了必须索求"外在于"人的"知识"之内涵。此物之"理"，须"格"而求之，并经过"验证"之后吸收即"内化"之。这是一条由"外"而"内"、"格"而求"理"，然后"致知"的路径。所以，钱穆先生体会伊川之学，认为"格物穷理皆我心体内事，自不假闻见也"，②似偏在了一边。例如，《近思录》卷三"格物穷理"第23条，伊川即认为："凡看文字，先须晓其文义，然后可求其意。未有文义不晓而见意者也。"这里的"文义"是指通过训诂而得知的文字义，后一"意"则是指文字所蕴涵的"义理"。那么，"文"的"本义"绝不能仅仅依靠"向内"求"敬"求"诚"而得以认知，它必须遵循"科学"的方法，通过训诂，第一步先"认字"，下一步才能"成句"、"连文"，并且进一步达到"明理"的效果。正如朱熹的"注"所说："读得通贯后，义理自出。"③陈荣捷《近思录详注集评》引东正纯则认为："朱子注诸经，先释其词，而后及其义。盖据程子此语为定本也。"以此，钱穆先生若谓伊川既重"内"故主张"不假闻见"；同时又重"外"故又主张"格物"而"致知"，这样就圆融无碍了。

---

① 《近思录》卷三"格物穷理9"。
② 钱穆：《国学概论》，第215页，商务印书馆1997年版。
③ （宋）黎靖德编：《朱子语类》，卷第十，中华书局1994年版。

伊川之重"格物",是理学由原先仅仅重"德性之知",向明确地主张"闻见之知"、主"格物致知"的朱熹一派折捩的决定性一环——伊川为朱熹"格物致知"说的提出事先准备了思想方法论的基础。我们看朱子注伊川的"凡一物上有一理,须是穷致其理",朱熹即指出:

> 所谓穷理者,事事物物,各自有个事物底道理。穷之须要周尽。若见得一边,不见一边,便不该通。穷之未得,更须款曲推明。①

要之,二程尤其是伊川,与理学前三子存在如许明显的差异,所以他们对前三子有不尽满意之处。二程早年虽曾经受学于濂溪,学成后却不甚推重濂溪。钱穆先生引《宋元学案》卷十二吕荥阳语:"二程初从濂溪游,后青出于蓝。"又,吕紫微曰:"二程始从茂叔,后更自光大。"二程"至《太极图》,生平更未一言道及"②;二程"于康节图数之学,亦致不满","于横渠亦多异同"③。而《宋元学案》卷十一全祖望所下按语尤其醒豁而重要:

> 濂溪之门,二程子少尝游焉,其后伊、洛所得,实不由于濂溪。是在高弟荥阳吕公已明言之,其孙紫微又申言之,汪玉山亦云然。今观二程子终身不甚推濂溪,并未得与马(司马光)、邵(雍)之列,可见二吕之言不诬也。……予谓濂溪诚入圣人之室,而二程子未尝传其学,则必欲沟而合之,良无庸也。④

如此说来,若是考虑到二程与前三子的重要差别,晦翁、东莱编纂《近思录》似乎不应将四子的语录同冶于一炉;若是虑及二程在理学史上承上启下的重要地位,尤其应当区别出二程与前三子

---

① (宋)黎靖德编:《朱子语类》,卷第十五,中华书局1994年版。
② 钱穆:《国学概论》,第202页,商务印书馆1997年版。
③ 钱穆:《国学概论》,第203页,商务印书馆1997年版。
④ 《宋元学案·濂溪学案》,第480页,中华书局1986年版。

的不同，这才符合学术史的实际。但是，符合还是不符合学术史的实际是一回事；根据一己的"别识心裁"（章学诚《文史通义》语）对研讨对象作出独特的评判与定夺，这又是一回事。这是两种不同的治学取径。它们对学术史本身的发展所造成的影响和其"自为自在"的学术价值是不一样的。晦翁、东莱作了后一种选择。实事求是地说，后一种取向，当抉择人即晦翁、东莱本身的"别识心裁"也已经"凝固"了，成为一种"历史的存在"了，这时，他们当初将四子同冶一炉的抉择，比较起仅仅拘滞于学术史的实际，面对四位学术巨擘的语录只作"实录"式的"记载"来要高明多了！因为，恰恰从晦翁、东莱这种貌似"偏颇"，或者说不尽符合学术史实际的选择中透露出了朱、吕二子特别是朱熹的治学理念以及他的某些价值判断。

另一方面，朱熹原本就有整合诸家学术之志趣。

例如，朱熹毕生治学结晶的代表作《四书集注》即有集大成之意味。朱熹自称从30岁起便开始对《论语集注》、《孟子集注》下工夫。据《朱熹年谱》，知隆兴元年（1163年），朱熹即曾取二程及其门人朋友数家之说撰成《论语要义》。后又作《论语训蒙口义》，以便于童子习学。乾道八年（1172年），朱熹又取二程、张载、范祖禹、吕希哲、吕大临等几家之说，加工荟萃，条疏整理，编成《论语精义》和《孟子精义》，后改名为《集义》。在以上两书的基础上，又进一步修改加工，于淳熙四年（1177年）完成了《论语集注》和《孟子集注》。在注释《论语》、《孟子》时，朱熹即大量引用了二程及他人的说法，故以《集注》命名。

如果再来看一看朱熹的《易》学，对于他为何将四子的语录汇编在一部著作中的学术动机，便会有另一层感性的认知。

宋代《易》学原分化为"义理"、"图书"两派。宋代的《易》学图书派系承接汉代象数派发展而来。《左传·僖公十五年》："韩简侍曰：'龟，象也；筮，数也。物生而后有象，象而后有滋（滋生），滋而后有数。'"杜预注："言龟以象示，筮以数告，象数相因而生，然后有占，占所以知吉凶。"

按照杜预的解释，"象"是占卜的结果，"数"则是筮法的结果。占卜起于殷商，筮占则为周代所创。此为象数之义。象数派的特点有三：（1）以奇偶之数和八卦所象征的物象解释《周易》经、传文。（2）以卦气说解释《周易》原理。（3）利用《周易》讲阴阳灾变。①

图书派除了以象数解《易》外，他们还信奉"河图"、"洛书"。关于"河图"、"洛书"，《易·系辞传》曾经提到过它的来源（"河出图，洛出书"）。但很久以来没有人知道河图洛书到底为何物。图书派却认为"河图"、"洛书"作于伏羲时代，被祥瑞的龙马神龟负出水面。因图书派指认"河图"、"洛书"有如此久远神圣的来源，因此图书派尊伏羲而贬周孔，认为："学者当于羲皇心地上驰骋，不当于周孔脚迹下盘旋。"这是图书派不同于汉代象数派的根本之处。

宋代易学发展到朱熹，他乃对义理、图书两派进行总体性整合，这使他成为了宋代易学集大成的人物。从朱熹易学的基本立场看，他倾向于义理派，所以奉程氏易学为宗。然而，朱熹在肯定义理派的同时，对其完全排斥取象的倾向也提出了批评，认为义理一派的不足在于"又似直以易之取象无复有所自来，但如《诗》之比兴、与孟子之比喻而已"②，认为义理一派将取象看成了类似于《诗》之比兴、孟子之比喻的随意性举动，不承认《易》的取象有其来历和根据，走上了偏颇的一路。所以朱熹指出："《易》之取象，固必有所自来，而其为说，必已具于大卜之官，顾今不可复考，则姑阙之。而直据辞中之象，以求象中之义，使足以为训诫而决吉凶，如

---

① 朱伯崑：《易学哲学史》（上），第108页，北京大学出版社1986年版。
② 《朱文公文集·杂著·易象说》。

王氏、程子与吾《本义》之云者，其亦可矣。固不必深求其象之所自来，然亦不可直谓假象而遽欲忘之也。"①他批评程颐："《易传》言理甚备，象数却欠在。""伊川见得个大道理，却将往来合他这道理，不是解易。"②朱子要折中图书、义理两派，故终有杂糅两派之意。朱熹的易学虽奉程颐为宗故倾向于义理派，但他认为《易》之取象必有所自来，故对义理派程颐也有不满。他同意图书派所称《易》图作于伏羲时代，又提出了伏羲画卦、周文王作卦辞、周公作爻辞、孔子作十翼的观点。

因为朱熹对义理派不尽满意，对图书派有部分相信，他撰《周易本义》以综合义理、图书两派，该书篇首即赫然冠以邵雍的九图，以表示他兼宗邵雍图书派易学。朱熹又撰《易学启蒙》以进一步发明图书之义。缘此清初理学清算运动中，在弃虚蹈实世风的激荡下，朱熹的《易》学受到了黄宗炎尤其是胡渭的严厉批评，此为赘言。

要之，在学术上朱熹素有整合诸家学说的志趣，因此在编纂《近思录》的过程中，他并不在意或凸显二程与濂溪、邵雍、横渠的不同之处，而是尽量寻找四子的相同点，并根据自己的学术理念"别识心裁"地加以编排，从而为理学的发展，为中国学术史留下了这样一部伟大的著作。

（四）《近思录》编排的内在逻辑体系

我们说《近思录》是一部不朽巨著，尤其体现在它具有严密的内在逻辑体系上，由此正可以见出朱、吕二子编纂理念的体大思精。

---

① 《朱文公文集·杂著·易象说》。
② （宋）黎靖德编：《朱子语类》，卷第六十七，中华书局1994年版。

关于《近思录》各卷之间以及每一卷内部的各条目的先后顺序之间存在着严密的逻辑关系,历史上不少注家例如宋代的叶采、清代的茅星来和张伯行等都已经注意到并且有过论述。其中尤以最早注解该书的叶采的《近思录集解》所论最为精当。叶采于《近思录》各卷前原撰有一小序,此序足以当得《近思录》一书的"提要"与阅读指南。换言之,在阅读《近思录》以前若先细读一下叶序,将大有助于对《近思录》的理解。现将原先分散于各卷卷首的叶序撮集一处,移录如下:

卷一道体:此卷论性之本原,道之体统,盖学问之纲领也。

卷二为学:此卷总论为学之要。盖尊德性矣,必道问学。明乎道体,知所指归,斯可究为学之大凡矣。

卷三致知:此卷论致知。知之至而后有以行之。自首段至二十二段,总论致知之方。然致知莫大于读书,二十三段至三十三段总论读书之法,三十四段以后,乃分论读书之法,而以书之先后为序。始于《大学》,便知为学之规模次序;而后继之以《论》、《孟》、《诗》、《书》,义理充足于中,则可探大本一原之妙,故继之以《中庸》;达乎本原,则可以穷神知化,故继之以《易》;理之明,义之精,而达乎造化之蕴,则可以识圣人之大用,故继之以《春秋》,明乎《春秋》之用,则可推以观史,而辨其是非得失之致矣。《横渠易说》以下,则仍语录之序,而《周官》之义,因以具焉。

卷四存养:此卷论存养。盖穷格之虽至,而涵养之不足,则其知将日昏,而亦何以为力行之地哉!故存养之功,实贯乎知行,而此卷之编,列乎二者之间也。

卷五克治:此卷论力行。盖穷理既明,涵养既厚,及推于行己之间,尤当尽其克治之功也。

卷六家道:此卷论齐家。盖克己之功既至,则施之家而家可齐矣。

卷七出处：此卷论出处。盖身既修，家既齐，则可以仕矣。然去就取舍，惟义之从，所当审处也。

卷八治体：此卷论治道。盖明乎出处之义，则于治道之纲领，不可不求讲明之。一旦得时行道，则举而措之矣。

卷九治法：此卷论治法。盖治本虽立，而治具不容缺，礼乐刑政有一之未备，未足以成极治之功也。

卷十政事：此卷论临政处事。盖明乎治道而通乎治法，则施于有政矣。凡居官任职，事上抚下，待同列，选贤才，处世之道具焉。

卷十一教学：此卷论教人之道。盖君子进则推斯道以觉天下，退则明斯道以淑其徒，所谓得英才而教育之，即新民之事也。

卷十二警戒：此卷论戒谨之道。修己治人，常存警省之意。不然则私欲易萌，善日消而恶日积矣。

卷十三辨异端：此卷辨异端。盖君子之学虽已至，然异端之辨，尤不可不明。苟于此有毫厘之未辨，则贻害于人心者甚矣。

卷十四观圣贤：此卷论圣贤相传之统，而诸子附焉。断自唐尧虞舜禹汤文武周公，道统相传，至于孔子，孔子传之颜曾，曾子传之子思，子思传之孟子，遂无传焉。楚有荀卿，汉有毛苌、董仲舒、扬雄、诸葛亮，隋有王通，唐有韩愈，虽未能传斯道之统，然其立言立事，有补于世教。皆所当考也。迨于宋朝，人文再辟，则周子唱之，二程子、张子推广之，而圣学复明，道统复续。故备著之。

今按，叶采将第一卷"道体"提到"学问之纲领"的高度，这一点在朱、吕二子编纂《近思录》的当初其实并非没有异议。朱熹说得很明白："《近思录》首卷难看……若只读此，则道理孤单，如顿兵坚城之下，却不如《语》、《孟》只是平铺说去，可以游心。"①就在《近思录》付梓前，朱熹因虑及《近思录》首卷难读，又曾特意移书吕祖谦，要求吕为《近思录》写一篇类似于"导读"的文字。而吕祖谦在《近思录》第一卷设置"道体"的动机和态度却十分明确。他指出：

> 《近思录》既成，或疑首卷阴阳变化性命之说，大抵非始学者之事。祖谦窃尝与闻次缉之意。后出晚进于义理之本原，虽未容骤语，苟茫然不识其梗概，则亦何所底止？列之篇端，特使之知其名义，有所向望而已。至于余卷所载讲学之方、日用躬行之实，具有科级。循是而进，自卑升高，自近及远，庶几不失纂集之指。若乃厌卑近而骛高远，躐等凌节，流于空虚，迄无所依据，则岂所谓"近思"者耶？览者宜详之。

由此可见，朱、吕二子在《近思录》的编纂理念上原本并不一致。这也从一个侧面进一步证明《近思录》确为朱、吕二子而非仅仅是朱熹一人的学术成果。然而，着眼于学理，伯恭的意见自较朱子合理。作为一部大书，且其中涉及大量形上思辨的哲理性内容，设立一"提纲挈领"的篇章便理所当然。"道体"卷的设立正可谓名至实归。（按，将《近思录》首卷命名为"道体"，朱熹原先也是同意的。江永《近思录集注》辑录朱熹论《近思录》，朱熹即谓："《近思录》逐篇纲目：一、道体……"云云。）"道体"卷的设立"对《近思录》构成一个完整的哲学体系有着非常重要的作用"②，既然此卷原即不可或缺，按照学理，则"道体"只能被安排在第一卷。当然，东莱将之"列之篇端"的意思，只是"特使"读者"知其名义，有所向望"，即希望读者由"下"而"上翻"，并不仅仅在"形下践履"面前敛手收步，能够由"形下践履"上达于"形上思辨"，最终得以在哲理的最高

---

① （宋）黎靖德编：《朱子语类》，卷第一百五，中华书局1994年版。
② 见束景南：《朱子大传》，第332页，福建教育出版社1992年版。

层面贯通无阻，达到"得道"的境界。至于首卷以下的其余各卷，"所载讲学之方、日用躬行之实，具有科级"，所循的路径正是循序渐进的"自卑升高，自近及远"，明白了这一点，也就"庶几不失纂集之指"矣。设若"厌卑近而骛高远、躐等凌节，流于空虚"，则已经根本违背了编纂者的本意，"则岂所谓'近思'者耶"？

当然，是否设立"道体"卷与怎样研读《近思录》还不是一回事。从循序渐进、先易后难、避免"好高骛远、躐等凌节、流于空虚"的角度着眼，朱熹的读《近思录》法是值得重视的。他指出："看《近思录》若于第一卷未晓得，且从第二卷第三卷看起，久久后看第一卷，则渐晓得。"（江永《近思录集注》辑录朱熹论《近思录》语。）

"道体"既明，下一步必"知所指归"，即是说"道体"的"玄理"只有通过"学习"才能掌握。所以第二卷标明"为学"，"总论为学之要"。值得注意的是叶采认为"盖尊德性矣，必道问学"，意谓内心的领悟（尊德性）离不开"知识"的掌握（道问学）。一个"必"字叶序用得极为斩截，这其中已经暗伏了当日"闻见之知"的"道问学"与"德性之知"的"尊德性"之争的某些重要讯息。时已经历了朱、陆"鹅湖之会"的大辩论，名闻遐迩的巨大影响所及，恰恰在叶序中留下了痕迹：为学的路径究竟是陆子的"先立其大"，还是遵循朱子的"格物"然后"致知"？这一理学史——放大了来看，也可以视为一切学术门类——上认识论、方法论的重大命题，不仅是当年朱、陆两家鹅湖之辩的核心，而且事经鹅湖之会上的朱陆之辩，"道问学"与"尊德性"之争也石波涟漪，感染吸引着众多学者的注意力，成为学界讨论的热点。而从叶采的表达中恰恰可以看出他对重"道问学"朱熹一派的首肯。

叶采对《近思录》卷三"致知"的理解和阐述最能看出其思想力的深度和逻辑分析的绵密圆融。

人只有在"明理"后才能进一步采取相应的行动，此谓"知之至而后有以行之",故必先"致知"。据此,叶采将《近思录》卷三的编排再细分为三个互相关联的逻辑层次:(1)"自首段至二十二段,总论致知之方";(2)然而,欲"知"欲"致",按照朱熹——叶采"道问学"的治学路径又必先"读书",读书为致知的不二法门,故叶序指"二十三段至三十三段总论读书之法";(3)读书须有门道,"三十四段以后,乃分论读书之法,而以书之先后为序"。至于三十四段以下,朱、吕二子何以主张先从读《大学》入手,渐次达于研读儒学各典籍?叶采对此细心体悟并深加厘析,指出:朱、吕二子之所以主张首读《大学》,那是因为始读《大学》,"便知为学之规模次序";读完了《大学》,则当继之以读《论》、《孟》、《诗》、《书》。续读这四部典籍可以使"义理充足于中"。涵养"内功",有了成竹在胸,此后便"可探大本一原之妙,故继之以读《中庸》";《中庸》之精义在使得读者"达乎本原",熟读以后便能够进一步"穷神知化",追求更加高深奥妙的原理,故当"继之以《易》";至此,"理明"而"义精",具备了"达乎造化之蕴"的学养,便应当百尺竿头更上层楼,由"上"而"下",明"体"而达"用",进一步"识圣人之大用,故继之以《春秋》";而"明乎《春秋》之用,则可推以观史,而辨其是非得失之致矣。《横渠易说》以下,则仍语录之序,而《周官》之义,因以具焉"。叶采此论抽丝剥茧、层层绅绎、步步深入而又一气呵成。通过叶采对第三卷的解读,《近思录》一书的精要及编纂理念已大体在是。

传统儒学主张"经世致用"。读书而理明,下一步就该落实于践履修身了,所以卷四设为"存养"。但叶采明慧地指出:"穷格之虽至,而涵养之不足,则其知将日昏,而亦何以为力行之地哉?"意思是说,《近思录》卷四以前探讨的仍然是"纸面上"的道理,这些"外在"的道理还需要有一个"内化"的转换,在"存养"上下一番工夫。换言之,"格物穷理"还需要"存养"助其一臂之力,否则其人所"知"并不稳固,遑论下一步的"为力行之地"?叶采慧眼识珠,据此，他正确地指出，"存养之功，实贯乎知行"，卷四"之编，列乎二者之间"，即卷四之编排处于从理论到实践的过渡阶段。

从卷五"克治"到卷十共六卷，依次为"齐家"、"出处"、"治体"、"治法"、"政事"。传统儒学主张体用一源，"学"以"致用"，"理"既已明了，接下来就是践履了。所以，此六卷涉及的均为"修、齐、治、平"之事。

卷十一标明为"教学"。以叶采之序结合本卷的具体内容来看，涉及一个中国传统士大夫"进则兼济天下，退则独善其身"的为人处世准则问题。这一准则中的退则"独"善其身，现在受到了质疑，认为中国人每每信奉"各人自扫门前雪，莫管他人瓦上霜"，这种自私自利的毛病，其精神理念的源头即在"独"善其身。这其实是对传统儒学的一种"误读"。"独"善其身之"独"既以"善"为前提，则"自扫门前雪"的自私自利本身因与"善"格格不入，故在逻辑上先已被排除于"善"之外。而叶采对《近思录》卷十一士大夫"退"而能够使身"独善"的解读更为此论添一有力的证据。叶采强调教书育人本身即是士君子值得用心从事的"善"业。且士大夫即便"退"而"在野"，赋闲居家，亦仍当"为善"，而此时之"善"，莫过于能够继续行"教学"之道，发挥育人的"余热"。故卷十一"论教人之道"，是涵括士君子"在朝"与"赋闲"两方面的，"盖君子进则推斯道以觉天下，退则明斯道以淑其徒，所谓得英才而教育之，即新民之事也"，这就有力地辨清了现世俗人对于传统儒学"退则独善其身"的误解。

人处世间，青壮年时戮力奋进，应当循规蹈矩，遵道而行。但多见的是时至老年却晚节不保，故卷十二特设"警戒"卷，专"论戒谨之道"，当知"修己治人，常存警省之意"，否则时至晚年"私欲易萌，善日消而恶日积"，强调的是清洁自守，勇于改过。若缺乏自觉性，陷入盲目性，善始而未能善终，待至晚年，连改过的机会也已经丧失，岂非人生不可追悔之大遗憾？

《近思录》卷十三为"辨异端"。此处的"异端"指佛、老"二氏"。《近思录》专设一卷以"辟二氏"，此卷因缺乏理据，是为《近思录》之明显瑕疵。对于《近思录》"辟二氏"之缺乏理据，后文将详细论述。这里仅想指出一点：理学之所以能够达到中国哲学史、思想史的高峰，决定性的因素即为理学家袭用了"二氏"，特别是吸收了佛教中形上思辨的学术精华，将之与传统儒学中纲常名教的形下践履内容相互嫁接与杂糅，遂使儒学哲理化、思辨化了。如若缺少这一层"援佛（道）入儒"的"功夫"（借用宋儒之论而将"治学"本身进行现代解读，则"治学"亦即"功夫"），理学断断达不到如此高超的学术水准。无论是周敦颐、二程、张载还是朱熹，佛、道二氏都对他们理论体系的架构产生过重大影响，此为不争之事实。但二氏尤其是佛氏的"无父无君"，讲求"出世"而非"入世"，此种价值观、伦理道德观又与儒学的纲常名教、"经世致用"存在严重的矛盾与对立。因此之故，理学家一面袭用二氏，同时又竭力在理学与二氏间划出一道鸿沟，对于佛、老，他们始终抱高度的警惕与严厉的批判态度。对于二氏有助于丰富中国传统文化，拓深儒学内涵，尤其是大有益于提高中华民族的整体抽象理论思辨力之功绩，理学家一般视而不见或存心回避。因此，"辟二氏"实不应，实际上二氏却成了理学中必不可少的科目。对于二氏，理学家往往不可说而强为之说，带有一种学术上排他的宗派主义情绪。这一点，在《近思录》卷十三连篇累牍批驳二氏特别是批判佛氏的言论中有鲜明的表现。因为《近思录》卷十三有此安排，故叶采遂亦作"提要"，认为："此卷辨异端。盖君子之学虽已至，然异端之辨，尤不可不明。苟于此有毫厘之未辨，则贻害于人心者甚矣。"为何"君子"之学"已至"，即人已有了相当的学养，"异端"之辨遂"尤不可不明"？且为什么若于"异端""毫厘不辨"便"贻害于人心者甚"？此种说法有没有理据？叶采此类对二氏充满偏见的结论除去能够让我们明白，早在宋代，"辟二氏"已在学界司空见惯成为"老生常谈"以外，并没有多少学术上的价值。

《近思录》卷十四为"圣贤气象"。理学家所谓的"圣贤"与"道统"论息息相关，认为自尧、舜、禹、汤、文、武、周公"道统相传"，下至于孔子"传之孟子"，孟子以后，道统便中断了，"遂无传焉"。然而，《近思录》却在原有的道统统绪之外，又挖掘出了先秦的荀卿，汉代的毛苌、董仲舒、扬雄，三国时的诸葛亮，隋代的王通，唐代的韩愈，认为以上诸人"虽未能传斯道之统"，"然其立言立事，有补于世教"①，故"皆所当考"。对于以上诸人，四子固然也有批评，但《近思录》大大扩展了供世人楷模的范围，这也是事实。叶采并进一步指出，迨至于宋朝，"人文再辟"，文明复兴，则"周子唱之，二程子、张子推广之，而圣学复明，道统复续"。由此看来，叶采认为朱、吕二子编纂《近思录》，实带有延续道统不使湮坠的重要使命感。叶采对朱、吕二子学术抱负的此种认知，具有相当的说服力。

二 《近思录》与鹅湖之会

《近思录》在理学发展史上还有一层似乎至今尚未引起学术界重视的重要意义，即此书与"鹅湖之会"上朱熹与陆象山发生大辩论之间存在着千丝万缕的联系。鉴于《近思录》与鹅湖之辩在中国学术史、理学发展史上的重要性以及二者之间的关联性，有必要对这个问题重加厘析，并对鹅湖之辩——《近思录》中的关联性问题

---

① 按，《旧唐书·韩愈本传》云："至若抑杨墨，排释老，虽于道未弘，亦端士之用心也。"《近思录》此说似袭用。参见钱钟书《谈艺录》，第63页，中华书局1984年版。

作出符合现代学术立场的新诠解。

（一）鹅湖之会"旧景复原"

查清代王懋竑《宋朱子年谱》①可知：(1)淳熙二年(1175)夏四月，吕祖谦到福建拜访朱熹，二人同编《近思录》，朱熹于五月即作了《序》②。(2)是年六月，朱熹、吕祖谦与陆九渊、陆九龄等即有鹅湖之会上的大辩论。又，吕祖谦《东莱集·答邢用邦书》："自春末为建宁之行，与朱元晦相聚四十余日，复同出至鹅湖，二陆及子澄诸兄皆集。"可知《近思录》在鹅湖之会前已经编成。

另据江永《近思录集注》附《考订朱子世家》：

淳熙二年夏东莱吕公来访，留止寒泉精舍，编次《近思录》，送之至鹅湖（自注：信州鹅湖寺），金溪陆子寿（自注：九龄）、子静（自注：九渊）来会，相与讲论，不合而罢。（自注：子寿诗云："孩提知爱长知钦……"③)

江氏《集注》值得注意的是其中提到"……编次《近思录》，送之至鹅湖，金溪陆子寿、子静来会，相与讲论，不合而罢"数语。这一条容易被人忽视的史料，它的重要性就在于：它确凿无疑地昭示我们，朱、吕两人是带着刚刚编就的《近思录》去赴鹅湖之会的。朱、吕二子为何要带《近思录》去鹅湖？惟一可解释的理由便是他们准备将书送给二陆，请后者雅正。

另据由李绂"点次"的《陆象山先生全集》卷三十六《陆象山年谱》象山37岁条下载：

---

① 《宋朱子年谱》卷二上，第57～60页，台湾商务印书馆1982年版。
② 此序见陈荣捷：《近思录详注集评》，第328页，华东师范大学出版社2007年版。
③ 江永：《近思录集注》页附《考订朱子世家》，第77页，上海书店出版社1987年版。

吕伯恭约先生与季兄复斋会朱元晦诸公于信之鹅湖寺，复斋云云。

此文下有"注"云："见前卷三十四。"查《陆象山先生全集》卷三十四，关于鹅湖之辩有比较详细的记载。鹅湖之辩的材料本来就少，这一段孑遗的史料更显珍贵，且具备详加解读的深刻内涵，故将之移录如下：

> 吕伯恭为鹅湖之集。先兄复斋谓某曰："伯恭约元晦为此集，正为学术异同。某兄弟先自不同，何以望鹅湖之同？"先兄遂与某议论致辩，又令某自说，至晚罢。先兄云："子静之说是。"次早，某请先兄说。先兄云："某无说，夜来思之，子静之说极是。方得一诗云：'提孩知爱长知钦，古圣相传只此心。大抵有基方筑室，未闻无址忽成岑。留情传注翻蓁塞，著意精微转陆沈。珍重友朋相切琢，须知至乐在于今。'"某云："诗甚佳，但第二句微有未安。"先兄云："说得恁地，又道未安，更要如何？"某云："不妨一面起行，某沿途却和此诗。"及至鹅湖，伯恭首问先兄，别后新功。先兄举诗才四句，元晦顾伯恭曰："子寿早已上子静船了也。"举诗罢，遂致辩于先兄。某云："途中某和得家兄此诗云：'墟墓兴哀宗庙钦，斯人千古不磨心。涓流滴到沧溟水，拳石崇成泰华岑。易简工夫终久大，支离事业竟浮沉。'"举诗至此，元晦失色。至"欲知自下升高处，真伪先须辨只今"，元晦大不怿。于是各休息。翌日，二公商量数十折议论来，莫不悉破其说。继日凡致辩，其说遂屈。伯恭甚有虚心相应之意，竟为元晦所尼。①

在理解这一段史料以前，我们首先仍然需要再次强调，朱、吕二子是带着《近思录》赴会的，同时我们假设，朱、吕将《近思录》送

---

① 载《陆象山先生全集》，宣统庚戌江左书林校印本。

给了二陆。即是说,先有朱、吕的"送书",后有二陆的"作诗"。这一假设的理据就在于:它可以很贴切地解释,二陆何以有"情绪化"的表现,诗中为什么会带有明显嘲讽朱熹的意思。诗句中的"留情传注翻蓁塞,著意精微转陆沈"以及"支离事业竟浮沉"尤其显豁,是故朱熹听后"失色"而"大不怿"。一般友朋见面,暌违既久,以诗言情,涵意脉脉,总应礼数第一,断断没有初见面便作诗挖苦对方的做法。换言之,二陆若非受了刺激,"失色"而"大不怿"在朱熹先,他们不会"出口"便"伤人"。那么,二陆所受的"刺激",便只能是接到了朱熹所送《近思录》这件事(见后文)所引发。

另据《陆象山年谱》记载,可知在随后发生的鹅湖之辩中陆九渊占据了上风,朱熹则全不是象山的对手。当然,此段系象山自叙,由其门人手记。象山显而易见地得意,其可信度究竟如何?现已不可考。不过,朱子恐怕并不像象山所说"其说遂屈",甚至吕伯恭也"甚有虚心相应之意"。因为吕祖谦本人回忆此事就曾说:

> 某留建宁凡两月余,复同朱元晦至鹅湖,与二陆及刘子澄诸公相聚切磋,甚觉有益。元晦英迈刚明,而工夫就实入细,殊未可量;子静亦坚实有力,但欠开阔耳。(《吕东莱文集》卷五)

一家"就实入细",一家"欠开阔耳",伯恭一褒一贬,判然分明。足见吕祖谦倾向于朱熹,而对陆九渊则有微词。且"元晦英迈刚明"云云,似朱熹对于象山也并不买账,不像象山所说的那样顺服。

三年之后,朱熹特意作诗回敬了二陆。据《象山年谱》记云:

> 元晦归后三年,乃和前诗云:"德业流风夙所钦,别离三载更关心。偶携藜杖出寒谷,又枉篮舆度远岑。旧学商量加邃密,新知培养转深沉。只愁说到无言处,不信人间有古今。"

这里,读者应当特别注意二陆作诗与"鹅湖之辩"的时间节点(重点号为笔者所加):(1)"鹅湖之辩"发生在二陆作诗之后而不是之前，即二陆先作诗，朱、陆后辩论；(2)朱、陆两家都有关于鹅湖之辩的诗作。就"作诗"的先后来看，又是二陆作诗在先，朱熹和诗于三年之后。

朱熹的和诗虽然作于鹅湖之辩三年后，但却并不是说朱熹当年读到二陆之诗时死水微澜毫无想法。朱熹当年的想法从他的和诗中仍然能够得到确切的验证。诗以"旧学商量加邃密，新知培养转深沈"之句与陆子寿的"珍重友朋勤琢切，须知至乐在如今"唱和。陆子寿这里的"勤琢切"当指以切磋学问为目的的鹅湖之会。而朱熹谓"如今"即鹅湖之辩三年之后却仍然"至乐"，这"至乐"是否意谓朱熹仍然坚守且更加坚定了辩论时的治学理念？因为和诗中说到了"旧学"。"学"之特质既"旧"，"旧学"肯定是指朱熹原有的知识形态，即他一直坚持的"格物致知"的"道问学"方法论，并且指以此形成的治学习惯以及在此种治学方法论下所获得的知识；而朱子"转深沈"的"新知培养"，却可以解读为是指当时新编就的《近思录》。因为朱子《近思录》"序言"强调他与伯恭读"周子、程子、张子之书"以后叹四子之"广大闳博，若无津涯"，这里的"广大闳博，若无津涯"正符合"转深沈"的"新知"之义。且"旧学"经"商量"后变得"邃密"，"新知"经"培养"后转为"深沈"，这里的"邃密"、"深沈"之用语准确反映着"道问学"的治学风格与特点，朱熹意谓编纂《近思录》使得他原先信奉的"道问学"的"格物致知"方法论，因为有了四子的阐述，获得了理学先驱理论上的支撑而更加"邃密"，"转"而更加"深沈"。"如今"即鹅湖之辩三年以后朱熹仍然"至乐"，并且"旧学"更其"加"了"邃密"；"新知"同样"转"而"深沈"，这正是朱熹对二陆作诗嘲讽的一种反驳与反讽；而子寿的"珍重友朋勤琢切"一句，则当解为朱、吕二子以新作《近思录》求二陆郢政，陆子起初既有"珍重友朋"之叹，又生"琢切学问"之感。这说明，二陆——至少是陆子寿——在刚接到《近思录》的当初心境可能并不坏。

朱、吕二子大作新编初成,兴奋之余,遂以《近思录》让二陆先睹为快。朱、吕原或许希望与二陆分享大作初成的乐趣,殊不知此举却在无意间戳到了二陆的敏感处。且朱、吕以书出手在先,这在二陆读过《近思录》之后(重点号为笔者所加)是否会产生一种这是朱熹对二陆"主动挑战"的误会?事过境迁,千年以后的今天,我们自然已无法确证这一点,但我相信此论"虽不中,亦不远"。看象山对陆九龄说,"某兄弟先自不同,何以望鹅湖之同"?他急于要同子寿"统一口径",为的是与朱熹辩论时更有力量。子静亟欲"斗嘴"而"取胜",似乎正是受到刺激以后可以理解的反应。换言之,因为《近思录》中存在大量与二陆治学理念格格不入的内容,尤其是《近思录》贯穿着朱熹治学的核心理念——"格物致知"的"道问学",与陆九渊的"先立其大"的治学路线存在严重矛盾,朱熹又先将《近思录》给了二陆,二陆受刺激,遂作诗讥讽朱熹,朱熹因此受了反刺激,这才导致了朱、陆两家在鹅湖之会上针锋相对甚至于出现了某些意气用事的争论。

另据钱钟书先生考订,朱熹原本就讨厌江西人。《朱子语类》中每每将王安石与陆九渊并举,钱钟书谓朱熹此举"殊耐寻味"①。荆公变法失败,政治上的口碑至南宋已经很差,朱熹将他与陆九渊相捆绑,是否有借荆公之"糗"棒打子静之微意?这可以按下不表。但朱熹确曾屡屡数落象山:"好为奇论,耻与人同,每立异以求胜,如荆公、子静";"大率江西人,都是硬执他底横说,如王介甫、陆子静"②。朱熹对于子静素存芥蒂,对此陆九渊不可能不知。

综合以上资料,遥揣当年情景,大体可对鹅湖之会的背景作如

---

① 钱钟书:《谈艺录》,第85页,中华书局1984年版。
② 转引自钱钟书:《谈艺录》,第85页,中华书局1984年版。

下"还原"：吕祖谦因知朱、陆学术观点相左，为化解他们之间的矛盾，事先约了陆九渊在鹅湖相会。朱、吕二人将新编就的《近思录》带到了信州鹅湖寺，给陆九渊兄弟过目，二陆读过以后大为不满，因为他们早已经深切了解朱熹"由外而内"、"格物致知"的治学路径，而此种路径与二陆主张的"先立其大"扞格难容。现《近思录》编纂已就，贯穿其间的大义理，也可以说《近思录》一书的方法论"魂魄"却正是"格物致知"，于是二陆借鹅湖之会将自己"先立其大"的一整套学说和盘托出。二陆因将朱熹主动送上《近思录》视为朱熹学理上的"挑战"，是故先作诗讽刺挖苦朱熹。诗中陆子寿虽有"珍重友朋勤琢切，须知至乐在如今"的客套话，但二陆对朱熹的批评直截了当且出言较重。如前引陆九龄诗及陆九渊和诗，诗中"易简工夫终久大"一句分明是陆九渊对自己"先立其大"方法论的强调与自诩；与此相对应的"留情传注翻榛塞，著意精微转陆沈"以及"支离事业竟浮沉"句，却都直指朱熹所主张的"格物"而"致知"那一套治学路线，轻蔑之态跃然纸上。反观朱熹"旧学商量加邃密，新知培养转深沈"，恰与"留情传注翻榛塞，著意精微转陆沈"句针锋对麦芒，亦与"易简工夫终久大"意趣大相径庭，这足以证明朱熹对二陆是一种"回应"与"反驳"的心态——因为朱熹认为二陆系针对自己，"紫阳以为讥己，不怿，而朱、陆之异益甚"①。黄宗羲道出了鹅湖之辩发生的原委。朱、陆两家各持己见，这才有了鹅湖之会上的大辩论。因此，有理由认为，《近思录》在某种程度上成为了理学发展史上极为重要的鹅湖之辩的"导火索"。

---

① 《宋元学案》卷五十八《象山学案》，第1886页，中华书局1986年版。

（二）"尊德性"与"道问学"——关于《近思录》核心理念的再思考

究竟是"格物"——掌握外在于人的、必须通过"后天"的"学习"才能得到的"知识"，而后"致知"——真的"知"了，即明了了"知识"的"真确性"和"真理性"，并且化作了与人——生血肉相连息息相关的"内在理念"呢？还是"先立其大"——以人的"德性"即人"先天固有"的道德良知为第一义，并不重视"后天知识"的掌握，后天的知识至多只能落在"第二义"上？这两个针锋相对的问题成了"鹅湖之辩"的核心。本质上，这两个问题可以归纳为"道问学"与"尊德性"之争。其中的"道问学"代表着朱熹的立场，"尊德性"则是陆九渊坚守的治学方向。"鹅湖之辩"中朱、陆两家激烈争论的问题，千余年后的今天仍然有着强大的生命力和鲜活的"当下意义"，能够引起人们浓厚的兴趣，这是因为它不仅涉及"学风"——这一将永远伴随着人类的存在而存在——的大问题，同时"道问学"与"尊德性"的内涵甚至已经隐隐触及了人类"存在的方式与意义"的"终极性"命题。如前文所说，"道问学"正是《近思录》的核心理念，并且因为这一点而引发了鹅湖之辩。有鉴于此，有必要站在今天的立场上重新思考"道问学"和"尊德性"这一对范畴。

1. 朱熹"格物致知论"对程颐的承袭

《近思录》卷三赫然冠名曰"格物穷理"①。这里用"赫然"二字凸显"格物穷论"之举，首先是因为，"格物穷理"一卷实乃《近思录》

---

① 按，江永《近思录集注》辑录朱熹论《近思录》，朱熹谈到："《近思录》逐篇纲目：一道体；二为学大要；三格物穷理；……"《近思录》卷三原名"格物穷理"。故如若省略"格物"二字，将标题改为"穷理"（如程水龙《〈近思录〉集校集注集评》，上海古籍出版社2012年版），这样做，不仅不符合甚至还带有违背朱熹原意的色彩。

全书最重要的篇章，处于"枢机"地位，对此最早注释《近思录》的宋代的叶采明眼识珠已予点明。历史上有不少注家如茅星来、张伯行、江永等均注释过《近思录》，其中尤以叶采的《近思录集解》最为精当。叶于《近思录》各卷前原撰有一小序，其中又以对卷三的解读最为详尽并最见其学术功力。叶《序》正是今人读"懂"并深刻领会《近思录》的指南。其次，"格物穷理"不仅仅是《近思录》中屡屡出现的"关键词"，而且它也是朱熹治学方法论的主干——"格物致知论"的另一种表述法。最后，"格物穷理"四个字是陆九渊绝对说不出口也是他绝对不认可的，因为此种理念与他所主张的"先立其大"格格不入。对于二陆——尤其是对于陆九渊来说，"格物穷理"四个字最"刺眼"，这才导致了"鹅湖之辩"的发生。此后千余年间学界关于"闻见之知"与"德性之知"的孰先孰后、孰优孰劣长期争论不休，成了中国哲学史、学术史上最有价值的热门话题之一，开其端绪者正是"鹅湖之辩"上的"格物致知论"与"先立其大"之争。因此，辨明"格物致知论"，对于理解《近思录》带有先导性意义。

《近思录》卷三"格物穷理"第9条曾引录伊川所言：

凡一物上有一理，须是穷致其理。……或问："格物须物物格之，还只格一物而万理皆知？"曰："怎得便会贯通？若只格一物便通众理，虽颜子亦不敢如此道。须是今日格一件，明日又格一件，积习既多，然后脱然自有贯通处。"……

《朱子语类》卷十五载有朱子对伊川此说的诠解，朱熹指出：

所谓穷理者，事事物物，各自有个事物底道理。穷之须要周尽。若见得一边，不见一边，便不该通。穷之未得，更须款曲推明。

这里，我们不妨拿伊川之论、朱子之解伊川来与朱熹的另一段对其治学方法论的核心——"格物致知论"的经典表述作一番对比。

朱熹在《大学章句》中曾经这样说过：

> 所谓致知在格物者，言欲致吾之知，在即物而穷其理也。盖人心之灵，莫不有知，而天下之物，莫不有理。惟于理有未穷，故其知有未尽也。是以《大学》始教，必使学者即凡天下之物，莫不因其已知之理而益穷之。至其用力既久，而一旦豁然贯通，则众物之表里精粗无不到，而吾心之全体大用无不明矣。此谓格物，此谓知之致矣。

朱熹以上一段话与伊川之论如出一辙。朱熹之解伊川也与他论"格物致知"若合符契。显而易见，朱熹受到过伊川的启迪或影响。朱熹释"知"为知识，是客观认知的外在对象与客体；训"格"为求、为探讨、为穷至，要求人们通过对天下万物穷究其理的途径而达于"致知"的境界。朱熹的"格物致知"落实到学风上，也就表现为朱熹重实学考据，主张熟读儒学经典，考尽其中所涉及的史实，以达到理解儒学原典"义理"的目的。这里，读书是谓"格物"，掌握或曰"抽象"出经书中之义理便是"致知"了。"格"尽万物始能"得道"，朱熹的学风走上实学考据一路可以说是一种必然。此正如《朱子语类》卷六十四《中庸三》表达的那样：

> 圣贤之学，事无大小，道无精粗，莫不穷究无余。至如事之切身者，固未尝不加意；而事之未为紧要，亦莫不致意焉。所以《中庸》曰："君子尊德性而道问学，致广大而尽精微，极高明而道中庸，温故而知新，敦厚以崇礼。"这五句十件事，无些子空阙处。又云：圣贤所谓博学，无所不学也。自吾身解谓大经、大本，以至天下之事事物物，甚而一字半字之义，莫不在所当穷，而未始有不消理会者。……

这里，朱熹之论的要害在于他认准了以"道问学"而求"尊德性"的治学路径，即主张通过"外在于"人的、"后天"而非"先天"知识的掌握，由"外"而"内"、由"博"返"约"而臻于"得道"。此正如黄宗羲《宋元学案》总结的那样：

> 紫阳（指朱熹）之学，则以道问学为主，谓"格物穷理，乃吾人入圣之阶梯。夫苟信心自足，而惟从事于覃思，是师心之用也"。

在朱熹这里，为学的"秩序"绝对不能颠倒。设若缺了"格物"的"道问学"一环便直接跳到"悟道"的"尊德性"，且自称"大本"已立，这不仅是"师心之用"，而且要被"朱者"诋为"狂禅"的。所以，先"道问学"而后"尊德性"，也就是"格物"而后"致知"，它不仅是朱熹治学方法论的根基，而且实际上成了贯穿《近思录》的核心理念。

《近思录》"为学大要"第94条即引录张载所言：

> 今且只将尊德性而道问学为心，日自求于问学者有所背否，于德性有所懈否？此义亦是博文约礼，下学上达。以此警策一年，安得不长？……又多识前言往行。此问学上益也。勿使有俄顷闲度，逐日似此，三年，庶几有进。

这里，张载固将"尊德性"排在了"道问学"之前，但这不过是延续《礼记·中庸》"故君子尊德性而道问学"的传统说法而已，却并不是说横渠主张"尊德性"先于、重于"道问学"。实际上张载的重点——同时也是朱子的重点——是落在"道问学"上的。因为张载在解释"尊德性"而"道问学"时起手强调的便是"日不背"于"问学"，凸显的则是"博文约礼，下学上达"。"博文"方能"约礼"，"下学"才可"上达"，这类话头是重"尊德性"一派的陆九渊说不出来的，却正是朱熹一派所强调的。又据《近思录》卷三"格物穷理"第3条载"伊川先生答横渠先生"，伊川即曾正确地批评横渠学风"有苦心极力之象"，又谓横渠"考索至此"云云，"苦心极力"、"考索"，都是"道问学"治学路线的具体表现。"格物穷理"第22条又引横渠语："凡致思到说不得处，始复审思明辨，乃为善学也。若告子则到说不得处遂已，更不复求。"清儒茅星来适身处"弃虚蹈实"、"理学清算"浪潮激荡之中的清初（康熙年间），因此其《近思录集注》能够敏锐地指出横渠学风的特点："横渠学问，于苦心极力中得来。故往往于难着力处不肯放过。如所云到峭峻之处，要刚决果敢以进，经历险阻艰难，然后其心亨通。此又云'到说不得处，始复审思明辨'。皆是如此。盖此关一过，乃可深造自得也。"这"苦心极力"四字恰是"道问学"一路的典型学术品质。

2. "尊德性"与"道问学"概念的提出与分析

"尊德性"、"道问学"的提法源于《礼记·中庸》。考虑到上下文阅读语境的重要性，这里且将和"尊德性"与"道问学"相关的一整段话移录如下：

> 大哉，圣人之道！洋洋乎，发育万物，峻极于天。优优大哉！礼仪三百，威仪三千，待其人然后行。故曰"苟不至德，至道不凝焉"。故君子尊德性而道问学，致广大而尽精微，极高明而道中庸，温故而知新，敦厚以崇礼。

"洋洋"，孔《疏》："充满之貌"。"优优"，孔《疏》："宽裕之貌"。"凝"，郑《注》曰："犹成也。"

郑玄的《礼记注》（以下简称"郑注"）最早对上段话中的"尊德性"和"道问学"进行了解释：

> 德性，谓性之至诚者；道，犹由也；问学，学诚者也。

郑注的意思是说，"德性"的本质是"诚"。"道"是取径、道路。"道问学"即是人通过自身修养的途径达到"诚"的境界。

郑注提到了一个"诚"字。这个字，是理解郑注的关键。何谓"诚"？《孟子·离娄上》："诚者，天之道也。"孟子的说法与《中庸》本身的说法不谋而合。《中庸》解"诚"也说："诚者，天之道也。诚之者，人之道也。诚者，不勉而中，不思而得，从容中道，圣人也。"所以，人们将《中庸》视为思孟一派的作品，这是有道理的。

"诚"既然是"天之道"，是"性之德"，那也就是说，"诚"是人的天赋之"德"。因此,所谓的"德性"即是人的"天性",它不学而能,无须"外求",是与生俱来的。郑玄的解释针对"学习"的目的和方法。如此,我们再将这个"诚"字的义训置诸郑注的语境中,我们可以说"尊德性"就是尊重、遵从人在"学习"的过程中与生俱来的"本能"和天性。

郑注强调"德性"与"性"的同一性,即"德性"是人不学而能的一种"天性",指明这一点很重要。因为郑注不仅开启了后世"德性之知"说的先河(例如,宋明以降,"德性之知"即先由张载发掘之而以之与"闻见之知"相对待,陆九渊强调之,阳明光大之,形成了理学发展史上"德性之知"说的学术链),而且,郑注提出对于"至诚"的"德性"应当"尊",这就昭示了尊重、遵从每一个人的本能和天性的必要性。这里的"尊重"和"遵从",应当理解为不仅是"他人"的应然,而且也是"自我"的应然。如果将这个原则运用到"治学"中,那么应当得出如下结论:人不仅应尊重他人发自天性的治学选择,而且应自重出于"本能"的治学行为。"学"而求"诚",其中蕴含着学而求"心安"的可贵的思想萌芽。我们可以说,在传统儒学的认识论体系中,原本并不缺乏重视个人主观感受的要素。只要学者秉其"良知"(不学而知是谓"良知")而治学,这一"行为"或者说"践履"(治学本身即属于"践履"的范畴,说见后)就是符合人的"德性"和"本能"的,不管是"学"的内容还是形式,不仅他人应当尊重之,而且学者本人也应当坚守之。

当然,这只是我们对于"尊德性"和"道问学"之相关度的"现代解读"。对于包括郑玄在内的脑中浸润着"致用"——实即资治,即将"学"与现实政治紧紧地捆绑在一起——观念的广大传统士大夫是不能作如是规约的。例如,郑注就将"问学"局限到了以修身"践履"为唯一目的的范围之内。郑注所谓"问学,学诚者也","问学"即是问此"学","学"的内容也仅仅在学习为"诚"。按照传统的理解，只有"圣人"才具备"至诚"的素养，那么，问学而求"至诚"，也就是问学而向圣人学习、"靠拢"。而圣人的"修、齐"，归根结底又是为了"治、平"。这样，郑玄实际上并没有对于"问学"本身的独立价值作充分的肯定——"问学"只不过是现实政治的"陪绑"而已。

"学"不是目的而只是达到目的的手段，"学"非"自足"而为"他足"，它不是"第一义"而是落在"第二义"上。郑注在"学"的本体之外加上了一个"成圣"的目的论，指出这一点至为吃紧。首先，郑玄对于"尊德性"和"道问学"相互关系的解释有曲解原文之嫌。

按照《中庸》的原文，"君子尊德性而道问学"，这个"而"字在古汉语中本义为"须"，引伸而作语助词或连词。

《说文》："而，须也。"段玉裁注："各本作颊毛也，象毛之形。……引伸假借为语词。或在发端，或在句中，或在句末，或可释为然，或可释为如，或可释为汝，或可释为能者。古音能与而同，假而为能。"

《辞源》："而，连词。"其义项中有"并且"之义。《辞源》并举《左传·桓公元年》："宋华父督见孔父之妻于路，目逆而送之，曰：美而艳。"

《辞海·语词分册》："而，作语助，表并列关系。欧阳修《醉翁亭记》：'泉香而酒洌。'"

根据以上辞书，对照《礼记·中庸》有关"尊德性"、"道问学"的书法，很显然，"尊德性"和"道问学"这两个概念在《中庸》中是用作并列关系的。（正如后文中提到的"致广大而尽精微，极高明而道中庸，温故而知新"一样，其中的"致广大"、"尽精微"、"极高明"、"道中庸"，"温故"、"知新"也是并列的关系。）《中庸》的作者并没有在"尊德性"和"道问学"之间作孰先孰后的安排，更不存在对于"尊德性"和"道问学"的孰高孰低的"价值定位"。换言之，按照《中庸》，尊德性并不先于、更不高于道问学。而到了郑注，"道问学"却成了附庸和工具,"尊德性"才是目的。这显然是一种"过度解释"。

其次,郑玄作为历史上最权威的经解家,他明确而直接地将"问学"与"践履"——实即"致用"、"资治"联系在一起,这个影响极为深远。我们看到,郑玄以后,历代大思想家在治学目的论上都未能摆脱郑玄的桎梏。虽然在"问学"(包括问"尊德性"的形上思辨之"学"和问"道问学"的考据实"学")的过程中先贤也曾经片刻地表现出某些以"学"为本体的"纯"学术倾向,但这种倾向不成气候,很快就被"致用"的目的论所湮没。这其中包括具有"纯学术"治学倾向的学者本人因对于自己这样一种"学术本体"目的论的摇摆、迷茫起而检讨所发生的作用;更多的则是如汪洋大海般饱受"致用"目的论影响的学者群对于"纯学术"的剿杀与批判所造成的后果。

非为"知识"而知识,知识必须有实用(狭义的)价值,不允许"纯知识"的存在,这是中国传统文化缺乏"知性"的根本原因所在。牟宗三曾经尖锐地指出,中国传统文化"其用心唯是以成圣贤人格为终极目的"。他认为,道德理性之能够"通出去",必须于精神主体中转出"知性主体",这也就是"学统"的开出。但中国传统学人对于"纯知识"缺乏"知性"的兴趣,"中国文化在全幅人性的表现上,从知识方面说,它缺少了'知性'这一环,因而也不出现逻辑数学与科学"。在中国文化系统中,"仁"的一面特别彰着,"而智一面则始终未独立地彰着出来"。余英时也指出:"在西方的对照下,中国的超越世界与现实世界不是如此泾渭分明,这也许部分地与中国人缺乏知识论的兴趣有关。"牟宗三、余英时的论点在郑玄对于"尊德性"和"道问学"相互关系的解释中得到了印证。

另外值得注意的是,郑注将"道问学"的内容框定在学习为"诚",而"诚"隶属于本能之"德性",因此,郑玄意中的"道问学"就是返回人的"本性",郑注并认可"道问学"之"学"是指"外在于"人的、必须通过"后天"的学习才能掌握的各种"知识"。

然而，《中庸》在提出了"尊德性"和"道问学"的同时，紧接着还有所谓"礼仪三百，威仪三千"以及"致广大而尽精微，极高明而道中庸，温故而知新，敦厚以崇礼"，这些话头不容忽视，它们是对于"尊德性"和"道问学"内涵的具体展开。其中的"礼仪三百，威仪三千"，这些"繁文缛节"当然是反映"道问学"的具体指向的，即历史上的典章制度正在"道问学"所关注的范围内。而"致广大、极高明、温故、敦厚"都可以视为"尊德性"的内容，"尽精微、道中庸、知新、崇礼"则可以视为"道问学"的要求。这样一来，问题就出现了：《中庸》既然提到了"礼仪三百，威仪三千"以及"知新、崇礼"，这些内容当然应当"掌握"。而要掌握以上知识，显然不是靠一个"诚"字能够奏效的。也就是说，《中庸》中还有一些"外在于"人的、必须通过"后天"的学习才能够了解并掌握的"知识"，郑注忽略或者说并没有明确提出"道问学"应当学习之。在这一点上，孔颖达的"疏"（以下简称"孔疏"）始对此作了规定。孔疏：

此一经明君子欲行圣人之道当须勤学。前经明圣人性之至诚，此经明贤人学而至诚也。君子尊德性者，谓君子贤人尊敬此圣人道德之性，自然至诚也。而道问学者，言贤人行道由于问学，谓勤学乃致至诚也。

自然，孔疏也同样没有为"学"本身的存在价值给予丝毫的肯定。"勤学"也只是为了"行圣人之道"。然而，孔颖达在解释以何种途径才能得到圣人之"道"时提出了"勤学"。他虽然未能就勤学究竟学"什么"给出一个明确的答案，但在读了孔疏以后，毕竟能够使人认为：孔疏并没有排除或者说至少包含了"学"的内容应当是指"外在于"人的、人必须通过"后天"的学习方才能够掌握的知识。这就为后人将"学"的对象指为"后天"的知识打开了一条信道。例如，宋代伊川、朱熹一派就是按照这一认识论原则来架构其方法论体系的。这一点在《近思录》中就有典型的反映。

孔颖达提出"道问学"应当"勤学"外在于人的"知识",他的解释和郑注有歧异。经学史上有一个原则叫做"疏不破注"。按照这个原则,孔疏对于郑注有所违背。但也正是因为孔疏与郑注在"道问学"具体指向上的歧异,导致了以后历代思想家们的纷争。换言之,自从郑注强调"道问学"在学"诚","德性之知"说的传统便胎育了;而孔疏则将"道问学"规定为学习"外在知识",这又奠定了后世"闻见之知"说的基础。这两种认识论倾向后来发展成为两种不同的治学风格并发生了激烈而长久的争论。这个争论,即首先开启于朱熹和陆九渊的"鹅湖之辩",并持续地影响着宋代以后直至于明清间长达千余年的学术发展史。

根据上述郑注和孔疏对于"尊德性"和"道问学"的解释,并顾及这一对概念在思想史上的际遇,我们现在可以作如下归纳:

(1)"尊德性"具有双重维度或者说双重指向:首先,它是指一种关乎伦理道德的"践履性"说教,这一点郑注和孔疏已经指出。唐宋以后,这一点基本上得到了学界的认可。例如,朱熹即认为,陆九渊一派的学者"多持守可观",又说:"熹自觉虽于义理上不敢乱说,却于紧要为己为人上多不得力。今当反身用力,去短集长,庶几不堕一边耳。"朱熹的这段话从陆九渊的引用中也得到了证明。陆九渊说:

> 朱元晦曾作书与学者云,陆子静专以尊德性诲人,故游其门者多践履之士。

"持守可观"、"为己为人上多不得力"以及"反身用力,去短集长"云云,都是在道德践履的层面上对于"尊德性"的指陈。而"尊德性"要求从"诚"出发,"诚"的正当性遂使得"尊德性"因其道德践履而自然具备了一种正面的道德评判的特质与功能。

其次,"尊德性"因为涉及"德性",以此为原点,它必须对于一系列和"德性"相关的"学术性"问题作出规定。例如,陆九渊、王阳明均主张"立其大本",那么,何谓大本?"心"、"性"、"良知"、"良能"、"主静"、"主敬"等概念的内涵又是什么?如果说不学而知是谓良知,不学而能是谓良能,那么,良知、良能如何"涵养"?"德性"为何能不靠"外物"而自我显露?从遇见需要良知、良能呈现之事,到良知、良能当下提撕、当下践履之时,这一思维和实践的全过程是怎样发生的?人在主观上又应当怎样"把握"之?等等。这一系列问题,是"尊德性"一路治学的内在要求。遵循此种路径行去,自然要谈"心"谈"性",用今天的话说,也就是要求学者就人的主体思维过程的逻辑关系、心理活动的趋向等问题给出一个"学理"上的解释。这是陆九渊发展到阳明一派"玄而又玄"不得不如此的内在的、学理上的根据。一旦"尊德性"讨论并且试图解答这些问题,它也就由阐发践履的"形下"层面提高或者说是"升华"到了一个讨论"学术"的"形上"层面。而探讨以上"心"、"性"诸概念,必然地、内在地规定了"尊德性"之"学"的形上思辨的"哲学"发展路向。

(2)按照郑注和孔疏,"道问学"也有两重维度或指向:"问学"而"求道",并且这个"学"非指其他,系指以圣人为标准的求"诚",那么"道问学"的初旨也带有强烈的践履性。然而,道问学既然主张通过"外在于"人的后天知识的学习,且这种学习主要是指通过"读书"而"明道",这里的"书"又特指"经",那么,经书中包含了大量古代的文字、史实和典章制度。古今悬隔,要理解这些古文字、史实和典章制度就只能通过考据为津筏而抵达"知识"的彼岸。因此,"道问学"的内在规定性指向考据学。

(3)治学、践履与致用:从分析朱、陆之辩的学风异同中反思《近思录》。朱熹事事"严密理会,铢分毫析"的"道问学"学风与"先立其大本"的理念相互枘凿,象山对此当然大不以为然。在《陆象山先生全集》中有大量内容涉及陆子对朱熹学风的批判;当然,《朱子语类》、《朱文公文集》等朱熹的撰述中也有不少批评陆九渊学风的。以下有选择地录出朱、陆两家的言论，虽然尚无法确认这些就是"鹅湖之辩"时朱、陆两家辩论的内容，但可以肯定它们与"鹅湖之辩"的主旨相吻合。尤其由于这些论述与《近思录》的编纂理念息息相关，因此，有必要首先对朱、陆两家的阐述细加剖析，才能进一步与《近思录》中的相关论述相互比勘，并且给出一个综合的"现代性评判"。

象山认为："急于辨析，是学者大病，虽若详明，不知其累我多矣。"①象山的路径在先立定"大本"，亦即先须养成"内定"之功。他指出：

> 真能为主，则外物不能移，邪说不能惑。所病于吾友者，正谓此理不明，内无所主；一向萦绊于浮论虚说，终日只依藉外说以为主，天之所与我者反为客。主客倒置，迷而不反，惑而不解。坦然明白之理可使妇人童子听之而喻；勤学之士反为之迷惑，自支离之说以自萦缠，穷年卒岁，靡所底丽岂不重可怜哉？使生在治古盛时，蒙被先圣先王之泽，必无此病。惟其生于后世，学绝道丧，异端邪说充塞弥满，遂使有志之士罹此患害，乃与世间凡庸恣情纵欲之人均其陷溺，此岂非以学术杀天下哉？②

这里，象山的"萦绊于浮论虚说"、"依藉外说以为主，天之所与我者反为客"均系针对朱熹而发。而象山以"资治"、"致用"为圭臬，用"以学术杀天下"之名冠朱熹，罪朱亦可谓重矣！此一指摘与象山《与侄孙濬》中对朱熹的指责如出一辙，认为"近时伊洛诸贤，研道日深"，然未见其如子思之能够"达其浩浩，正人心，息邪说"，

---

① 《陆象山先生全集》卷十《与詹子南》，宣统庚戌江左书林校印本。
② 《陆九渊集》，卷一，中华书局1980年版。

其原因盖在朱熹一派"困于闻见之知"。①《象山全集》卷二有《与曹挺之》亦云:

> 大抵学者且当大纲思省,平时虽号为士人,虽读圣贤书,其实何曾笃志于圣贤事业? 往往从俗浮沉,与时俯仰,徇情纵欲,汩没而不能自振,日月逾迈而有泯然与草木俱腐之耻。到此能有愧惧,大决其志,乃求涵养磨砺之方,若有事役,未得读书,未得事亲,亦可随意自择,亦可商量程度,无不有益者。②

综上,象山要求士人读书时时不忘圣贤事业,刻刻抱定笃志于圣贤事业的目的论。这种论调,自然是象山那个时代的老生常谈,但并非没有疑问。站在现代的立场,我们的疑问就在于:为什么读书本身不能是目的而只能是为圣贤事业而读书? 按照郑玄对于"尊德性"的"注",对"德性"谓"尊",就是尊重、遵从人与生俱来的"本能"和天性。那么,与身体、四肢需要运动一样,大脑"本然"即需要运动,这是人的一种"本能",也可以说是"人性"。以此,"纯知识"及其体现——乐学好思也就是大脑运动的必然,也可以说是"人性"的体现。"学"与"思"所体现的"用",并不仅仅局限在能否"成圣"之"用"上,满足心灵本身的需求也是一种"用"。柏拉图在《理想国》中就曾经说过,希腊人所谓的数学,并不是用来计算的。"我们所谓的天文学也不是用来注视那个肉眼所见的天空的"。自由的"学"并非是一种"实用知识","而是为着自身的纯粹理智活动"。黑格尔也强调,"科学"本身有其独立自洽、不依附于其他对象的价值:

> 从一方面看,科学,作为服从其他目的的思考,也是可以用来实现特殊目的,作为偶然手段的;在这种场合,它就不是

---

① 《陆象山先生全集》,宣统庚戌江左书林校印本。
② 《陆象山先生全集》,宣统庚戌江左书林校印本。

从它本身而是从对其他事物的关系得到它的定性。从另一方面看，科学也可以脱离它的从属地位，提升到自由独立的地位，达到真理。在这种地位，它就无所以求，只实现它自己所特有的目的。只有靠它的这种自由性，美的艺术，才成为真正的艺术。①

马科斯·韦伯曾经指出，学者的"个人体验"虽然被"圈外人""嗤之以鼻"，视为"奇特的'陶醉感'"，但学者倘若"没有这份热情，没有这种'你来之前数千年悠悠岁月已逝，未来数千年在静默中等待'的壮志，你将永远没有从事学术工作的召唤，那么你应该去做别的事"。② 这才是我国古人所称道的"为己之学"而非"为人之学"的纯真境界。钱钟书将"文明人类"与"野兽"作区别的唯一根据就在于"人类有一个'超自我'（trans subjective）"的观点。③ 因此，他能够把"是非真伪"跟"一己的利害"分开，"他并不和日常生命粘合得难分难解，而尽量企图跳出自己的凡躯俗骨批判自己"。所以：

> 他在实用应付以外，还知道有真理，在教书投稿以外，还知道有学问。④

钱钟书这里的人"和日常生命粘合得难分难解"；"教书匠"以"教书投稿"为"吃饭家什"，是指作为自然人为了维持一己"躯壳"的存在而不得不如此的局限性。但人贵在除了维系躯壳生存的需

---

① 黑格尔：《美学》，第一卷，第10页，商务印书馆1979年版。
② 马科斯·韦伯：《学术与政治》，第162页，广西师范大学出版社2004年版。
③ 钱说与黑格尔同义。黑氏认为："'思想'确是人类必不可少的一种东西，人类之所以异于禽兽者以此。"见王造时译黑格尔：《历史哲学》，第46页，三联书店出版社1958年版。
④ 钱钟书：《释文盲》，载《钱钟书散文》，第50页，浙江文艺出版社1997年版。

要以外还有"思想",还有"作学问"即追求真理的兴趣。

　　学术的价值绝不在于能不能在政治上成为"圣人"(尧、舜、禹、汤、文、武、周公均为传统意义上的政治圣人;孔子虽然亦为圣人,但孔子的政治意义仍然要于"学术"、思想意义),能够成圣的就"有用",否则即"无用"。就人类求真的天性上说,"纯知识"的学术研究"有其重要性,亦即'有知道的价值'"。"如果这类知识的追求是一项'志业',它本身即是有价值的。"①例如,物理学、化学或天文学的价值就在于"把握宇宙现象的最高法则,是一件值得花心力去做的事"②,所以康德赞扬"古代的几何学家"有"探究线段属性的那股热情","没有让自己被受限制的头脑所提出的'这种知识究竟有什么用'的问题弄糊涂"③。而人文社会科学例如历史学的职责就在于了解并且理解历史的"真相","教我们如何从其起源的条件上,了解政治、艺术、问学与社会等方面的文化现象。但是它们本身,对于这些文化现象在过去或在今天有无存在的价值,并没有答案"④,即是说,历史学只当问"真不真",并不问"用不用"。不问"用不用"的历史学却照样"有用","是一件值得花心力去做的事"。马科斯·韦伯此说与王国维不谋而合。王国维认为,从终极的功能来看,"事物无大小远近,苟思之得其真,纪之得其实,极其会归皆有裨于人类之生存福祉",故治学当不避"深湛幽渺之思",不辞

---

　　①　马克斯·韦伯:《学术与政治》,第 174 页,广西师范大学出版社 2004 年版。

　　②　马克斯·韦伯:《学术与政治》,第 174 页,广西师范大学出版社 2004 年版。

　　③　康德:《判断力批判》,第 211 页,人民出版社 2007 年版。

　　④　马克斯·韦伯:《学术与政治》,第 175 页,广西师范大学出版社 2004 年版。

"迂远繁琐之讥"。① 对王国维这个"人类之生存福祉",我们必须理解为是指整个人类品质德性的不断完善与提高。如果我们将一部人类历史视为一个不断逼近真、善、美,克服、摒弃假、恶、丑的过程,那么,真、善、美只能在心灵不断得到净化的条件下求得,从这个意义上说,将学习视为一个自我展开、"自足自洽"的存在就有充分的理由。从"践履"的角度,象山提出"求涵养磨砺之方"。怎样"涵养"？如何"磨砺"？是不是只能靠苦思冥索,靠内心的独自体验,由"内"而"外"？由"外"而"内",由求"外在"的"知识"起脚而递进于"致知",渐渐"成熟"、"完美",最终达到"尊德性",就不是一条"求涵养磨砺"的正道吗？

由于象山过分强调"内定"之功,是故他断然以"道问学"为"尊德性"的附庸,"尊德性"为"道问学"的目的,指出:

> 朱元晦曾作书与学者云:"陆子静专以尊德性诲人,故游其门者多践履之士,然于道问学处欠了。某教人岂不是道问学处多了些子？故游某之门者践履多不及之。"观此,则是元晦欲去两短,合两个长。然吾以为不可,既不知尊德性,焉有所谓道问学？②

有人分别朱熹之学与象山之学,一为"形上",一为"形下",认为:"或谓先生之学,是道德、性命,形而上者；晦翁之学,是名物、度数,形而下者。学者当兼二先生之学。"象山根本不同意这一区分,他说:

> 足下如此说晦翁,晦翁未伏。晦翁之学,自谓一贯,但其见道不明,终不足以一贯耳；吾尝与晦翁书云"揣量模写之下,

---

① 载《国学丛刊序》,转引自许冠三:《新史学九十年》,第105页,岳麓书社2003年版。
② 《陆九渊集》,卷三十四。

依放假借之似,其条画足以自信,其节目足以自安",此言切中晦翁之膏盲。①

按,论者之"形上"、"形下",以"学术"为本体和视角,谓象山多谈心性,自当归于"形上";朱熹喜言名物度数,则当归入"形下"。站在学术本体的立场且仅仅以"学术"为视域,此一"形而上"、"形而下"的分别极中肯綮,原本无懈可击。殊不知象山之旨趣非在"学术"一边,而是在"闻道"的政治一边,故此种评价对于象山来说实为牛头不对马口。从象山对于此说之纠正中也尽可以看出象山对于晦庵之责难,实亦如"鹅湖之辩"中象山之不满于朱熹之"学风"一样,这不过是一种表象,象山骨子里仍然是将"学术"与道德实践搅混在一起的。

然而,象山以践履、致用、资治为指归责难朱熹,委实错怪了朱熹。朱熹何尝不主张学以致用、资治?只是朱熹所认定达到此目的的路径方法不同于象山而已。这一点,从朱熹对象山的反批评中看得最分明。朱熹认为:

> 子思说"尊德性",又却说"道问学",这五句是为学用功粗精,全体说尽了。如今说,却只偏在"尊德性"上去,无"道问学"底许多工夫,恐只是占便宜。自了之学出门动步便有碍,做一事不得,事变日新而无穷,安知他日之事,非吾辈之责乎!②

此段议论,显然系因为不满象山学风而发。晦庵认定为人处世的"践履"准则只蕴含在圣贤书中,不苦读经典,自然得不到以上准则,且是一种投机取巧。故云"无道问学底许多工夫,恐只是占便宜";并特别指出受此种学风影响,"出门动步便有碍,做一事不

---

① 《陆九渊集》,卷三十四。
② (宋)黎靖德编:《朱子语类》,卷第一百一十七,中华书局1994年版。

得"。

如此再来看《近思录》。"为学大要"第70条引录伊川之说：

> 知性善，以忠信为本，此"先立其大者"。

伊川这里也提出了"先立其大"一说，这很有意思。后世就因为程、朱一派主"格物致知"，陆九渊主"先立其大"，因治学方法论上存在如许不同而将朱、陆分判两家。因朱、陆异同的问题，学界又不知有数万千计的学人千百年来饶舌聒噪于此。现在我们看到，其实程、朱一派并不排斥"先立其大"，这个"大"即"资治"、"致用"的目的论之"大"，在这一点上，程、朱与陆两家其实没有异议。只是求"大"的路径朱熹的主张与象山不同罢了。朱子解伊川的"先立其大"即指出：

> "知性善以忠信为本"，须是的然识得这个物事，然后从忠信做将去。若不识得这个，不知做甚么。故曰："先立乎其大者。"①

朱熹主张对于物和事须有"的然"之"识"，这里的"的然"也就是"格物"并兼有"验证"之义了。不"格物"，未经"验证"，哪能"识得这个"？不"识得这个"，当然"不知做甚么"。这是程、朱对"先立其大"的理解，同一用语，内涵却与象山南辕北辙，这是语言学上一个值得探讨的问题。也因此朱子不满象山的"先立其大"，讥诃为"自了之学"。

晦庵主张在"事"上用功，谓事事马虎不得，因为，"事变日新而无穷，安知他日之事，非吾辈之责乎"？由此他得出结论："若只是自了，便待工夫做得二十分到，终不足以应变。"是晦庵对象山学风的指责，根本也是落脚在践履致用上的。明白这一点，也就容易理解朱熹何以反过来讥切象山一派的"尊德性"也不过是"纸上功夫"

---

① （宋）黎靖德编：《朱子语类》，卷第一四〇，中华书局1994版。

而已。《朱子语类》卷六十四有一段话:

> 文蔚以所与李守约答问书请教。曰:"大概亦是如此。只是'尊德性'功夫,却不在纸上,在人自做。"①

这里值得玩味的是,象山指责朱熹,意蕴落在资治致用上,认为朱熹一派"乃勉勉而学,孜孜而问,茫茫而思,汲汲而行,闻见愈杂,智识愈迷",其结果是"东辕则恐背于西,南辕则恐违于北"。②而朱熹对于象山的反批评,同样以致用为指归,意谓象山一派大谈"尊德性",结果是"尊德性"只是"在纸上"作了功夫,颇有"玩物丧志"之弊。朱、陆两家都指责对方治学不"致用",这恰恰透露出两家治学目的论的相同。但是,"尊德性"为什么不可以"在纸上"作功夫?即为什么不可以将"德性"所涉及诸概念的内涵及其相互关系作为一门"学"来探讨、来"穷研深究"?朱熹也并没有给出一个合理的理由。

朱熹并不认为"道问学"是一种"纯学术",而只不过是一种修身践履的手段。所以他说:

> 大抵子思以来,教人之法,唯以尊德性、道问学两事为用力之要。今子静所说,专是尊德性事,而熹平日所论,却是道问学上多了。所以为彼学者,多持守可观,而看得义理全不仔细,又别说一种杜撰道理,遮盖不肯放下。熹自觉虽于义理上不敢乱说,却于紧要为己为人上多不得力。今当反身用力,去短集长,庶几不堕一边耳。③

朱熹赞扬象山一派的学人"所以多持守可观",那是因为得力于"尊德性"中的道德践履之需;而自己这一派在"紧要为己为人上

---

① (宋)黎靖德编:《朱子语类》,卷第六十四,中华书局1994年版。
② 《陆九渊集》,卷三十二。
③ (清)王懋竑:《朱熹年谱·朱子论学切要语卷之一》,第424页,中华书局1998年版。

多不得力",也是因为"道问学"在道德践履上的差迟欠缺,这就明白无误地表达出朱熹"道问学"的最终目的仍然在于"尊德性"的践履层面。只是在朱熹看来,若以践履为圭臬,象山之"先立其大"并非无瑕疵。因为象山一派"看得义理全不仔细,又别说一种杜撰道理,遮盖不肯放下";相比较而言,自己一边之所长在事事顶真,"义理上不敢乱说",但也有短处。这样朱熹亦才会有"去短集长,庶几不堕一边"一说,并且自勉"平日所论,却是道问学上多了",故"今当反身用力"。朱熹曾经说:

> 某向来自说得尊德性一边轻了,今觉见未是。上面一截便是一个坯子,有这坯子,学问之功方有措处。①

何谓"坯子"?"坯子"亦即底子,是基础,是根本,好比一个瓷胎之器。道问学所获得的种种"知识",不过如往"尊德性"——践履的"尊德性"这具瓷器上绘图施色而已。

如此,我们再来看《近思录》。"为学大要"第83条引录张载之言:

> 大其心,则能体天下之物,物有未体,则心为有外。世人之心,止于见闻之狭。圣人尽性,不以见闻梏其心,其视天下无一物非我。孟子谓"尽心则知性知天"以此。天大无外,故有外之心,不足以合天心。

朱熹弟子就横渠此说发问:"物有未体,则心为有外"。"体"之义如何?朱子解曰:

> 此是置心在物中,究见其理,如格物致知之义。与体用之"体"不同。②

这里,朱熹对于"体"字的解释值得注意。这个"体",并非哲学

---

① (宋)黎靖德编:《朱子语类》,卷第六十四,中华书局1994年版。
② (宋)黎靖德编:《朱子语类》,卷第九十八,中华书局1994年版。

意义上的"本体"之"体",而是践履之"体","格物"后将"外在"的闻见之知"内化",此是谓"体"。所以,闻见之知的"知识"在朱熹这里仍然非"第一义"而是落在"第二义"上的。闻见之知必"内化"为道德践履层面的认识方为"本"为"体",可见程、朱对于致用亦在致意矣!

综上,朱陆两家之学有歧异,这固然是一个不争的事实,这一点已经得到了朱、陆同时代以及后世学界足够的认可;但在朱、陆歧异的背后,两家之"同"却更加值得注意。① 换言之,朱、陆两家在"鹅湖之辩"中所阐发的对于治学目的论的看法更加值得重视。根据朱、陆两家在"鹅湖之辩"中对于"尊德性"和"道问学"的论述,我们可以说,朱、陆的歧异只是在"方法论"层面上;而在"目的论"层面,两家非但不异而且全同。

现在再来反观《近思录》。

《近思录》特别是卷二的"为学大要"、卷三的"格物穷理"中朱熹引录四子重"格物"而后"致知"的言论举不胜举。且朱熹对于其中的言论大多进行了诠释解读,这就使得四子的言论变成了朱熹的思想。例如,《近思录》卷三"格物穷理"第 12 条朱熹引录伊川说:

> 问:"观物察己,还因见物反求诸身否?"伊川曰:"不必如此说。物我一理,才明彼,即晓此,此合内外之道也。"又问:"致知先求之四端如何?"曰:"求之情性,固是切于身。然一草一木皆有理,须是察。"

朱子解道:

---

① 关于朱、陆异同的争论起于明世。下至于清初,此一问题成为当时的一个学术热点。读者可参阅钱穆:《中国近三百年学术史》,第七章,中华书局 1984 年版。

上而无极太极,下而至于一草一本一昆虫之微,亦各有理。一书不读,则阙了一书道理。一事不穷,则阙了一事道理。一物不格,则阙了一物道理。须着逐一件与他理会过。①

按,事事"格"而穷尽其"理","一物不格,则阙了一物道理。须着逐一件与他理会过"。这与《大学章句》对"格物致知"的典型表述"所谓致知在格物者,言欲致吾之知,在即物而穷其理"、"是以《大学》始教,必使学者即凡天下之物,莫不因其已知之理而益穷之"形神皆合。其中并且隐含着对象山一派"无道问学底许多工夫"、"只是占便宜"的"自了"学风的批评。

但是,程、朱一派的"道问学"之论以及陆王一派的某些说法又每每不自觉地流露出学术本体论的可贵思想萌牙,这一点既不应忽视,也不能夸大。如"格物穷理"第 20 条引录张载语:

"博学于文"者,只要得"习坎心亨"。盖人经历险阻艰难,然后其心亨通。

"习坎心亨",语出《易·坎卦》:"习坎,有孚,维心亨,行有尚。""习坎"是指水遇见重险。水、坎相遇,险阻重重,水迎难而进,川流不息于险山峻岭之间,却并不感觉是痛苦反倒有"习"而"心亨"的快乐,盖因"内"使之然,即水之德性使然。横渠的引用遂使得《易·坎卦》的解读中隐喻了一种治学本身的"乐趣"。朱子很明白横渠将《易·坎卦》与勤勉乐学相联系的苦心孤诣,他解横渠道:

曰:博学于文,只是要"习坎心亨",凡事皆如此。如应事接物之类皆是文。旦以事理切磨讲究,自是心亨。且如读书,每思索不通处,翻来覆去,倒横直竖,处处窒塞。然其间须有一路可通。只此便是许多艰难险阻,习之可以求通,通处便是

---

① (宋)黎靖德编:《朱子语类》,卷第十五,中华书局 1994 年版。

亨也。①

"且以事理切磨讲究,自是心亨",在艰苦的学习过程中越过重重险阻,一旦"求通"而且竟然真"通"了,"通处便是亨"。此类表述带有极可宝贵的学术本体的思想萌芽。我们且再试一读清儒张伯行《近思录集解》对于张载的再解读。张氏进一步解谓:

> 习,重也。坎,险也。上下皆坎,为重险之象。而其《象辞》曰"维心亨",亨,通也。张子借"习坎心亨"之义以明博学于文者,只要悟得此意。初闻义理未明,有所龃龉,胸中疑难如历重险。积习既久,自脱然有贯通处,则心亨也。人可以险阻艰难自疑畏,而不求进于心亨之地哉?水流而不盈,行险而不失其信。

按,张伯行生处清代康熙间,此时学界正在进行着"理学清算"即理学批判运动,学风的整体走向是"弃虚(哲理、形上思辨)而蹈实(考据实学、重实践)","道问学"的考据之风这时已经悄然形成。朱熹原本即主张先"道问学"然后"尊德性",故其学实,其学重考据,也因此朱熹颇得清代学人的青睐,遂成为章学诚烛微洞见正确指出的那样:朱熹的治学方法论成为了乾嘉考据学的思想源。②另从官方的一面来看,自康熙年间朝廷表彰朱熹,朱熹的地位即扶摇直上,这也正符合学界尊朱的心气。宜乎张伯行如此突显朱熹之解张载"博学于文"。从而张伯行之解最有价值之处即在于,朱熹和清儒将治学本身的意义突显出来了;将治学的一己心得、治学过程中克服重重困难后内心的喜悦与"心"的通达、"自乐"充分表达出来,并且将这种一得之见的喜悦称之为"心亨","心亨"二字正是心灵——大脑的本体追求并且获得了相对自由的准确表达。由

---

① (宋)黎靖德编:《朱子语类》,卷第三十三,中华书局1994年版。
② 读者可参阅章学诚《文史通义·朱陆》。

此可见，治学本身便有它不可取代的价值，这个价值便是"心亨"之"乐"，能够体会到这种乐趣是一种很高的境界，此"学"才称得上"为己之学"而非"为人之学"。

治学与独立的精神享受实际上是一而二、二而一之事。这一点，在讲求"经世致用"以至于不免陷入急功近利盲区的我国学界认识却相当浅薄，因此仍然有再行饶舌特加伸发的必要。钱钟书说：

> 自从"发现了快乐由精神来决定"，人类文化便"又进一步。发现这个道理，和发现是非善恶取决于公理而不取决于暴力，一样重要。公理发现以后，从此世界上没有可被武力完全屈服的人。发现了精神是一切快乐的根据，从此痛苦失掉它们的可怕，肉体减少了专制，精神的炼金术能使肉体痛苦都变成快乐的资料。于是，烧了房子，有庆贺的人；一箪食一瓢饮，有不改其乐的人；千灾百毒，有谈笑自若的人。……偏有人能苦中作乐，从病痛里滤出快乐来。……这种快乐，把忍受变为享受，是精神对于物质的最大胜利"。①

以此我们来回观《近思录》。"为学大要"第13条：

> 习，重习也。时复思绎，浃洽于中，则说也。

浃洽是指学习本身有得而心灵的融洽、和谐与"说"，"说"同"悦"。朱子解道：

> "学而时习之"。若伊川之说，则专在思索而无力行之功。
> 又曰："浃洽"二字宜仔细看。凡于圣贤言语，思量透彻，乃有所得。②

---

① 钱钟书：《论快乐》，载钱钟书：《钱钟书散文》，第20页，浙江文艺出版社1997年版。

② （宋）黎靖德编：《朱子语类》，卷第二十，中华书局1994年版。

心有得便融洽便和谐便"说",程、朱能够承认治学本身能够有"心亨"的大享受,这在大申特申"经世致用"因而特别讲求"实用"的传统中国学界,是极其稀缺因而难能可贵的认识。

又如《近思录》"为学大要"第55条引伊川论:

> 知之必好之,好之必求之,求之必得之。古人此个学是终身事。果能颠沛造次必于是,岂有不得道理?

这里,伊川从分析"知"入手,层层递进,由"知"而"好",由"好"而"求",由"求"而"得",分析透辟,层次感极强。首先那个"知"值得一说。"知",在伊川、朱熹一派的学术用语中是一种经过了检验后的理性判断,如朱熹的格物致知之"知";如伊川在答问"格物须物物格之,还只格一物而万理皆知"时的回答,"须是今日格一件,明日又格一件,积习既多,然后脱然自有贯通处"。这里的"脱然贯通"也就是"知"的意思。因为伊川、朱子都重"知",故既然已经"知"了,也就必然进而"好之",必然进而"求之",必然能够"得之"。这个对于认识论一般过程的表述,无论用于治学还是用于修身都极有见地。《近思录》卷二第20条载明道语:"学者识得仁体,实有诸己,只要义理栽培。如求经义,皆栽培之意。"朱熹有如下一段诠解,这段话可以作为伊川"知"、"好"、"求"、"得"论的注脚。朱熹解道:

> 学者识得仁体,实有诸己,只要义理栽培。识得与实有,须作两句看。识得,是知之也。实有,是得之也。若只识得,只是知有此物。却须实有诸己,方是己物也。①

不过,照陆、王一派看来,即便"知"了、"好"了、"求"了、"得"了,其间还缺少一个重要环节——"行"。换言之,程、朱的认识离

---

① 陈荣捷:《近思录详注集评》,第55页,华东师范大学出版社2007年版。

"行"还有一间之隔。这里涉及了实践论的问题。例如,胡适就曾经认为,人格培养的最佳入手处便是如宋儒所说的"格物致知"。台湾学者周昌龙①不同意此说。他指出:仅仅依靠"格物",其所致之"知"并非一定真就能形塑人格。周先生细致分析了"尊德性"和"道问学"的内部层次,认为:

"理学家最重视的是心是否能诚而悦道"。朱熹及其门人"所面对的困境,就是如何从'知'道跳到'悦'道而行之的问题。王阳明'即知即行'的知行合一说,就是要用'良知'冲破由'知'到'悦'的障碍,消解朱学的难题"。②

周先生进一步论道:

"纯智的知与实践的悦之间,即在道德知识与道德实践之间,必须还要有一个链锁,才能自圆其说"。而"这个链锁是什么?戴震并没有交代。"③

以上的分析逻辑绵密说理透辟。"知道"与"悦道",这是两个不同的层次。由"知道"而进一步"悦道",将其所知"行"出来、践履出来,这二者之间的确还存在一重重要的关隘或者说隔阂。所以,朱熹虽然已抉发出"识得"与"实有"之区别,到了"实有"的阶段他却敛手收步了,他未能进一步提出:必须将这已有的"知"与"行"打并成一处"合一"起来,那才真真算是"实有"。从冲破"知"与"行"最后一道关隘来看,阳明"致良知"的"知行合一"论的确是一个伟大的理论建树。然而,在学术史上阳明学发展到阳明后学,"知"与"行"脱节,学人多"知"而不"行",所以,早在明清之交的"理学清

---

① 按,周昌龙教授为台湾"中研院"近史所张寿安教授的已故夫君。
② 周昌龙:《新思潮与传统——五四思想史论集》,第82页,百花洲文艺出版社2004年版。
③ 周昌龙:《新思潮与传统——五四思想史论集》,第83页,百花洲文艺出版社2004年版。

算"运动中,学者层就曾大力凸显"行"的重要性而将批评的矛头直指阳明本人。阳明有《大学古本》,开宗明义便指出:"《大学》之要,诚意而已矣。"陈确(乾初)《大学辨》就曾深刻指出:

> 既言"正心",不当复言"诚意"。……《大学》之所谓"诚"者非诚也。凡言"诚"皆兼"内"、"外"言。《中庸》言"诚身"不言"诚意"。诚只在意,即是不诚。①

乾初的这个"诚意"、"诚身"之别在明清之交理学清算的学者层中可谓振聋发聩、独树一帜。他这里是说,"诚"不能仅仅向"意"上求,去"意"上讨分晓,而尤须把这"诚"表现出来、实践出来、"行"出来。如果只是一味向内求心之"诚",却不见此"诚"之践履及功效,"则是心之所发犹虚而不实也,而何以谓之诚乎"? 这个驳论,从实践论角度看极有见地。一个整日价说"诚心"却从不见他实践"诚"的人,便只是"意"诚而其"心"并不"诚",甚至可以视作虚伪。借用陈乾初的说法,我们也可以此来批评伊川和朱熹:一个整日价说自己已经"知"了、"好"了、"求"了、"得"了,却从不见其实践的人,也是一种"精致的虚伪"。人们甚至可以怀疑,此种人"声称"他们"知"了、"好"了、"求"了、"得"了,其实根本就是装装样子而已。他们既未"真知"而进一步去"求",更勿论"好"而有"得"了。此类人在现实生活中随处可见。且不说现如今大批贪官污吏"知"、"行"相悖,"好话"说尽(貌似已"知")——人类自从掌握了语言的技巧以后,没有比当今的贪官再会"说话"的了——坏事做绝,明"知"而故犯。即如在"文革"中那些为虎作伥、助纣为虐,迫害知识分子最老辣的打手,亦并非出自贩浆村夫,而恰恰来自那些"知书达理"甚至"满腹经纶、学富五车"的所谓"学者"。此类人以其所

---

① 陈确:《大学辨》,载《陈确哲学选集》,第3~4页,科学出版社1958年版。

"知"且"深知"而行恶，故一下子就能点中对手的命穴而置其于死地。这就是章太炎深刻批判的"恶慧"。以此，伊川、朱熹之探讨"知"、"好"、"求"、"得"，乃至于阳明的"知行合一"论，即便在当下亦有着重大而鲜活的现实意义。

（三）"致用观"：《近思录》所持治学目的论分析

上文我们曾经大力表彰了程、朱一派的"格物致知论"在一定程度上带有极可宝贵的学术本体意识。可惜的是，无论伊川、朱熹还是张伯行，那种带有学术本体意味的论述都还不是自觉的"表述"，而只能说是偶尔的"流露"，因为它们并没有形成牢固的"体系"，更不能成为伊川、朱熹、张伯行们，从而也不能成为学界的"主流思想"。伊川、朱熹以及学界的主流思想仍然是"致用"。因此，程、朱主张治学"致用"的另一面更为重要。最明显的例证是《近思录》"为学大要"第 27 条引录了明道"玩物丧志"之论：

> 明道先生以记诵博识为"玩物丧志"。（明道本注：时以经语录作一册。郑毂云："尝见显道先生云：'某从洛中学时，录古人善行，别作一册，明道见之，曰是玩物丧志。'盖言心中不宜容丝发事。"）

江永《近思录集注》引朱子曰：

> "玩物丧志"之戒，乃为求多闻而不切己者发。明道"玩物丧志"之说，盖是箴上蔡记诵博识而不理会道理之病。渠得此语，遂一向扫荡，直要得旷然无一毫所累，则可谓矫枉过其正矣。观其论曾点事，遂及"列子御风"，以为易做，则可见也。明道谓与学者语"如扶醉人"，真是如此。

按，谢良佐，字显道，上蔡人，程门弟子。"洛中"则代指程颢。谢良佐"录古人善行，别作一册"，自然是想以之为楷模，明道居然批评他玩物丧志，这真的很让人有"横竖不是"、"动辄得咎"之观感。而朱熹认为明道针砭谢良佐只是记诵而不知"切己"故发为此论,朱熹这里所谓的"切己"正与《朱子语类》卷六十四答文蔚"尊德性功夫却不在纸上,在人自做"同一理据。朱熹赞同明道之批评谢良佐玩物丧志,殊不知数百年后王阳明却直承明道而起,反过来讥讽朱熹"玩物丧志"了,这是后话。

《近思录》卷十一"教学之道"第5条又引明道曰:

> 忧子弟之轻俊者,只教以经学念书,不得令作文字。子弟凡百玩好皆夺志;至于书札,于儒者事最近,然一向好著,亦自丧志。如王、虞、颜、柳辈,诚为好人则有之,曾见有善书者知道否?平生精力,一用于此,非惟徒废时日,于道便有妨处,足知丧志也。

明道不许弟子有"玩好"而"夺志",正是"玩物丧志"的另一种表述。包括治学在内做任何事,若不以"求道"、"成圣"为第一义,都可以被讥讽为玩物丧志。明道此说实开阳明说的先河。象山对于程、朱一派"锱铢必较"的考据学风虽然极不满,但他尚未直白地指责其"玩物丧志",阳明则直言不讳。《王阳明全集》卷五《文录二》谓:"诵读经史,本亦学问之事,不可废者。而忘本逐末,明道尚有'玩物丧志'之戒,若立言垂训,尤非学者所宜汲汲矣。"

在《传习录·答顾东桥书》中阳明所言则更加赤裸裸。当顾东桥致函阳明对于学界指责朱熹"即物穷理之说亦是玩物丧志"之说表示疑问时,阳明答道:

> 朱子所谓格物云者,在即物而穷其理也。……务外遗内,博而寡要,吾子既已知之矣,是果何谓而然哉?谓之玩物丧志,尚犹以为不可欤?

对于"纯知识",中国传统文人最严厉的批评莫过于"玩物丧志"。然而,"玩物"何必一定"丧志"而不能"养志"?站在学术本体的立场,以"道问学"的"纯"考据和"尊德性"的"纯"思辨而言,学者只要本其良知而"考"而"思"有何不妥？例如人对于"美"的追求，康德、黑格尔、叔本华就都曾经反复强调美的探寻是人的一种"游戏精神"。"游戏"者，"玩"也，此与我国源远流长的"文以载道"、"经世致用"目的论相去甚远。然而游戏的自由，这一人人都曾有过的切身体验，却是美学的真谛，它本身就已经带有了幽默的特质。康德谈"思想"的愉快："这愉快不是出于感觉的享受的愉快，而必须是出于反思的享受的愉快。所以审美的艺术作为美的艺术，就是这样一种把反思判断力，而不是把感官感觉作为准绳的艺术。"①黄宗羲尝论明儒吴与弼（康斋）的治学，谓吴"独处小楼，玩《四书》、《五经》、诸儒《语录》，体贴于身心，不下楼者二年"②，康斋治学之神韵皆在此一"玩"字。借用黑格尔的话来说，康斋的"好"学正是："好奇心的推动，知识的吸引，从最低级的一直到最高级的哲学见识，都只是发源于一种希求，就是要把不自由的情形消除掉，使世界成为可以用观念和思考来掌握的东西。"③在这"学习"的当下，"心灵感到一种需要，要把它自己的内心生活看作体现真实的真正形式，只有在这种形式里才找到满足。"④这其中甚至已经涉及"教育"的本质问题。例如，哈佛大学"创新实验室"教授托尼·瓦格纳在他那部被翻译成10国文字的名著《创造创新者：如何打造将会改变世界的年轻人》中就提到：为什么一个4岁的孩子每天有100多个问题？为什么随着教育年限的增长，问题反而越来越少？瓦格纳的回答是：学校在中间起了阻碍创新的作用。瓦格纳特别提示："鼓励玩耍、激情和信念才能造就创新者，而学校却太注重外部动机。"瓦格纳正确地指出，"对学习的真正激励主要来

---

① 康德：《判断力批判》，第149页，人民出版社2002年版。
② 黄宗羲：《明儒学案》，卷一《崇仁学案一》、《聘君吴康斋先生与弼》。
③ 黑格尔：《美学》，第一卷，第125页，商务印书馆1979年版。
④ 黑格尔：《美学》，第一卷，第131页，商务印书馆1979年版。

自内心的激动",因此"特别要理解三个因素:玩耍、激情和信念";又指出:"玩耍是一种基于探索的学习",它可以"导致年轻人产生激情并孜孜以求",并且"将激情转化为更为深层的信念",即通过玩耍将好奇心、兴趣变成激情,并成为一种信念和目标。因此,"有意义的玩耍比学习成绩重要得多",①这就反证了"玩物"并非一定"丧志"也能"养志"的真确性。实际上,在求知的过程中,只要是由衷喜爱兴趣使然而不得不然,自会摒弃功利之心,以精神的愉悦和自由为唯一目的,对于知识的追求的确会有"把玩"之义。这种"把玩",是反复琢磨、悉心体验、艰苦思索的同义语,正如阳明本人论及他创获"致良知"的认识时所说:此系"千死百难中得来的一点滴膏血"。只有将学问作为"物"来"把玩",这样才能治出"学"的精品来。其间培育起来的"求真"(以"真诚"即真性情求得"真实"、求得"真理")意识,正是学者职业道德的集中体现,这才是学术最大、最紧要之"志"之"本"。中国传统文人盖因治学过于讲求实用,急功近利,致使中国千余年终于不能开出牟宗三所说的"学统",此实为重要原因之一。

而在《近思录》中,明道批评"玩物丧志"者又首先是"王、虞、颜、柳",即晋代的王羲之、唐代的虞世南、颜真卿、柳公权,这批中国历史上最著名的书法家已被程颢一网打尽。然而,明道之论实有容商榷。《近思录》"存养"第 22 条明道自己就说:"某写字时甚敬,非是要字好,只此是学。"明道将书法视为"学",又焉知王、虞、颜、柳作书时就没有持"敬"? 就没有将书法作为一门"学"来处理的境界? 明道认为若是爱好并钻研书法,于"道便有妨处",此说尤其大不通。扬雄谓:"言,心声也。书,心画也。声、画形,君子小人

---

① 转引自杨东平:《创造力可以培养吗》,载《文汇报》2014 年 11 月 21 日。

见矣。"刘熙载《艺概》引扬雄语指出："扬子以书为心画,故书也者,心学也。心不若人而欲书之过人,其勤而无所也宜矣。""写字者,写志也。故张长史授颜鲁公曰:'非志士高人,讵可与言要妙?'"①

这里,刘熙载点中了书法的秘诀在于先须养心明志,如若没有这一层功夫,便无书法可言。所以《艺概》指出:

> 书尚清而厚。清厚要必本于心行不然,书虽幸免薄浊,亦但为他人写照而已。②

清厚之字得之于清厚之心。涵养不到家,"心不在焉",字绝对写不好。"高韵深情,坚质浩气,缺一不可以为书。"③画家范曾尝论作画当"得心应手,无处不合情合理,恰到好处"④。得诸"心"才能应之于"手",这是作画的要谛。书、画同源,对于书法亦必须作如是观。《艺概》评王右军的书法:"右军书以二语评之,曰:力屈万夫,韵高千古。"⑤刘熙载分析王羲之能够成为"书圣"的原因指出:

> 羲之之气量,见于郄公求婿时,东床坦腹,独若不闻,宜其书之静而多妙也。经纶见于规谢公以虚谈废务,浮文妨要,宜其书之实而求是也。⑥

按,右军一门书法大家辈出不穷。除善草书的"小圣"献之外,其子还有凝之,工草隶;徽之,善正草书;操之,善正行书;焕之,善行草书。这难道不是右军为父的"气量"涵养熏陶其子所致?不是右军门风清正家训有方之功吗?以右军正可以推论虞世南、颜真卿、柳公权,他们的书法能有如此高妙的品味,也一定在养心明志

---

① 刘熙载:《艺概·书概》,第169页,上海古籍出版社1978年版。
② 刘熙载:《艺概·书概》,第170页,上海古籍出版社1978年版。
③ 刘熙载:《艺概·书概》,第167页,上海古籍出版社1978年版。
④ 范曾:《中国画法研究》,载《中国文化》,第三十九期,第9页,上海古籍出版社1978年版。
⑤ 刘熙载:《艺概·书概》,第147页,上海古籍出版社1978年版。
⑥ 刘熙载:《艺概·书概》,第147页,上海古籍出版社1978年版。

上像王羲之一样下过大工夫。明道自己也承认王、虞、颜、柳辈为"好人"。我们可以说：王、虞、颜、柳的人"好"，因此他们的"字"才写得好。对一位"专业"书法家来说，字的"好坏"至少可以作为判断他是否敬业亦即其人好坏的标准之一——因为在书法的背后有着"历练心性"的支撑。"字如其人"是有道理的。《说文》："书者，如也。"刘熙载《艺概》释谓："书，如也。如其学，如其才，如其志，总之曰如其人而已。"①这话比起明道来境界高多了。

《近思录》卷十四"圣贤气象"第14条曾经表彰韩愈：

> 韩愈亦近世豪杰之士，如《原道》中言语虽有病，然自孟子而后，能将许大见识寻求者，才见此人。至如断曰："孟子醇乎醇。"又曰："荀与扬择焉而不精，语焉而不详。"若不是他见得，岂千馀年后便能断得如此分明？

这里的"荀与扬"指荀子、扬雄。"择焉不精"是韩愈认为荀子、扬雄治学粗疏不精。

然而"圣贤气象"第15条对韩愈的评价却与第14条的评价大相径庭：

> 伊川语：学本是修德，有德然后有言。退之却倒学了，因学文，日求所未至，遂有所得。如曰："轲之死，不得其传。"似此言语，非是蹈袭前人，又非凿空撰得出，必有所见。若无所见，不知言所传者何事。

何谓"倒学"？学颠倒了是谓"倒学"。伊川意谓退之没有将"修德"放在"学"的首位，而是先将"学文"作为目的，这才"倒学"——学颠倒了。退之先"学文"，"日求所未至，遂有所得"，苦思冥想"作文"的枢机要领，结果却"歪打正着"，竟然被他说出了"轲之死，不得其传"这样有分量的话，指明了道统至孟子就已中断。

---

① 刘熙载：《艺概》，第170页，上海古籍出版社1978年版。

对伊川此说,朱子有解:

　　韩文公第一义是去学文字,第二义方去穷究道理,所以看得不亲切。①

又曰:

　　如韩退之虽是见得个道之大用是如此,然却无实用功处。……只是做诗、博弈,酣饮取乐而已。观其诗便可见,都衬贴那《原道》不起。至其做官临政,也不是为国做事,也无甚可称,其实只是要讨官职而已。②

按,钱钟书曾经指出:在北宋,韩愈已"可谓千秋万岁,名不寂寞者"。钱氏举欧阳修、李翱、孙明复、苏子瞻之高评退之为例,指出,北宋仅见有释者如契嵩,因激愤退之排佛而作《非韩》三十篇,然亦"吹毛索瘢"者,至于儒者如王安石诋诃韩愈者更为罕见,直到明代,大致一如旧观。③ 今可为钱氏所举契嵩、王荆公外再增如明道、朱熹两例。然程、朱如此评论退之,亦可谓深文周纳矣!《艺概》引《诗纬·含神雾》:"诗者,天地之心。"文中子说:"诗者,民之性情也。"刘熙载据此指出:"此可见诗为天人之合。"④"诗言志",老生常谈,韩愈亦名诗家,绝不会不懂。韩愈作诗,也一定言"志"。朱熹说观退之诗便可见"都衬贴《原道》不起",但韩愈分明曾"自言其行己不敢有愧于道",其《荐孟郊》诗云:"行身践规矩,甘辱耻媚灶";《醉赠张秘书》诗云:"东野动惊俗,天葩吐奇芬"(孟郊[751～814年],字东野,唐代著名诗人)⑤。退之推崇孟郊的诗好首先因为孟的人品好,这又哪里"衬贴《原道》不起"? 钱钟书批评朱熹:

---

①　(宋)黎靖德编:《朱子语类》,卷第一三十七,中华书局1994年版。
②　(宋)黎靖德编:《朱子语类》,卷第一百三十七,中华书局1994年版。
③　钱钟书:《谈艺录》,第62页,中华书局1984年版。
④　刘熙载:《艺概》,第49页,上海古籍出版社1978年版。
⑤　转引自刘熙载:《艺概》,第63页,上海古籍出版社1978年版。

"朱子虽学道,性质欠和平中正。"①信然!退之诗尤为可贵者,又在他吟诗作句时的遣词用语对于诗本体有一种自觉意识,即退之能够"以文为诗"。钱钟书引南宋刘辰翁《须溪集》:"文人兼诗,诗不兼文。杜(甫)虽诗翁,散语可见。惟韩(愈)、苏(轼)倾竭变化,如雷霆河汉,可惊可快,必无复可憾者,盖以其文人之诗也。诗犹文也,尽如口语,岂不更胜?"②而所谓"以文为诗",即钱钟书所说:"欲以向不入诗之事物,采取入诗也。"③朱熹于退之之重视诗本体之"诗家意识"却未能置一喙,识见明显差却了一间。至于退之的博弈,最多不过偶尔为之,退之绝不会于此沉湎不拔。若是为了"取乐"即追求心灵自由,本也无伤大雅。康德曾经指出"愉快"或"不愉快"的情感反映的仅仅是"源自主体的东西"④,这一点若用饮酒而入于"微醺"状作例证最为恰当。人生的无奈常因肉身的沉重与困乏而起。借助了酒,在微醺的一刻能感觉灵魂从躯壳中脱颖而"出",思绪飞转无牵无挂的自由,甚至能够亲切感觉到心灵自身的跃动。"若解尊前痛饮,精神便是神仙"。(辛弃疾《清平乐》)"精神"本身能成"神仙",稼轩分明已将心灵看作独立于肉身以外的存在。此刻若能再配以高歌一曲,确是让灵魂"放风"的妙用。在微醺的状态下,心灵甩开躯壳独自徜徉,产出它固有的"情感"。在心灵跃动的当下,的确如康德所说它是与"客体"——肉身暂时"分离"的。微醺并不一定无益于"养心",更与"纵欲""风马牛不相及"。

《近思录》卷五"改过迁善,克己复礼"第2条引濂溪说:

孟子曰:"养心莫善于寡欲。"予谓养心不止于寡而存耳。

---

① 钱钟书:《谈艺录》,第85页,中华书局1984年版。
② 钱钟书:《谈艺录》,第34页,中华书局1984年版。
③ 钱钟书:《谈艺录》,第35页,中华书局1984年版。
④ 康德:《判断力批判》,第108页,人民出版社2002年版。

盖寡焉以至于无，无则诚立明通。诚立，贤也；明通，圣也。

江永《近思录集注》引朱熹解"无欲"：

> 孟子说："寡欲，如今且要得寡，渐至于无。"问："周子言：不止于寡，如何？"曰："语其所至，则固然矣。然未有不由寡欲而能至于无者也。"

将"理"、"欲"相互对立，主张"寡欲"乃至于"无欲"，这成了后文将要论及的程、朱"以理杀人"的重要理论元素。程、朱每每高位以置，板起面孔说一些不近人情的大道理，似乎只有不食人间烟火才能近"道"，他们不允许有"纯文人"的存在，他们甚至将退之的"作文"也视为玩物丧志即"纵欲"就是最明显的例证。为了挽救"文"本身的颓势，退之发动并推动了"古文运动"，成为"唐宋八大家"之首、古文运动的精神领袖。不说古文运动发起与展开，本身就是对社会存在的反应，全可纳入"致用"的范畴，即根本符合程、朱的治学目的论，如退之自言的那样："愈之所志于古者，不惟其辞之好，好其道焉耳。"所以苏东坡盛赞韩愈发起的古文运动"文起八代之衰，道济天下之溺"。① 而"八代之衰，其文内竭而外侈，昌黎易之以万怪惶惑、抑遏蔽掩，在当时真为补虚消肿良剂"②。"补虚消肿"，刘熙载此说很传神。古文运动为中国文学的健康发展提供了新方法、新路径。看来"文人"如苏东坡、刘熙载对于同是文人的韩愈惺惺相惜的体贴，就是要超过道学家朱熹。

即就"纯"文学而言，退之的成就也尽人皆知。退之之出类拔萃之处，尤在于他懂得撰文的要领并且努力践履之。退之有《荆潭唱和诗序》，指出："夫和平之音淡薄，而愁思之声要眇；欢愉之词难工，而穷苦之言易好。"可谓深得撰文之三昧，故此论得到钱钟书先

---

① 转引自刘熙载：《艺概》，第23页，上海古籍出版社1978年版。
② 刘熙载：《艺概》，第21页，上海古籍出版社1978年版。

生的激赏。钱钟书并且补充了此后踵武韩愈之论,如其所引张煌言说:"甚矣哉!'欢愉之词难工,而愁苦之言易好也'!盖诗言志,欢愉则其情散越,散越则思致不能深入;愁苦则其情沉着,沉着则舒籁发声,动与天会。故曰:'诗以穷而后工。'夫亦其境然也。"如陈兆仑说:"'欢愉之词难工,而愁苦之言易好。'此语闻之熟矣,而莫识其所由然也。盖乐主散,一发而无余;忧主留,辗转而不尽,意味之浅深别矣。"钱钟书以此总结出了"轗轲可激思力,牢骚必吐胸臆;穷士强颜自慰,进而谓己之不遇正缘多才,语好词工乃愁基穷本……"①的文学创作的重要规律,他并分析其中的原因指出:

"心花怒放"……"心里打个结"等,都表达了"乐"的特征是发散、轻扬,而"忧"的特征是凝聚、滞重。欢乐"发而无余",要挽留它也留不住;忧愁"转而不尽",要消除它也除不掉。用歌德的比喻来说,快乐是圆球形,愁苦是多角物体形。圆球一滚就过,多角体"辗转"即停。②

按,钱钟书这一重要的文学理论建树即受退之沾溉多多。而且,退之文学上的大成就,根本建立在他本人修身养性的基础之上。刘熙载指出:"文以炼神炼气为上半截事,以炼字炼句为下半截事。"③行文须"走心"才能产出有美文,而"神"即"心"托之于"气",故"走心"也就是"炼神炼气",刘熙载此说可谓一针见血!《艺概》举柳宗元为例。柳宗元自言文章:"未尝敢以昏气出之,未尝敢以矜气作之。"刘熙载以一语断之曰:"柳文无耗气。凡昏气矜气皆耗气也。惟昏之为耗也易知,矜之为耗也难知耳。"④我们看退之论"文",处处谈及"养气",也就是修身养性的问题。如说"仁

---

① 钱钟书:《管锥编》,第三册,第937页,中华书局1979年版。
② 钱钟书:《钱钟书散文》,第324页,浙江文艺出版社1997年版。
③ 刘熙载:《艺概》,第17页,上海古籍出版社1978年版。
④ 刘熙载:《艺概》,第24页,上海古籍出版社1978年版。

义之人,其言蔼如",又谓"气愈平婉,愈可将气意之沈切"。① 又说"悠游者有余"、"心醇而气和"。② 退之养得心"醇"而气"和",这才能使他本人"言蔼如"、"意沈切"、"悠游有余",真正做到了文笔的洗练、优美。是故苏老泉赞誉孟子、退之之文"温醇",《旧唐书·韩愈传》则赞韩愈有"经、诰之旨归,迁、雄之气格"。③

原先传统文化中早已有"文以载道"的要求。但因"文以载道"与政治粘连得过于紧密,这个口号曾经遭到有识见学者的诟病,尤其是五四新文化运动以后更是如此(例如周作人对"文以载道"的批评)。但今天细细想来,倘若将那个"道"不仅仅视为"政治"的同义语,而是理解为贯通宇宙六合万物本根之"道",则"文以载道"的说法对于提高作品的品味,树立高远的意境仍然有它的合理性。《文心雕龙·原道》有言:

> 文之为德也大矣,与天地并生者何哉?夫玄黄色杂,方圆体分;日月叠璧,以垂丽天之象;山川焕绮,以铺理地之形:此盖道之文也。④

"心生而言立,言立而文明","文"的义务和作用就是将那个"为德也大矣,与天地并生"的"道"之"文"明明白白地用"文字"表达出来。据此,无论是作"文"还是作"史",其实都在做一件事:那就是"行文"实在也就是行"道之文";舞文弄墨乃是在"替天行道",是所谓"辞之所以能鼓天下者,乃道之文也","言之文也,天地之心哉"!⑤ "文道"之义大矣哉!作为"思想的无穷缩写"(黑格尔《美学》语)的文字,正是视野、境界和洞察力的集中体现。黑格尔曾经

---

① 刘熙载:《艺概》,第 28 页,上海古籍出版社 1978 年版。
② 转引自刘熙载:《艺概》,第 22 页,上海古籍出版社 1978 年版。
③ 转引自刘熙载:《艺概》,第 21 页,上海古籍出版社 1978 年版。
④ 周振甫:《文心雕龙今译》,第 10 页,中华书局 1986 版。
⑤ 周振甫:《文心雕龙今译》,第 14 页,中华书局 1986 版。

指出：

> 在艺术所用的感性材料之中，语言才是唯一的适宜于展示精神的媒介，和木，石，颜色和声音之类其它感性材料不同。①

按，"木、石、颜色和声音"分别可以由画家、雕塑家、音乐家用来表达他们对世界的看法，成为抒发其"意蕴"的"材料"。但比较起"语言文字"来，以上"精神的感性材料"毕竟差却一层了！因为"人的最深刻方面只有通过动作才见诸现实，而动作，由于起源于心灵，也只有在心灵性的表现即语言中才获得最大限度的清晰和明确"②。"语文毕竟是最易理解的最适合于精神的手段，能掌握住而且表达出高深领域的一切认识活动和内心世界中的一切东西"③。无形的"思想"须化为有形的"文字"才便于理解和传播，这就涉及一个怎样"写"的"写作技巧"问题。王安石有《读史》："糟粕所传非粹美，丹青难写是精神。"钱钟书引之并指出，就历史的"求真"着眼，曲笔诬书"如《史通·曲笔》、《书事》两篇所纠者，固无论矣"，即便是"志存良直，言有征信，而措辞下笔，或轻或重之间，每事迹未讹，而隐几微动，已渗漏走作，弥近似而大乱真"④。这里，钱钟书触及了问题的要害：如果说"志存良直"已经符合"道"的要求，那么，如何才能真正做到"志存良直"即"载道"？这是需要通过"文笔"来体现的。而"文笔"又是需要"追求"和训练的。《谈艺录》即曾经引用《河南程氏遗书》卷十五云："传录语言，得其言未得其心，必有害理。孔门亦有是患。"要"得其心"而不仅仅停留在"得其言"的层面，从而不致于"害理"，也是需要通过"文字功夫"才能奏

---

① 黑格尔:《美学》,第三卷(下册),第241页,商务印书馆1981年版。
② 黑格尔:《美学》,第一卷,第278页,商务印书馆1981年版。
③ 黑格尔:《美学》,第三卷(下册),第52页,商务印书馆1981年版。
④ 钱钟书:《谈艺录》,第160页,中华书局1984年版。

效的。钱钟书又引《朱子语类》卷九十七论二程语录云:"游录语慢,上蔡语险,刘质夫语简,永嘉诸公语絮,李端伯语弘肆。"同出一程门,其弟子间的"文风"竟然如此径庭,原因何在?钱钟书下断语谓:

夫诸君既非转益多师,又皆亲承咳唾,而词气之差,毫厘千里,读者若有山头亿子厚,水底百东坡之想。其故何哉?一言也,而旁听者之心理资质不同,则随人见性,谓仁谓知,遂尔各别……非传真之难,而传神之难。①

按,钱氏之"神"即作者之意蕴、魂魄、"真精神"。"传神"难于"传真",是因为"神"才是名副其实的"真"。但"神"本身虚无缥缈、难以捉摸,故"传神"的津筏惟有文字。文笔清通与否,表面上看似乎只是一写作的"技巧问题",实际上却直接关系着作者理念即"神"的表达,并进而从根本上影响史实的准确性。《艺概》尤重"作文"之道。其首先提出"宗经",即所谓《六经》,文之范围也",这并没有多少新意。但《艺概》本质上更加在意作文的"技巧性问题"。如说"《春秋》文见于此,起义在彼",如说"庄子寓真于诞,寓实于玄";《艺概》对《左传》的"文笔"赞不绝口,如说"左氏叙事,纷者整之,孤者辅之,板者活之,直者婉之,俗者雅之,枯者腴之,剪裁运化之方,斯为大备"②;如说:

杜元凯序《左传》曰"其文缓。"吕东莱谓:"文章从容委曲而意独至,惟《左氏》所载当时君臣之言为然。盖由圣人余泽未远,涵养自别,故其辞气不迫如此。"此可为元凯下一注脚。盖"缓"乃无矜无躁,不是弛而不严也。③

---

① 钱钟书:《谈艺录》,第160页,中华书局1984年版。
② 刘熙载:《艺概》,第2页,上海古籍出版社1978年版。
③ 刘熙载:《艺概》,第2页,上海古籍出版社1978年版。

这里，杜预、吕东莱赞扬《左传》"其文缓"、辞气不迫，即黑格尔《美学》在谈到"理想的美"的必要条件时指出的"未经搅扰的统一性、静穆和自身完满"。① 这都属于作文的"技巧问题"。

实际上，掌握行文技巧、追求优美文风绝非区区小事，它也不只是文学的专利，长久以来它也一直是中国传统史学的所长。《史通·论赞》即有"读古史者，明其章句，皆可咏歌"一说。杜预《左传序》："为例之情有五。一曰微而显（言辞洗练而意思显豁），文见于此，而起义在彼；……二曰志而晦（记载史实幽深），约言示制（制度、做法），推以知例；……三曰婉（婉转）而成章，曲从义训，以示大顺；（曲、顺相对，以曲见顺）……四曰尽而不污，直书其事，具文见意；……五曰惩恶而劝善，求名而亡，欲盖而章。"《史通·论赞》赞《汉书》谓："孟坚辞惟温雅，理多惬当。其尤美者，翩翩奕奕，良可咏也。"②李慈铭则激赏范蔚宗，指出："自汉以后，蔚宗最为良史，删繁举要，多得其宜。其论赞剖别贤否，指陈得失，皆有特见，远过马班陈寿，余不足论矣。"如《儒林传论》："反复唱叹，可歌可泣，令人百读不厌，真奇作也！"③以上诸大家强调的也都是历史书写的"文风"。文字的沉着持重意味深长，历来是纯正历史学赖以生存的根基。老子云："信言不美，美言不信。"④历史学所以具有美学的价值首先当然是"真"，但"真"本身对"辞气"有很高的要求，"藏锋敛锷，韬光沈馨"⑤，这是需要去"学"去"追求"去"训练"的。历史的书写应当淡定、从容、雍穆与厚重，而不是那种铺张扬厉、踵事增华甚或张牙舞爪的声嘶力竭。史家既已洞观了千年之"史"中的

---

① 黑格尔：《美学》，第一卷，第261页，商务印书馆1981年版。
② 刘知几：《史通通释》，第82页，上海古籍出版社1978年版。
③ 李慈铭：《越缦堂读书记》，第235页，上海书店出版社2000年版。
④ 转引自刘熙载：《艺概》，第30页，上海古籍出版社1978年版。
⑤ 刘熙载：《艺概》，第29页，上海古籍出版社1978年版。

"人"——"生"百态，同时也深切感悟了"现实"之中的"人"——"生"况味，惯看了"是非成败转头空，浪花淘尽英雄"的生生死死、秋月春风，史著之运笔也就应如大江大河，虽历经跌宕坎坷，入海时却混茫一片，波澜不惊。要做到这一点就必须懂得"文尚华者日落，尚实者日茂。其类在色老而衰，智老而多"①的道理，并且通过艰苦的磨练才能奏效。文学史家夏志清曾经引用劳伦斯的话"勿为理想消耗光阴，勿为人类但为圣灵写作"，他认为这是"有想象力"的作家的"金科玉律"②。史家虽然不靠"想象力"而是依靠"史实"说话，但无论是写小说还是写历史，都要真诚对待自己内心的体悟和感受，而不要被外在的其他目的所左右，站在"学术本体"的立场，夏志清此说确然。对于任何带有"精神消费"性质的人类活动都应当作如是观。我们必须承认："行文"乃至于"治学"本身即是践履，必然有道德规范伴随其左右，因此本身即有"养心"的要求。《左传》有立功、立德、立言"三不朽"之说。"三不朽"中"立言"之不朽才是真正的不朽，因为立功、立德之不朽均须倚靠立言之不朽而不朽。今更可为《左传》所论再赘一注：立言本身就是立功立德。曹丕《典论·论文》为《左传》"三不朽"论作了最好的注解：

> 盖文章，经国之大业，不朽之盛事。年寿有时而尽，荣乐止乎其身。二者必至之常期，未若文章之无穷。是以古之作者，寄身于翰墨，见意于篇籍，不假良史之辞，不托飞驰之势，而声名自传于后。

"思想"是人类的精神导师。倚靠"行文"或"治学"传播思想、净化灵魂，善莫大焉，功莫大焉！丘吉尔就曾经说过："创造历史的

---

① 刘熙载：《艺概》，第45页，上海古籍出版社1978年版。
② 转引自任思蕴、于颖：《拿什么跟夏志清"比拼"》，《文汇学人》，2014年11月28日。

最好办法,是将它写下来。"①即是说,创造历史的方式,除去用行动,还可以用纸笔。所以,"行文"或"治学"本身就是"政治",就能够成"圣"成"贤"。这就是"尊德性"即是"道问学";"道问学"也是"尊德性"的理据所在。由于程、朱缺乏学术本体意识,他们认识不到这一点,因此在"为学大要"第57条中伊川在弟子设问"作文害道否"时竟然认为:

> 曰:害也。凡为文,不专意则不工。若专意,则志局于此,又安能与天地同其大也?《书》曰:"玩物丧志。"为文亦玩物也。……古之学者,惟务养情性,其他则不学。今为文者,专务章句悦人耳目。既务悦人,非俳优而何?曰:古者学为文否?曰:人见《六经》,便以谓圣人亦作文,不知圣人亦撼发胸中所蕴,自成文耳。

按,伊川将"专意作文"视为"俳优",是故王安石亦学舌伊川。荆公有《董伯懿示裴晋公淮右题名碑》,即谓退之"笔墨虽巧终类俳"②。伊川如此糟践"文人"如退之者,无怪乎朱熹对韩愈也抱一种轻蔑的嘲讽态度。但钱钟书指出,退之之可爱,正在于他虽然口口声声言"道",却并不是一位真正的道学家。因为他每每露出"文人"的本色,在"作文"时将真性情表达出来,"……豪侠之气未除,真率之相不掩"③,这的确与"拘谨苛细之儒"(钱钟书语)如程、朱者大不相同。我们看韩愈谈他作文时的体会:"不专一能,怪怪奇奇。不可时施,只以自嬉。"④这正是"真性情"的流露,是文字创作时心灵自由驰骋、灵魂任意舞动时作者不得不然状态的准确写照。

---

① 转引自侯艾君:《托洛茨基:用纸笔创造历史》《中华读书报》,2015年1月28日。
② 钱钟书:《谈艺录》,第63页,中华书局1984年版。
③ 钱钟书:《谈艺录》,第64页,中华书局1984年版。
④ 转引自刘熙载:《艺概·文概》,上海古籍出版社1978年版。

韩愈之说正好有李贽说可以为他作注脚。李贽《焚书》三《杂说》：

> 且夫世之至真能文者，比其初皆非有意于为文也。其胸中有如许无状可怪之事，其喉间有如许欲吐而不敢吐之物，其口头又时时有许多欲语而莫可以告语之处。蓄极积久，势不能遏，一旦见景生情，触目兴叹，夺他人之酒杯，浇自己之垒块，诉心中之不平，感数奇于千载。既已喷玉唾珠，昭风云汉，为章于天矣，遂亦自负，发狂大叫，流涕恸哭不能自止。宁使见者闻者切齿咬牙，欲杀欲割，而终不忍藏于名山，投之水火！

这里，李贽"蓄极积久，势不能遏"的状态正与退之"怪怪奇奇，不可时施，只以自嬉"同一觉悟。这也正符合李贽"绝假纯真，最初一念之本心也"的"童心说"。保持这样一颗"赤子之心"而"作文"，"非以假人言假言，而事假事、文假文"①，这样的文章才真真是"喷玉唾珠、昭风云汉"，又怎么不配"与天地同其大"？

黑格尔在《哲学史讲演录》中曾经指出：

> 时代的艰苦使人对于日常生活中平凡的琐屑兴趣予以太大的重视，现实上很高的利益和为了这些利益而作的斗争，曾经大大地占据了精神上的一切的能力和力量以及外在的手段，固而使得人们没有自由的心情去理会那较高的内心生活和较纯洁的精神活动，以致许多较优秀的人才都为这种艰苦环境所束缚，并且部分地被牺牲在里面。因为精神世界太忙碌于观实，所以它不能转向内心，回复到自身。

马克斯·韦伯也认为：

> "如果知识的追求是一项'志业'，它本身即是有价值的。""在今天，学问是一种按照专业原则来经营的'志业'，其目的，在于获得自我的清明（Selbstbesinnung）及认识事态之间的相

---

① 李贽：《童心说》，载《焚书续焚书》第98页，中华书局2009年版。

互关联。学术不是灵视者与预言家发配圣礼和神恩之赐(Gnabengabe)。"

作为精神活动的学术研究,只有努力摆脱附庸和婢女的地位,摆脱外在的、对象化的束缚,努力将视角转向本体,它才能获得发展,这是对"求真"二字的确诂。而以上条件的获得,除了社会环境外,更大程度上取决于学者自身的努力,取决于治学主体修养程度的提高。社会难以驾驭,但学者自身是可以驾驭的。如果每一位学者都重视主体修养,把握住自身,驾驭好自身,把心放在"腔子里"(借用伊川语),说真话,说"公道话",不昧着良心说谎话、假话,使自己的作品能够"成为认识和表现神圣性,人类的最深刻的旨趣以及心灵的最深广的真理的一种方式和手段"①,这就会形成一种治学主体的群体意识,凝聚成一股伟大的社会力量,并从根本上改善作为"类"的"人"的本质。

三 "主敬"与"主静":《近思录》中的理欲观

前文曾经花费了较多笔墨批评宋儒——《近思录》缺乏学术本体精神,将道德践履层面的修身养性视为"人"——"生"的唯一科目,因而不免于急功近利的"工具意识"缺陷。然而,道德践履、修身养性毕竟是"人"——"生"的大关目,宋儒——《近思录》殚精竭虑于此,视域的焦点聚集于此,他们遂在切于"实际应用"的详尽探讨中为《近思录》蕴藏了丰富的思想资源。这一点,比较典型地体现在《近思录》由"主敬"、"主静"为理论基础而引申出的对于"理欲观"的阐发上。

孔、孟开创的原始儒学,其基本特点是重修身养性、纲常名教

---

① 黑格尔:《美学》,第一卷,第10页,商务印书馆1981年版。

的形下践履，而哲理性的形上思辨则相对薄弱。子贡即感叹："夫子之文章，可得而闻也。夫子之言性与天道，不可得而闻也。"（《论语·公冶长》）历经汉唐经学的发展，形下践履重于形上思辨仍然是"国学"的基本特色。直至宋儒，中国学术思想的发展始发生重大改观。宋儒吸收了"二氏"（佛、道）形上思辨的哲理化内容，将之与传统儒学中原有的践履性内容相互杂糅，至此章句注疏的"经学"才一变而为哲理思辨的"理学"，"国学"的"哲理性"这才有了一个质的飞跃和提升，中华民族的哲学思辨力也因为理学的发生与发达而得到极大的历练。而在这一整条学术思想的发展链中，《近思录》恰恰处在一个重要的位置上。着眼于学理的变化，宋儒——《近思录》从形而上之"哲学"出发，却仍然牢牢把定中国传统文化向来瞩目的道德践履，宋儒遂在将"思想"结晶为"文字"的过程中，通过《近思录》处处落实于"实际问题"的详尽探讨，为后人留下了丰富的思想遗产。《近思录》有理论，有实际，可谓圆融丰满、"上""下"兼备。

《近思录》的理论探讨系从"主敬"与"主静"这两个哲学命题的思考中次第展开。

（一）"主敬"与"主静"中的宇宙观

"主敬"是宋儒在关涉"修身养性"问题时经常使用的一个方法论层面的重要范畴，也是《近思录》关注的重大问题之一。学界在论及宋儒特别是程、朱一派时一般多强调他们的"主敬"。确实，《近思录》中引录四子"主敬"的言论极多。如"为学大要"第7条："君子主敬以直其内，守义以方其外。敬立而内直，义形而外方。义形于外，非在外也。敬义既立，其德盛矣，不期大而大矣。"如"为学大要"第58条："涵养须用敬。"如"存养"第14条引伊川曰："学者须敬守此心，不可急迫，当栽培深厚，涵泳于其间，然后可以自得。"……然而,程、朱的"主敬"实质上也就是"主静",而且他们首先认识到的是"主静"的重要性。换言之,宋儒的"主敬"系从"主静"发展而来。

《近思录》卷一"道体"开篇首条即收录了周敦颐《太极图说》的经典论述,其中就有:"圣人定之以中正仁义(旧注:圣人之道,仁义中正而已矣),而主静(旧注:无欲,故静)。"

"主静"是濂溪哲学体系中重要的"基石性"命题。他的"主静"观其实源自他对《大学》的袭用与改造。《大学》开宗明义便指出:"大学之道,在明明德,在亲民,在止于至善。知止而后有定;定而后能静;静而后能安;安而后能虑;虑而后能得。"这其中从"知止"至"虑而后能得"共七个自我修为的层次,称之为"七证"。二程都是周敦颐的学生。以此"道体"第3条引录伊川的话也强调"静":

先生曰:"喜怒哀乐之未发,谓之中。"中也者,言"寂然不动"者也,故曰:"天下之大本。"

这里的"喜怒哀乐之未发"、"寂然不动",都与"静"同义。

"道体"第32条:

冲漠无朕,万象森然已具,未应不是先,已应不是后。

这是伊川解读周敦颐《太极图说》语。伊川这里的"冲漠"正是对"至静"状的描摹;而"无朕"说的是事物萌兆未发时的"静",亦即"道体"第3条引录伊川的"喜怒哀乐之未发"之状。

但值得注意的是,宋儒在"主静"时往往与"主敬"联系在一起。换言之,在宋儒的观念中"静"、"敬"相通。如前引"存养"第14条伊川曰:

学者须敬守此心,不可急迫,当栽培深厚,涵泳于其间,然后可以自得。

对心"敬守"须通过"栽培"、"涵泳"的手段,"栽培"、"涵泳"与"急迫"相对,一为"静态",一为"动态"。这是"主敬"与"主静"相通的一例。

"存养"第18条录明道语：

> 敬而无失，便是喜怒哀乐未发谓之中。敬不可谓中，但敬而无失，即所以中也。

如所周知，传统儒学将"恰到好处"、无过无不及的"中"作为一种至高无上的境界。明道这里的"敬"虽然不可即谓之"中"，但"敬而无失"便是"中"，而"敬而无失"="喜怒哀乐未发"；"喜怒哀乐未发"又="静"，因此，"敬"="静"="中"。

"为学大要"第34条引录明道语："敬义夹持，直上达天德自此。"朱子对明道"夹持"一语极为称赞。他解道：

> 最是他下得"夹持"两字好。敬主乎中，义防于外，二者相夹持。要放下霎时也不得，只得直上去，故便达天德。①

按，"天德"者，天之德性也。"达天德"，也就是达到了同于天的最高境界。这里，伊川从天德中悟出的其实只是一个"静"字，即"天"自然而然，不刻意，不着痕迹，完满自足的"天意"。这一境界如伊川在另一处所说："圣贤喻天德，盖谓自家元是天然完全自足之物。"②所以伊川认为，"天德云者，谓所受于天者未尝不全也"。伊川的这一认识其实源自于《周易》。《系词》上："显诸仁，藏诸用，鼓万物而不与圣人同忧。"《正义》："道之功用，能鼓动万物，使之化育。……道则无心无迹，圣人则无心有迹。"钱钟书《管锥编》引用之并下断语谓：

> 孔疏词欠圆明，当云：道无心而有迹，圣人则有心亦有迹，盖道化育而不经营故也。③

---

① （宋）黎靖德编：《朱子语类》，卷第九十五，中华书局1994年版。
② 《二程遗书》卷一。
③ 钱钟书：《管锥编》，第一册，第42页，中华书局1979年版。

按，钱说顾较孔疏为胜。所谓"道无心而有迹"，即大自然具有一种化育万物的本领，自然而然，无论圣人忧虑与否。

天地能养成万物却不动声色，这就是大自然"静"的功效。面对大自然"静效"的伟大与奇妙，人感到了自身的卑贱与渺小，"寄蜉蝣于天地，渺沧海之一粟"，用西哲康德的话来表述，当人们认识到"大自然的目的性"时会产生出对于大自然由衷的钦佩与敬畏。① 这种感觉是理性思考的结果，是一种"德性的愉快"，而在这"愉快"的当下，进而便可产生"崇高"或"壮美"的审美观感。因此，"大自然的目的性"与人的相关度遂成为人类共同关注的"终极性"命题之一，东哲西哲莫不如是。几千年来无数伟大的思想家、史学家无数次追问的也莫大于、莫要于这个主题。这一主题绝不仅仅存在于基督教"上帝创造世界"理念的西方世界，它也曾经广泛地蕴涵于中国的传统文化中，集中到一句话，那就是"究天人之际，通古今之变"。在初始史官文化的孕育下，中国传统文化中滋生出了"天人合一"的理念。"天"是一种存在，但"天道"即"天"的特性却离不开"人"的认识，如《礼记·礼运》所说："人者天地之心也。"人同时又为天所生，因此"天"、"人"合一。

当然，"天人合一"理念，人借助了对养育了自己并且制约着自己，是谓人之根祖"天"的认知，归根结蒂还是为了认识人本身，解决"人"的问题。先民早已深刻地认识到，天不仅"静"而且"虚"，这里，"静"又是"虚"的前提，即必须静方能虚。从天的"虚"、"静"，"合一"到亦即落实到"人"的特质，"天人合一"理念意识到人也应当向天看齐与天同质，即人也应当"虚"、"静"。这"虚"、"静"又首

---

① 只有某些政治人物才信奉"人定胜天"的理念。如果为了激励自己的精神，谈一谈、说一说"人定胜天"也未尝不可，但绝不能将其奉为一种信念。无数经验的事实证明只有"人定顺天"而不可能"人定胜天"。

先指"心态"。一颗整日扰扰不定、思虑万端之"心",又哪里能够"虚"、"静"得下来! 那么,"虚"则"空","空"则能受,能受宇宙天地于拳拳一心之中,正如宇宙天地能受万物于它的怀抱一样。但人心如海,深不可测。庄子已经看到了这一点。《列御寇》中庄子即借孔子之口论人心难知:"凡人心险于山川,难于知天。天犹有春秋冬夏旦暮之期,人者厚貌深情。"①如果说浩渺苍穹且不及人心难测,那么,中国先民的大智慧就在于:他们天才地创造出"天人合一"的理论,直接将人与"天"统一在同一个理论范畴内,以便进行"综合性"的比量思考。如"为学大要"第3条所说:

> 学之道如何? 曰:天地储精,得五行之秀者为人。其本也真而静。

通过对天的理解,同时回视"人"本身,古人从中绎出"人"当以"天"为楷模的行为标准,这就将难测的人心变得比较好懂。在理解人心时先民以对天的理解为样本,他们至少设立了一个可以把握的圭臬——"静",并且由"静"衍生出一整套围绕着"仁、义、礼、智、信"而展开的次级概念和理论。

从"天意"到"主静","主静"的逻辑又必然引出"制欲"甚至"无欲"。所以周敦颐《太极图说》认为:

> 圣人定之以中正仁义,(旧注:圣人之道,仁义中正而已矣)而主静(旧注:无欲,故静)。

(二)"艮其背"与"制欲"

"静"须以"无欲"为前提,而"静"又特指"心静"。在"静心"的问题上宋儒通过《近思录》为人类提供了大量值得深加体悟的思想元素。"存养"第6条:

---

① 转引自钱钟书:《谈艺录》,第161页,中华书局1984年版。

> 人之所以不能安其止者,动于欲也。欲牵于前而求其止,不可得也。故艮之道当"艮其背",所见者在前,而背乃背之,是所不见也。止于所不见,则无欲以乱其心,而止乃安。"不获其身",不见其身也,谓忘我也。无我则止矣。不能无我,无可止之道。"行其庭,不见其人。"庭除之间至近也,在背则虽至近不见,谓不交于物也。外物不接,内欲不萌,如是而止,乃得止之道,于止为无咎也。

按,所谓"安其止",意谓人的行为当禁止时必须禁止。而"艮其背"取自《周易·艮卦》:"艮其背,不获其身,行其庭,不见其人,无咎。""艮",止也。"艮其背",意谓主体自觉地背对而非面对对象,这并不是主张人人都去做鸵鸟,而是带有如朱子所说:"即非礼勿视、听、言、动之意。""庭除",庭指庭院,除指台阶,与人相距很近。但只要主观上摒弃外物的诱惑"背"之,即便如"庭除"之近,同样就能够做到"艮"。此即张伯行《近思录集解》所说:

> "不获其身"三句,是摹写艮背之妙。获者,得而有之也。凡人种种嗜欲,为其有身。既不获身,则无受欲之处矣。

叶采《近思录集解》也认为:

> 《艮卦·象传》:不见可欲,则心不乱。然非屏视听也。盖不牵于欲而无私邪之见耳。

(三)"存天理去人欲"的两分剖析

"主静"既然符合"天理","主静"又与"制欲"相互关联,宋儒于是提出了"存天理,去人欲"的要求。

将"天理"与"人欲"相互对峙,宋儒此说受人诟病已久。但对于"存天理去人欲"的问题,应当进行两分的剖判,既看到它的不合理性,同时又应当承认它的合理性。

1. "天理"、"人欲"之分的消极面

宋儒将"天理"和"人欲"对立起来而鄙视"欲",《近思录》亦然。如"改过迁善"第2条:

> 濂溪先生曰:孟子曰:"养心莫善于寡欲。"予谓养心不止于寡而存耳。盖寡焉以至于无,无则诚立明通。诚立,贤也;明通,圣也。

如所周知,历代专制统治者利用了"理"学,他们以"势"与"理"联手,仅仅强调百姓应当"去人欲",帝王却并不真正践行对自身"欲"的遏制,这造成了历代专制统治者穷奢极欲的常态,能够自觉制欲的反倒少见,从而极大地损害了百姓的正当物质要求。对于这种理欲观,站在"人本"的立场加以批判和摒弃,理所当然。对宋儒的"存天理,去人欲",历史上最雄辩、最著名的批判者为清人戴震,他对于宋儒有沉痛的控诉。他说:

> 六经孔孟之言,以及传记群籍,理字不多见。今虽至愚之人,悖戾恣睢,其处断一事,责诘一人,莫不辄曰"理"者,自宋以来,始相习成俗,则以理为有如物焉,得于天而具于心,因以心之意见当之也。于是负其气,挟其势位,加以口给者,理伸;力弱气慑,口不能道辞者,理屈。呜呼!其孰谓以此制事,以此制人之非理哉!① 尊者以理责卑,长者以理责幼,贵者以理责贱,虽失谓之顺;卑者、幼者、贱者以理争之,虽得,谓之逆。……人死于法,犹有怜之者;死于理,其谁怜之?呜呼!杂乎老、释之言以为言,其祸于申、韩如是也。②

这就是戴震严厉批评的宋儒"以理杀人"说。按照戴震的理解,宋儒仅凭臆断,将他们自家"体会"出来的"理"强加于人;宋儒理论的根本缺陷在于他们将"理"和"欲"看成是矛盾对立、不可调

---

① 戴震:《疏证上》,《戴震集》,第268页,上海古籍出版社1980年版。
② 戴震:《疏证上》,《戴震集》,第275页,上海古籍出版社1980年版。

和的两端。他们从二氏那里袭用、脱化出一个"如有物焉"的"理",又继承了"老、庄、释氏"的"无欲"主张①,认为"不出于理则出于欲,不出于欲则出于理",又将"理"判为正义,将"欲"看作邪恶,所以说"宋以来之言理欲也,徒以为正邪之辨而已矣"。② 戴震认为,宋儒根本歪曲了孟子所说的"养心莫善于寡欲"的话,看不到"欲不可无也,寡之而已"。③ 从"推己及人"出发,戴震认为:"己知怀生而畏死,故怵惕于孺子之危,恻隐于孺子之死。……推之羞恶、辞让、是非亦然。"所以说:"仁义礼智非他,不过怀生畏死饮食男女与夫感于物而动者之皆不可脱然无之以归于静归于一。"④

从八百年来受理学影响的社会实际来看,戴震所说的宋儒"以理杀人"是有根据的。如《近思录》"齐家之道"第13条就写道:

> 问:"孀妇,于理似不可取,如何?"曰:"然。凡取以配身也。若取失节者以配身,是己失节也。"又问:"或有孤孀贫穷无托者,可再嫁否?"曰:"只是后世怕寒饿死,故有是说。然饿死事极小,失节事极大。"

朱熹赞同伊川之论,他解道:"伊川先生尝论此事,以为饿死事小,失节事大。自世俗观之,诚为迂阔。然自知经识理之君子观之,当有以知其不可易也。"(《朱文公文集》卷二十六)且看胡适对宋儒的批评:

> 理学家把他们冥想出来的臆说认为天理而强人服从。他们一面说存天理,一面又说去人欲。他们认人的情欲为仇敌,所以定下许多不近人情的礼教,用理来杀人,吃人。譬如一个人说"饿死事极小,失节事极大",这分明是一个人的私见,然

---

① 戴震:《疏证上》,《戴震集》,第274页,上海古籍出版社1980年版。
② 戴震:《疏证上》,《戴震集》,第274页,上海古籍出版社1980年版。
③ 戴震:《疏证上》,《戴震集》,第273页,上海古籍出版社1980年版。
④ 戴震:《疏证中》,《戴震集》,第296页,上海古籍出版社1980年版。

而八百年来竟成为天理,竟害死了无数无数的妇人女子。又如一个人说"天下无不是的父母"。这又分明是一个人的偏见,然而八百年来竟成为天理,遂使无数无数的儿子媳妇负屈含冤,无处伸诉。八百年来,"理学先生"一个名词竟成为不近人情的别名。理与势战时,理还可以得人的同情;而理与势携手时,势力借理之名,行私利之实,理就成了势力的护身符,那些负屈含冤的幼者弱者就无处伸诉了。八百年来,一个理学遂渐渐成了父母压儿子,公婆压媳妇,男子压女子,君主压百姓的唯一武器;渐渐造成了一个不人道、不近人情、没有生气的中国。①

就戴震对宋儒以理杀人的批判以及胡适之赞誉戴震,钱穆先生曾经不惜以浓笔重墨进行过反批判。钱穆批评东原的根据有二:一谓戴氏之论与孟子以仁义礼智、扩充存养为立身修养之大节不类。"孟子明以耳目口鼻四肢与仁义礼智分说,而东原必谓并成一片",戴氏"全由私人怀生畏死饮食男女之情仔细打算而来,若人类天性,不复有一种通人我泯己物之心情"②。二谓程朱的"存天理,去人欲","不止为贫贱,盖虽富贵之极,亦有品节限制"。即"存天理,去人欲"不仅仅是针对下层百姓,而且也针对"富贵"的在位者。故戴震对宋儒的批判有"近深文"之嫌。③ 方东树《汉学商兑》批评戴震谓:"程朱所严辨理欲,指人主及学人心术邪正言之,乃最吃紧本务,与民情同然好恶之欲迥别。今移此混彼,妄援立说,谓当通遂其欲,不当绳之以理,言理则为以意见杀人,此恒古未有之异端邪说。"钱穆引方东树此论后认为,"方氏之论虽诋毁逾分",但

---

① 胡适:《戴东原的哲学》,第 40 页,安徽教育出版社 1999 年版。
② 钱穆:《中国近三百年学术史》,第 362 页,中华书局 1986 年版。
③ 钱穆:《中国近三百年学术史》,第 361 页,中华书局 1986 年版。

却得宋儒论"理"之义的一面:"植之则谓宋儒辨理欲,本亦为立言从政者之心术言之也。惟其如此,故东原辨理欲虽语多精到,而陈义稍偏,颇有未圆。"①

今按,钱穆先生对戴震的批评均很难站住脚。诚然,耳目口鼻之欲与仁义礼智之需,二者之境界确有高下之别。一个品德高尚的人,因其追求尽善尽美,严格要求自己,他可以进入将仁义礼智作为"第一需求"的境地,甚至可以达到将此作为其"本性"也就是"欲"的境界。如果不加限制地强调耳目口鼻之欲,极易滑入"纵欲"的泥沼,这也是显而易见的。但是,在饮食男女和仁义礼智二者孰先孰后的关系问题上,钱穆所强调的高尚毕竟是"第二步"才能达到的高度。也就是说,必须首先保证能够将其物质生命维持下去,然后才谈得到第二步的修养。倘若没有戴震所说的饮食男女之"欲",一位"可能"的道德君子事先已经在肉体上消亡,又哪里谈得到第二步的"高尚"? 既要"遂欲"又不能"纵欲",在这里,保持一个欲的"度"至关重要。戴震的主张恰恰是"遂欲"而不"纵欲",是在"知"的限制下对欲的满足。戴震说:"人之异于禽兽者,人能进于神明也。"②这个"神明"就是"知"。在戴震看来,耳目口鼻之欲是"臣道",它归"君道"也就是归"心"来管辖。"臣效其能而君正其可否。"③这个"心"也就是"知"。因为有"心""知"的管辖约束,人能够避免"私"、"蔽"之失,做到"不穷人欲",也就是不纵欲。④钱穆说戴震强调怀生畏死、饮食男女之情,违背了"通人我泯己物"之人类天性。然而,戴震明明说"己知怀生而畏死,故怵惕于孺子之危,恻隐于孺子之死。……推之羞恶、辞让、是非亦然",这不正

---

① 钱穆:《中国近三百年学术史》,第359页,中华书局1986年版。
② 戴震:《疏证上》,《戴震集》,第270页,上海古籍出版社1980年版。
③ 戴震:《疏证上》,《戴震集》,第272页,上海古籍出版社1980年版。
④ 戴震:《疏证上》,《戴震集》,第276页,上海古籍出版社1980年版。

是"通人我、泯己物"吗？即是说从戴震"推己及人"的理论中并不是不能"扩充"、"存养"出仁义来。譬如口舌之欲，虽是人生存的根本，但想到农夫田耕的劳顿辛苦，于是自觉到暴殄天珍、无限放纵的可恶，这其中已包含了当羞恶自羞恶的种子。又譬如见孺子入井，想到孺子和母亲的痛苦，恻隐之心油然而生，禁不住要下井救人；见他人冻饿不保，一息奄奄，从自己的怀生畏死推想到他人生命同样可贵，于是主动要去救助。这其中已经隐伏了"仁义"的端苗。孔子说"己所不欲，勿施于人"，反过来我们也可以说"己之所欲，施之于人"。孔子也是从"欲"、从个人的感受出发而"推己及人"的。所以，戴震的思想并不背离孔子的主张。

宋儒严辨理欲，其关注的重点到底在上还是在下？即宋儒辨理欲到底是为了抑制统治者的贪欲呢，还是要抑制百姓的欲望？此不可一概而论，两方面考虑容或均有之。问题在于宋儒即或有意以理欲之辨来抑制在位者的贪欲，其实效究竟如何？靠读书人讲两句"存天理，去人欲"的说教，就想杜绝在位者的贪欲，这可能吗？我们之所以说它不可能，或基本上不可能，这是因为贪官污吏手中的权力来自于皇帝的恩赐，而皇帝的权力来自于"老天爷"。权力的来源者才可以成为权力的制约者。也就是说，只有"老天爷"才管得住皇帝，凡人或读书人不必去动这个脑筋。所以，单单靠讲正心诚意修身，再添上几句"存天理，去人欲"的说教，对在位者的贪欲是根本起不了什么作用，或基本上不起作用的。但是，假如在位者拿了"存天理，去人欲"的说教来对付"在下者"，情况就完全不同了。这正如胡适所说："理与势携手时，势力借理之名，行私利之实，理就成了势力的护身符，那些负屈含冤的幼者弱者就无处申诉了。"[1] 所以，宋儒的理欲之辨，其所造成的社会实际效果，就

---

[1] 胡适：《戴东原的哲学》，第55页，商务印书馆1927年初版。

成了或主要成了掌握权势的人们欺侮"在下者",压迫黎民百姓、弱势群体的口实。戴震揭示了在位者、尊者、长者利用"理"所造成的客观效果,总是卑贱者、幼者、弱者的"失理",这个揭露因为有着八百年来无计其数的实例为坚强的根据,以此钱穆对戴震的反批判就显得苍白无力,几有"不可说而强为之说"的"近深文"之嫌。

2. "道尊于势"的现实批判性及其意义:政治生态理念的优化

宋儒之"理"被统治者所利用,造成"理势结合"的不合"理"的政治生态,"理"遂成为欺压、勒索百姓的绳套。但理学的发达,尤其是"天理人欲"之分的一整套理论,在重大缺陷的旁边也有重大的正面意义和影响。首先便是它对于政治生态的正面影响。

看《近思录》卷九"制度"第4条:

> 伊川先生上疏曰:三代之时,人君必有师、傅、保之官。师,道之教训;傅,傅之德义;保,保其身体。后世作事无本,知求治而不知正君,知规过而不知养德,傅德义之道,固已疏矣,保身体之法,复无闻焉。臣以为,傅德义者,在乎防见闻之非,节嗜好之过;保身体者,在乎适起居之宜,存畏慎之心。今既不设保傅之官,则此责皆在经筵,欲乞皇帝在宫中言动服食,皆使经筵官知之。有翦桐之戏,则随事箴规;违持养之方,则应时谏止。(旧注:《遗书》云:某尝进说,欲令人主于一日之中,亲贤士大夫之时多,亲宦官宫人之时少,所以涵养气质,薰陶德性。)

按,伊川上疏提到了"经筵"。"经筵"系为帝王讲经说史而特开的御前讲席。宋经筵讲官有侍读、侍讲、崇政殿说书等。程颐本人即曾担任过崇政殿说书。

在伊川看来,"经筵"与三代时的"保傅"也就是君王之师无异,对于君王私人道德的规范养成,乃至于君王饮食起居日常生活的诸般"细事",如不可嗜欲、须"保身体"等,经筵都有规谏之权并且掌有实际的约束力。伊川所举"翦桐之戏",语出《吕氏春秋·重言》:"成王与唐叔虞燕居,援梧叶以为圭,而授唐叔虞曰:'余以此封女。'叔虞喜,以告周公。周公以请曰:'天子其封虞邪?'成王曰:'余一人与虞戏也。'周公对曰:'臣闻之,天子无戏言。天子言则史书之,工诵之,士称之。'于是遂封叔虞于晋。"伊川引用这一典故,意在强调经筵官对于君王的一言一行均可据"理"力争,君王却不得仗"势"欺"理"。可见伊川上疏背后是有理据的。这理据便是"道尊于势"。而"道尊于势"更深层次的义理依据又在于"天人合一":君主虽然贵为"天子",但君主也是人,且为"天"之"子"。"天"与"天子"的关系等同于父子关系。因此,君主也就必须收敛其"势"而听命于"天理"即"道"。是故《近思录》卷八"治国平天下之道"第3条即再次强调"相"的重要性:

> 伊川先生曰:当世之务,所尤先者有三:一曰立志,二曰责任,三曰求贤。今虽纳嘉谋,陈善算,非君志先立,其能听而用之乎?君欲用之,非责任宰辅,其孰承而行之乎?君相协心,非贤者任职,其能施于天下乎?此三者,本也;制于事者,用也。

这里,伊川以君"志"之"立"亦即君心之"正"为国家政事的前提性要义,而又将"用人"之权力归为宰相,又说政事的畅行无阻有赖于"君相协心",将相权的地位提得那么高,似乎是要与君主"分权"了。如所周知,程颐曾经上"经筵札子",大申士儒"师"君"相"君之义,略谓:"臣以为天下重任,惟宰相与经筵。天下治乱系宰相,君德成就责经筵。由此言之,安得不以为重?"[①]士大夫自认他们重任在肩,几乎让人生出他们这是代表人民直接参与政治上对

---

① 《二程集》,第二册,第539~540页,中华书局2004年版。

国家的管理而可与帝王"分权"的观感①,伊川此举可谓典型。这显然与宋以后中央集权统治日益强化的政治现实存在着巨大的矛盾。这一点,我们只要看一看清代乾隆帝在阅读了伊川《扎子》后所作的"御批"就清楚了。乾隆在《书程颐论经筵札子后》云:

> 夫用宰相者,非人君其谁乎?使为人君者但居高处,自修其德,惟以天下之治乱副之宰相,己不过问。幸而所用若韩、范,犹不免有上殿之相争;设不幸而所用若王、吕,天下岂有不乱者?此不可也。且使为宰相者,居然以天下之治乱为己任,而目无其君,此尤大不可也。②

乾隆读了程颐论经筵札子"龙颜大怒"是可想而知的。他对敢以天下为己任的文人士大夫作出了公开警告,不啻是说:尔等文人且勿像程颐那样自作多情,做不为相则为师的想入非非,此路在我乾隆处行不通!须知"相"既为人君所"用",予夺大权也就全在我人君。乾隆帝这话其实并没有说错,也没有一点让人看不明白的地方。但是,千年来理学发达造成了"道尊于势"的理念深入人心,这给了历代文人士大夫关切时政、切谏君王以强有力的理论支撑,他们并不在意类似于乾隆那样的帝王的恫吓而我行我素继续放言直谏。

康德曾经这样评价"学者"的"自然力"和他们的"社会功能",认为在"自然纯朴"的状态中"在所有情况下都不会有任何人比学者更无用"。人们常说"百无一用是书生",这正是从"自然力"方面表达的与康德同样的见解。但"书生"还有"有用"的另一面即他们的"社会功能"。"在受迷信或强权压迫的情况下,则没有什么人比

---

① 读者可参阅余英时:《朱熹的历史世界——宋代士大夫政治文化的研究》及该书所收余英时论文《"抽离"、"回转"与"内圣外王"——答刘述先先生》,三联书店2004年版。

② 转引自钱穆:《中国近三百年学术史·引论》,中华书局1986年版。

学者更必不可少。"①康德这话特别适用于对中国"士"的理解。"道尊于势"理念中的"势"是指掌握公权力的"政治"之势。而那个"道"则是指以"精神产品"表现出来的"天理"。"道"不阐不明，而"明道"的职责全在"士"即"知识分子"之一肩。所以，人们称士为社会的良心。在历代知识分子的努力下，特别是在宋代士子的大力凸显"天理"的影响下，"精神产品"的"天理"本身也能够成为可与"政治势力"相颉颃甚至更尊贵的另一种"势力"，这是宋儒"天理论"盛行的结果，也是宋儒留给后世最可宝贵的精神遗产。理学的发达滋养了理性，培育了人更加重视精神之"势"的优秀品质。因此，"道尊于势"的理念，对于改善政治生态起着非常重要的正面影响，正如胡适曾经指出的那样，理学在历史上还"造成了好的方面"：

> 学者提倡理性，以为人人可以体会天理，理附着于人性之中，虽贫富贵贱不同，而同为有理性的人，即是平等。这种学说深入人心之后，不知不觉地使个人的价值抬高，使个人觉得只要有理可说，富贵利禄都不足美慕，威武刑戮都不足畏惧。理既是不生不灭的，暂时的失败和压制终不能永远把天理埋没了，天理终有大白于天下的一日。我们试看这八百年的政治史，便知道这八百年里的知识阶级对政府的奋斗，无一次不是搞着"理"字的大旗来和政府的威权作战。元祐党禁（一一〇二），南宋的庆元党禁（一一九六），明初成祖的杀戮学者（一四〇二），明代学者和宦官或权相的奋斗，直到明末的东林党案（一六二四～一六二七），无一次没有理学家在里面做运动的中坚，无一次不是政府的权威大战胜，却也无一次不是理学

---

① 康德：《对美感和崇高感的观察反思录》，载《康德美学文集》，第74页，北京师范大学出版社2003年版。

家得最后的胜利。明末理学家吕坤说的最好："天地间唯理与势最尊,理又尊之尊也。庙堂之上言理,则天子不得以势相夺。即相夺,而理则常伸于天下。"①

的确,人不能去"势",尤其不能在精神上去势,因为"势"是"大丈夫"的标志。这也就如黑格尔所说:"束缚在命运枷锁上的人可以丧失他的生命,但是不能丧失他的自由。"②固守心灵自由的最高形式为"崇高感"即不能"去势":人不能低下高贵的头颅,须在意志上保持精神的饱满并战胜肉身的"下坠"。正是到了这一吃紧关头,我们方能亲切体悟刘知几《史通》如黄钟大吕般的谆谆教诲:

盖烈士徇名,壮夫重气,宁为兰摧玉折,不作瓦砾长存。若南、董之仗气直书,不避强御,韦、崔之肆情奋笔,无所阿容。虽周身之防有所不足,而遗芳余烈,人到于今称之。

我们也才能深刻领悟晚刘知几千年的西哲康德何以能与刘氏异"语"而同"意"。康德说:

……虽然我们(作为自然物)自认肉体方面的无能,但是同时也显示出我们对自然的独立,我们有一种超过自然的优越性,这就是另一种自我保存方式的基础……这就使得我们身上的人性免于屈辱。……它唤醒我们的力量(这不是属于自然的),来把我们平常关心的东西(财产、健康和生命)看得渺小,因而把自然的威力(在财产、健康和生命这些方面,我们不免受这种威力支配)看作不能对我们和我们的人格施加粗暴的支配力,以至迫使我们在最高原则攸关,须决定取舍的关头,向它屈服。③

---

① 胡适:《戴东原的哲学》,第39页,安徽教育出版社1999年版。
② 黑格尔:《美学》,第一卷,第203页,商务印书馆1981年版。
③ 康德:《判断力批判》,第28节,转引自朱光潜:《西方美学史》,第198页,商务印书馆1976年版。

反过来,如果一个国家所有的"士"——知识分子在精神上全部"被去势",知识分子全都断了脊梁骨,他们也就只能做赵高了。"拍马"成为他们唯一的特长和生存技能,便只能是"颂圣文化"一枝独秀。"社会的良心"泯灭,这个社会离灭亡也就不远了。西南联大纪念碑的碑文之所以要这样写:

　　违千夫之诺诺,作一士之谔谔。

　　这话背后的理据依旧是——"道尊于势"。

　　3."天理"、"主静"与"制欲":治疗"现代病"的良方药剂

　　理学兴盛另一方面更加重要的积极意义还在于"主静"——"制欲"的理念对于治疗喧嚣浮躁的"现代病"提供了实际操作层面的理论智慧。

　　"主静"与"制欲"涉及的是个人修身养性的问题,并进一步指向了一个人安身立命的应有境界和状态。从这一角度看,"天理人欲"之分仍然有它的合理性。尤其拿了"主静"与"制欲"来对付"现代病",的确是一种"对症下药"的治疗。

　　如果要选择两个字来形容现代社会的"人"——"生"病态,没有比"浮躁"更加贴切的形容词了。心粗气浮,沉不下去,静不下来,是"浮";"躁",指浮躁、急躁、躁动,做任何事都心急火燎,毫无优雅的姿态。这种"现代病"其实宋儒早在千年以前已经看得分明。《近思录》卷四"存养"第21条明道说得最好:

　　　　人心作主不定,正如一个翻车,流转动摇,无须臾停,所感万端。(心)①若不做一个主,怎生奈何?张天祺昔尝言:"自约数年,自上著床,便不得思量事。"不思量事后,须强把他这心来制缚,亦须寄寓在一个形象,皆非自然。君实自谓:"吾得术矣,只管念个中字。"此又为中所系缚。且中亦何形象?有

---

① 据茅星来《近思录集注》所说,《二程遗书》原有"心"字。

人胸中常若有两人焉,欲为善,如有恶以为之间;欲为不善,又若有羞恶之心者。本无二人,此正交战之验也。持其志,使气不能乱,此大可验。要之圣贤必不害心疾。

前文谈到大自然的"静"——自然而然,毫无刻意勉强的成分。人原也应当顺其自然,不勉强从事。所以,当张载弟张戬(字天祺)"自约"——自我约束,以及司马光(字君实)用叨念"中"字来求得内心的安宁时,明道批评两人违背了"主静"的要领——自然而然。两人都不是因为自家的"心"涵养到家做了一身之"主",成为一己之"天",能够不着痕迹地指挥自身的行事,而是要靠"外力"——在张戬就是"自约",在司马光就是念数——强"心"所为,这就"害"了"心疾"。如张伯行《近思录集解》批评此种"心态"所说:

此要人以敬持志,而为心作主也。……然所谓作主者,非强制其心系缚之之谓也。

明道形容人的心神不定最精准而传神:"人心作主不定,正如一个翻车,流转动摇,无须臾停。"南怀瑾先生则通过自身的修养经验发表了与明道相通的意见:

不然就搞念头,像水上按葫芦一样,这边这个扑隆咚才按下去,那边那个又浮上来;这边念头冒上来一个,那边又来一个。归根结底不能"入定"。①

"优雅"、"闲适"、"慢慢来,不着急",这些美好的"人"——"生"状态,在这个喧嚣四起的现代社会,早已经成为时代精神消费的奢侈品了。快!快!快!到处都是心急火燎的"快"!然而,我们须懂得:"快"只是手段并不是目的,我们求"快",到底还是为了"慢",

---

① 南怀瑾:《金刚经说什么》,第88页,复旦大学出版社2006年版。

是为了在一个"恬静的心地和乐天旷达的观念"①下的"优雅"和"闲适"。"时间之所以有用,乃在时间之不被利用"②,这话听起来似乎绝对,但却有道理。"当疾病扑灭了,贫穷减少了,人寿延长了,食物充足了的时候",林语堂相信"人类是不愿像今天那样匆忙的"。③ 我们今天已经知道:交通虽然便捷,旅行悠游的享受却少了;通讯虽然快捷,却使人失去了通信写字(特别是写字)的愉悦;性的易得使人们失去了恋爱神秘的美感和幸福。人们其实是大可不必让动物和植物长那么快,因为动植物长得快就不好吃,就含有激素和其他毒药或至少营养差了许多。某人今天刚付出了一丁点,恨不得明天就有回报。现代人早已经忘记了:凡事只有不计回报,才能终有好报。为什么就不能悠着点、慢着点,"十分聪明用五分,留下五分给子孙"呢?

人们常说"身心疲惫",其实身累并不当紧,"心累"才是现代人最痛苦的体验。对此伊川早有先见之明。"存养"第25条:

> 伊川先生曰:入道莫如敬。未有能致知而不在敬者。今人主心不定,视心如寇贼而不可制,不是事累心,乃是心累事。

"心为形役",患着现代病的我们早已经远离了那种内在的平安和喜悦的感受。能够不为外在的人、事、物所移,这其实才是最真实而持久的,是别人拿不走的。

胡适曾经批评宋儒:

> 程朱终是从道家、禅家出来的,故虽也谈格物致知,而终

---

① 林语堂语,见氏著:《林语堂著译人生小品集》,第7页,浙江文艺出版社1990年版。

② 林语堂语,见氏著:《林语堂著译人生小品集》,第9页,浙江文艺出版社1990年版。

③ 林语堂语,见氏著:《林语堂著译人生小品集》,第8页,浙江文艺出版社1990年版。

不能抛弃主敬;他们所谓主敬,又往往偏重静坐存理,殊不知格物是要去格的,致知是要去致的,岂是静坐的人干得的事业?①

胡适这话其实说得过于绝对了。宋儒的"静坐"根本只是一种修养的方法,要害就在那个"静"字上。只要能够"静",站立、躺下甚至行走都是可以练"静"的。而且,宋儒的"静"并非将人变作泥塑木雕般的"活死人",而是指一种主体应有的生活态度。人们常说"心安理得","理"得归根到底求的也是"心安"。通过静坐(或站立、躺下甚至行走),让那颗狂乱不已、骚动无疆的"心"安静下来,将心"安顿"在腔子里,这怎么就不能视为一种"格"呢?胡适在肯定宋儒"即物而穷其理"方法论的同时又指出:"然而他们同时又主张静坐省察那喜怒哀乐未发之前的气象。于是久而久之,那即物穷理的也就都变成内观返视了。"②其实,受着"现代化"莫大影响,因此也不免同样患有"现代病"的胡适,口吻中已经带有了某种急切难耐的"戾气",而缺少了一点如宋儒——古人般的优雅与涵泳。公正地看,胡适所说的"内观返视"正应当视作一种修身养性的"格"。通过这一途径"格除"能够引起内心骚动不安的一切"物"——主要是"物"欲——而达到"致"的境界,这个"致"也就是"静"了,"致知"也就成了"静观"后的"知",而"静"中所得之"知",那才是真知。将一己之心提到"心"前来审视它,这就是胡适所说的"内观返视"。这其实是人所独有、动物所不具备的"理性"的自觉。这已经升华为一种境界了!内视自身,开发自我的内在空间,让心灵在平安宁静中体验灵魂自由的感受和生命的喜悦,这才是一种正确的生活态度。所以张载要如此强调"静",认为"敦笃虚静

---

① 胡适:《戴东原的哲学》,第31页,安徽教育出版社1999年版。
② 胡适:《戴东原的哲学》,第42页,安徽教育出版社1999年版。

者,仁之本",将敦厚虚静提到"仁之本"的高度,这不是横渠的杜撰,而是宋儒的普遍意见且经过了他们切身践履的检验。尤其是患着"现代病"的我们,实际生活的经验已经切切真真地使我们体会到:宋儒所主张的"虚静"对现代人来说是多么难能!因此又是何等可贵!无论是"主敬"还是"主静",确确实实大有益于"养心",也就是大有益于"心"的健康。

人之所以不能"入定"、不能"静",症结全部在那个"欲"字上。这里,"人生的野心、愚蠢和名利的诱惑"①统统包括在内。人常常陷于"心神不宁"的状态。而"心神不宁"多半由"欲"而起,所以说"欲"就是"心鬼",也所以,养"心"就是"驱鬼",而"驱鬼"莫善于寡欲,这是千真万确的。就连强调"意志"的叔本华也能够认识到,人的精神困苦每由于追求肉身享乐之不得而起,此是谓"俗累"。他说:

困苦、忧伤并不直接而必然地来自"无所有",而是因为"欲有所有"而仍"不得有"才产生的。所以这"欲有所有"才是"无所有"成为困苦而产生伤痛唯一必需的条件。导致痛苦的不是贫穷,而是贪欲。②

"改过迁善,克己复礼"第39条引张载语:

"仁之难成久矣!人人失其所好。"盖人人有利欲之心,与学正相背驰;故学者要寡欲。

"存养"第43条载伊川语:

学者患心虑纷乱,不能宁静,此则天下公病。学者只要立个心,此上头尽有商量。

---

① 林语堂语,见《林语堂著译人生小品集》,第6页,浙江文艺出版社1990年版。

② 叔本华:《作为意志和表象的世界》,第137页,商务印书馆1982年版。

"存养"第65条引录张载说：

> 心清时少,乱时常多。清时视明听聪,四体不待羁束而自然恭谨。其乱时反是。

视明听聪,通体自由,谁不想要这样一种生存状态？可为什么人总是耳目闭塞、四体拘束呢？这正是心乱不清的"心鬼"在那里作祟,背后更大的恶魔则在物欲。物欲横流,充斥世间。有患于此,方才使人如热锅上的蚂蚁急不可耐而茫然无措,"心虑纷乱,不能宁静"。是故"为学大要"第85条再引录张载语：

> 上达反天理,下达徇人欲者欤！

"反"是返回。张伯行《近思录集解》解此语最确：

> 此张子明《论语》"君子上达"节意也。达只是向前直去之意,上达是向上去,乃复反乎天理者也。天理清明,上升之象,循理则日彻一日,进而不已,即上极乎高明矣；下达是向下去,乃循乎人欲者也。人欲重浊,下坠之象,多欲则日溺一日,流而难返,便究极于污下矣。此君子小人之分,所以育天渊之别也。

横渠所论确然不移！横渠千年前已经点中了"现代病"的命穴！且再读一读"现代人"范曾所论。范曾从"艺",所以能够对物欲之戕害心灵、阻碍制艺保持高度的警惕。他指出：

> 我们今天所看到的五光十色的世界,种种装腔作势的各色人等,尤其是所谓的摩登,不过是一阵阵不安的跳腾,与人类的本质的进步杳不相关。"躁动"是人类走向灭亡的必经之道。只有明白东方在方法论上的"静为躁君",人类庶可得救,而"躁"来源于"不诚"。孔伋"非诚无物"和王阳明的"心外无物"是同一道理,心是"诚"的存在。"诚"是心内的储藏。①

---

① 范曾：《中国画法研究》,载《中国文化》,第39期,第1页。

制艺须制欲,制欲的前提则是静心,"静"之价值大矣哉！物欲泛滥,归根结底反映着人身所存在的动物性。因此,现在我们真应当认真思考一下"人"的本质了。人是什么？人的一半是野兽,另一半是天使。这里,"野兽的人"说的是人身所具有的动物性;"天使的人"说的是人的"人性"。孙颙说:"从某种角度讲,(人的)天使的那一半比较脆弱。这就是今天很多人看到'纯而又纯'的那种社会实现不了,就去到另一个极端,加入到人欲横流的那一面。"①人的动物基因固然强大,所有的人都在为维系自己的皮囊生存而奋斗。但是,如果人停留在动物性上,那就会陷入人类终将无望的悲惨结局,所以人类需要信仰,需要培育向善的力量。人性中的善和恶虽然会永远并存,但生活在理想和理性中的人却应当有夸父追日般的克服动物性,回归"纯而又纯"的人性的野心与恒心。

四 关于《近思录》中的"辟二氏"

"辟二氏"即批判佛、老。《近思录》有关"辟二氏",驳斥所谓"异端"之论最不足取。但考虑到《近思录》非常重视"辟二氏",用了整整一卷的篇幅,因此这里仍然不能放弃对这一问题的重新梳理。而在"辨异端"时《近思录》又以辟佛为主,14条中驳佛家就占了11条。之所以如此,这与理学受佛的影响大于受道家的影响有关。

程、朱思想体系的最高范畴是"理",将"理"视为世界的本原。程颢称:"吾学虽有所受,'天理'二字,却是自家体贴出来。"说"天理"的内涵有自己的深沉思考,这是对的。但将"天理"的发明权全

---

① 孙颙:《人性不可根本改造,也不可放任自流》,载《文汇报》2014年7月26日。

归己有而否认有所承受则不符合实际。《宋元学案》称程颢"明道不废佛老书，与学者言，有时偶举示佛语"。程颢自己也承认，他曾"泛滥诸家，出入于老释者几十年，反求诸六经而后得之"。① 朱熹"年十五六时，亦尝留心于禅"②，"熹于释氏之说，盖尝师其人，遵其道，求之亦切至矣，然未能有得"③。是程、朱于佛学不可谓"无得"而实"有得"。在构筑"理"论的过程中，他们都受到了佛氏的深刻影响。

澄观云："会众妙而有余，超言思而迥出者，其唯法界欤。"④"法界"指现象的本源、本质，与"真如"、"空性"、"无相"同义。净觉说："高而无上，度不可及；渊而无下，深不可测；大包天地，细入无间，故谓之道也。"⑤《坛经》："心量广大，犹如虚空。……既空，能含日月星辰，大地山河，一切草木。"

试对比程、朱所论。

朱熹谓："未有天地之先，毕竟先有此理。"程子云："天理云者，这一个道理，更有什穷已？不为尧存，不为桀亡。人得之者，故大行不加，穷居不损。这上头来更怎生说得存亡加减？"⑥

这是说"理"本自在，非人力所得左右。这与"法界"之"超言思（超人力）而迥出"可谓用语殊而神气同。

朱子又说："大则道无不包，小则道无不入，小大精粗，皆无渗漏。"⑦朱子之论与净觉所论"道"之高、之无度、之深不可测、之无所不在，从思想到语言均无异。朱子又云："太极无方所，无形体，

---

① 《二程集》，第638页，中华书局1981年版。
② （宋）黎靖德编：《朱子语类》，卷第一四，中华书局1994年版。
③ 《朱文公文集》卷三〇。
④ 《大正藏》卷三五。
⑤ 《楞伽师资记序》。
⑥ 《河南程氏遗书》卷二上。
⑦ （宋）黎靖德编：《朱子语类》，卷第三四，中华书局1994年版。

无地位可顿放。"①"太极"在朱熹的学术用语中也就是"理"。太极之无方所、无形体、无地位可顿放，与《坛经》的"虚空心量"，亦可谓灵犀相通、声气相投矣！

在二程那里，对"气"这一范畴所论不多。在"气"的问题上朱熹发展了二程。他援"气"入"理"，使理得以借气而存，有了一个"顿放"的缘所，即所谓"气之所聚，理即在焉"②。从理涵于气而寓于气推展到认识论，于是又有"理一分殊"说。朱熹谓：

> 体用一源，体虽无迹，中已有用.显中无间者，显中便具微.天地未有，万物已具，此是具体中有用。天地既立，此理亦存，此是显中有微。③

言万个是一个，一个是万个。盖体统是一太极，又一物各具一太极。

上述朱熹理涵于气及理一分殊说与佛氏的认识论、方法论亦极为相似。试对比《大正藏》卷四五："一一事中，理皆全遍……是故一一纤尘，皆摄无边真理，无不圆足。""初会理事者，如尘相圆小是事，尘性空无是理，以事无体，事随理而融通，由尘无体，即遍通于一切，由一切事，事不异理，全现尘中。"

以佛氏之论与朱熹之说相比勘，从佛氏的理涵于"事"到朱熹的理涵于"气"，不过是一字之变、一念之转，二者之间重叠、变通、袭用吻合的思维轨迹历历可循。

我们看《近思录》屡屡大段论及"体用"。"体用"的概念即来自于佛。钱钟书《管锥编》即举《全晋文》卷一六五释僧卫《十住经合注序》、范缜《神灭论》等所论"体用"，指出：

---

① （宋）黎靖德编：《朱子语类》，卷第一，中华书局1994年版。
② （宋）黎靖德编：《朱子语类》，卷第一，中华书局1994年版。
③ （宋）黎靖德编：《朱子语类》，卷第六七，中华书局1994年版。

> 夫体用相待之谛,思辨所需。佛典先拈,无庸讳说。既济吾乏,何必土产?①

而关于"体用"概念之运用,以朱熹"月印万川"说的袭用佛释最为明显。其谓:

> 本只是一太极,而万物各有禀受,又自各全具一太极尔。如月在天,只一而已;及散在江湖,则随处而见,不可谓月已分也。②

试对比《永嘉证道歌》:

> 一性圆通一切性,一法遍含一切法;一月普现一切月,一切水月一月摄。

既然体中有用,显中有微,为求得那"分殊"于各物之理,便须"格物"而"致知"。朱熹指出:"万理虽具于吾心,还始教他知,始得。"③"一物格则一物知至,其功有渐。"④所以,朱熹的"格物致知论"仍然得到了佛氏理论的滋养。

佛教主张"出世"而非"入世";主张"无父无君",这一切都与传统儒学的价值观、伦理道德观处在严重的矛盾对立中,这或许是《近思录》以及朱熹"辟二氏"——主要是辟佛——的重要原因。为了"净化"儒学门庭四子及朱熹有上述儒释之辨,他们的卫道立场是坚决的;他们全然漠视佛氏在理学形而上学化过程中不可替代的作用或者说功绩,表现出一种狭隘的宗派主义学术门户之见。宋儒并没有站在学术本体的立场对二氏有益于学术本身、有益于训练中华民族的理论思辨能力、有益于丰富与加深儒学内涵等方面的功用作哪怕一丝一毫的肯定,这个批驳大失偏颇,有识之士不取。

---

① 钱钟书:《管锥编》,第一册,第8页,中华书局1979年版。
② (宋)黎靖德编:《朱子语类》,卷第九四,中华书局1994年版。
③ (宋)黎靖德编:《朱子语类》,卷第六〇,中华书局1994年版。
④ 《朱文公文集》卷七二。

汤用彤的名著《汉魏两晋南北朝佛教史》1938年初版时原有一篇"跋",1955年重印时虽被删去,然其论佛教极精当,也可权当作对《近思录》"辟二氏"的反批评。汤氏谓:

> 中国佛教史未易言也。佛法,亦宗教,亦哲学。宗教情绪,深存人心,往往以莫须有史实为象征,发挥神妙之作用。故如仅凭陈迹之搜讨,而无同情之默应,必不能得其真,哲学精微,悟入实相,古哲惠发天真,慎思明辨,往往言约旨远,取譬虽近,而见道深弘。故如徒于文字考证上寻求,而乏心性之体会,则所获者其糟粕而已。①

南怀瑾儒佛兼通。他批评宋儒虽然甚至略显"尖刻",却句句是实情,因此也最"深刻":

> 二程夫子、朱熹先生等读书人,当时学了佛、道两家的学问修养,就回来反求诸己,重新打开孔家店,自立门户成家,那也是无可厚非、情有可原的事。这些确实资料,你只要遍读程、朱两家遗集,及明了历史演变,就到处可见。但最不能使人赞同的,明明是借了别家的资本,或是偷用了别人的本钱,却又指着别人的大门大骂"异端",实在是令人齿冷,令人反而觉得假道学倒不及真小人了!②

---

① 转引自牟钟鉴:《不忘汤门两代的教诲》,载《文汇学人》,2014年10月17日。
② 南怀瑾:《原本大学微言》,载《南怀瑾选集》,第十一卷,第51页,复旦大学出版社2013年版。

五　历史的嬗变:《近思录》学术地位的提升与定格

如前所引,朱熹在谈到他与吕祖谦编纂《近思录》时曾经说,淳熙二年(1175年)夏,吕赴建阳寒泉精舍与朱相会,讲学论道。两人"相与读周子、程子、张子之书,叹其广大闳博,若无津涯,而惧夫初学者不知所入也。因共掇取其关于大体而切于日用者"①。这说明,朱、吕两人编纂《近思录》的初衷是为"初学者"而设。然而,他们不会料到,《近思录》在他们身后学术地位就在上升,下至于清代竟至于"蹿红"。诚如叶采曾经预测的那样:《近思录》成为"我宋之一经,将与四子并列,诏后学而垂无穷"②。

(一)《近思录》赞语集锦

继2008年出版了《〈近思录〉版本与传播研究》一书,对《近思录》的版本流衍作了详尽考订后,程水龙先生2012年又推出了《〈近思录〉集校集注集评》,该书并附有"历代《近思录》版本的序跋、题记汇编",将历代学人且及朝鲜、韩国、日本学者对《近思录》的校勘、注释、评论集于一书,方便了人们了解历代注释家、评论家对于《近思录》的评价。现根据程先生提供的材料,加之笔者手头所具清人江永《近思录集注》、茅星来《近思录集注》、张伯行《近思录集解》、近人钱穆《宋代理学三书随劄》,将历代注家、评家对于《近思录》之赞语撮录集锦于下,亦足可见出《近思录》非同一般的学术地位了。

---

① 朱熹:《近思录序》。
② 叶采:《近思录集解序》。

(宋)叶采《近思录集解》：

《近思录》，规模之大而进修有序，纲领之要而节目详明，体用兼备，本末殚举。至于辟邪说，明正宗，罔不精核洞尽，是则我宋之一经，将与四子并列，诏后学而垂无穷也。

(明)贾世祥《刻近思录成序后》：

有宋际文运之隆，濂溪周子、河南两程子、横渠张子继作……是皆羽翼《六经》，而上接孟子以来千载不传之统。……自后有考亭朱子又集大成者，以四子之书广浩无涯，初学未易指寻，乃与东莱吕氏共择其切要语为《近思录》。盖道之用，散在天下，而其本具之，人心初非高且远者，是故其思近则机发，机发则心虚，心虚则理得，而辟邪崇正，律己治人，推之天下无难也。圣贤之学，帝王之道，皆不外是矣。

(明)高攀龙《重锲近思录原序》：

朱子曰："《四书》为《五经》之阶梯，《近思录》为《四书》之阶梯。"言所由以从人之序也。从兹而至圣人之道，譬之植五谷者，下种既真，培之溉之，熟可计时而待；匪是，是种稊稗而欲其为五谷也。夫近思者，近取诸己。近取诸己，万理具备，视听言动由是，君臣父子夫妇昆弟朋友之间由是。圣人之道，如此而已矣。

(清)张习孔《近思录传序》：

朱熹、吕祖谦采其关于大体、切于日用者，辑为此篇，分为十四卷，总六百（按，或脱"二"字）十二条。精粗本末，先后之序，条理精善，其功于往圣、德于来者，甚盛心也。……至于此录，上自天地阴阳之奥，下及修己治人之方，无弗具备。上智之士，循习不已，可以入圣。即姿质中下，随其力之所至，亦不失为善人。诚学者所当服膺而弗失也。

(清)茅星来《近思录集注序》：

子朱子纂辑周、程、张四先生之书以为《近思录》,盖古圣贤穷理正心修己治人之要,实具于此,而与《大学》一书相发明者也。故其书篇目,要不外三纲领、八条目之间,而子朱子亦往往以《小学》并称,意可见矣。

(清)江永《朱子原订近思录集注序》:

昔朱子与吕东莱先生,晤于寒泉精舍,读周子、程子、张子之书,叹其闳博无涯,恐始学不得其门,因公掇其关于大体、切于日用者,为《近思录》十四卷,凡义理根原,圣学体用,皆在此编。其于学者身心疵病,应接乖违,言之尤详,箴之极切。概自孔、曾、思、孟而后,仅见此书。……则此书直亚于《论》、《孟》、《学》、《庸》,岂寻常之编录哉!

(清)张伯行《近思录集解序》:

集群圣之成者,孔子也。删定往训,垂为六经,而道统治法备焉。集诸儒之成者,朱子也。采掇遗书,作《近思录》,而性功王事该焉。夫以尧、舜、禹、汤、文、武、周公之圣,使不得孔子继起而绍述之,则《诗》、《书》、《礼》、《乐》,虽识大识小之有人,而残缺裂灭之余,谁为阐圣言于来祀?以周子、程子、张子诸儒之贤,使不得朱子会萃而表章之,微文大义,所与及门授受而讲贯者,即未尽泯没于庐山之阜,伊洛之滨,关中之所传贻,然而斯人徒与,寥落几何?一脉绵延,安恃不堕?……噫!尧、舜、禹、汤、文、武、周公虽圣,得孔子而益彰;周子、二程子、张子虽贤,不亦得朱子而益著哉!

(近人)钱穆《宋代理学三书随劄》:

后人治宋代理学,无不首读《近思录》。此书所收当分两大纲,一曰关于大体,一曰切于日用。

(近人)陈荣捷《近思录详注集评》:

《近思录》为我国第一本哲学选辑之书,亦为北宋理学之大纲，更是朱子哲学之轮廓。以后宋代之《朱子语类》，明代之《性理大全》，与清代之《朱子全书》与《性理精义》，均依此书之次序为次序，支配我国士人之精神思想凡五六百年。影响所及，亦操纵韩国与日本思想数百载，且成为官学。在我国亦惟儒独尊，尤以朱子之哲学为主脑。钱穆比《近思录》于经书，不为过也。

（二）《近思录》刊刻本、注释本与续《录》

《近思录》的学术地位高、影响大，首先表现在各种刊刻本众多。《近思录》面世以后，因为有着"性理学之祖"的美誉，早在南宋已有各种抄本流行。朱熹丙申（淳熙二年，1175年）在《与吕伯恭》的信中就谈到："此本既往，无以应朋友之求假，但日望印本之出耳。"此后的七八百年间它一直得到学界的推崇，传抄、刊刻不断，各种刊刻本层出不穷。特别是明清以来的刊本，多到数不胜数。其中较有影响的，如明正德十四年（1519年）汪伟刊本（南监本）、明稽古斋刊本、清正谊堂本和吕氏宝浩堂《朱子全书》本等。大型丛书如《四库全书》，收注本3种、存目1种，《四部备要》、《丛书集成初编》、《国学基本丛书》收1种。程水龙先生比较全面地统计："各种整理形式的《近思录》版本，国内存世近两百种，韩国现藏高丽、朝鲜时代的传本总计约49种268部。"①

《近思录》的学术地位高、影响大，又表现为各种《近思录》的注释本数量惊人。首先，朱熹曾对《近思录》有自注，对《近思录》所录各条基本上都有解说，这些解说，保存在朱熹的《文集》、《或问》、《语类》中，成为程、朱后学解说《近思录》的依据。陈荣捷先生认

---

① 程水龙：《〈近思录〉集校集注集评·前言》，第1页，上海古籍出版社2012年版。

为:"对《近思录》的注解,中、日注解除儒、道经书以外,恐比任何一书为多。""有朱子门人陈埴之《杂问》,与再传弟子叶采之《集解》,而至宋末戴亨之《补注》,元代柳贯之《广辑》,明周公恕之《集解》,清代张伯行之《集解》,茅星来之《集注》,江永之《集注》。历五六百年,凡十八种。朝鲜注释亦在七八之数。日本因十七世纪南海朱子派与山崎闇斋及其门徒六千余人之提倡,笔解口述,连一九六〇年山崎道夫所著《近思录研究序》说,注解讲述翻译,不下百馀种。"①

《近思录》的学术地位高、影响大,还表现为各种续《近思录》数量众多。早在《近思录》甫一问世,刘清之(字子澄)就编纂了《续近思录》,事见《朱子语类》:"刘子澄编《续近思录》,取程门诸公之说。某看来其间好处固多,但终不及程子,难于附入。"又云:"程门诸先生亲从二程子,何故看他不透? 子澄编《近思续录》,某劝他不必作,盖接续二程意思不得。"②南宋以后的各种续《近思录》,比较著名者有朱显祖《朱子近思录》、张伯行《续录》和《广录》、汪佑《五子近思录》、施璜《五子近思录发明》、刘源渌《续录》、郑光羲《续录》、严鸿逵《朱子文语纂编》、黄叔璥《集朱》、黄奭《集说》、管赞程《集说》、姚琏《辑义》、吕永辉《国朝近思录》等。③

(三)《近思录》历史地位之变化及其原因

当然,《近思录》学术地位并不是从一开始就如此显赫。它也

---

① 陈荣捷:《朱学论集》,第83~84页,华东师范大学出版社2007年版。
② (宋)黎靖德编:《朱子语类》,卷第一百一《程子门人》,中华书局1994年版。
③ 参阅严佐之:《〈近思录〉后续著述及其思想学术史意义》,载《文史哲》2014年第1期。

曾经有过"低谷期"——《近思录》曾经经历了一个"由低走高"的历史发展过程。要理解《近思录》学术地位的历史变化，首先需要了解朱熹个人的历史遭际。

众所周知，朱熹生前曾经遭遇"庆元党争"的迫害。庆元党争之所以会牵涉到朱熹，主要因为朱熹在政治上主张限制君权、澄清吏治，强调华夷之辨，拒绝和辽金称臣议和，以期在军政腐败、强敌压境之际，能够挽救民族和国家。这些主张与朝廷、权贵的主张不合。宋庆元二年（1196年）十二月，监察御史沈继祖奏劾朱熹"十大罪状"，朝廷权贵遂对朱熹及理学掀起了一场罕见的残酷清算。他们效法北宋"元祐党籍"故伎，开列了一份五十九人的伪逆党籍，名列党籍者均受到不同程度的处罚。朱熹则被斥为"伪学魁首"，位列黑名单之中的第五位，有人甚至提出"斩朱熹以绝伪学"。朱熹以伪学罪首落职，朱子的门人则或流放，或坐牢，遭到严重打击。仅仅过了五年，至庆元六年（1200年）朱熹就郁郁谢世了。所以，朱熹再传弟子叶采虽然说"我宋之一经，将与四子并列"，但叶采此说带有张大朱学门庭之意。由朱熹主编的《近思录》，至少在南宋时地位绝对谈不上"宋之一经"，同时也达不到"与四子并列"的地位。

下至于元明清三朝，朱熹的地位扶摇直上。元朝皇庆二年（1313年）复科举，诏定以朱熹《四书集注》试士子，朱学定为科场程式。朱元璋洪武二年（1369年）科举以朱熹等"传注为宗"。朱学遂成为巩固封建社会统治秩序的强有力精神支柱。清康熙五十一年（1712年），清廷颁旨，下令把朱熹在孔庙祭祀的位置从诸儒群贤提升到十哲之次，朱熹的地位更是被抬高到了无以复加的高度。因为清代学界普遍将《近思录》视为朱熹一人主编，朱熹地位抬高，由他编纂的《近思录》地位也随之提高。到了清代，《近思录》确实现了叶采"宋之一经"、"与四子并列"的遗愿——《近思录》的确取得了与《大学》、《中庸》、《论语》、《孟子》相同高度的地位。

此外再说两句并非与《近思录》无关的"题外话"。

明清科举以四书五经中的文句为题,作文的格式则为八股文,而思想必须严格遵循朱熹的《四书集注》。因此,后世在批评科举制时就有了一种误解,以为朱熹是实行科举制尤其是八股取士的罪人。这其实是大错特错的。人们从根本上误解并且错怪了朱熹。朱熹曾经有大量对于科举和时文的抨击,散见于他的文集中。在《朱子语类》中,"可惜举业坏了多少人"、"科举累人不浅"这样的话俯拾皆是。朱熹既痛恨科举,对于这种国家制度又相当无奈。他认为那是读书人的人生一厄,希望人们不得不经过此厄后能够诚心诚意、扎扎实实地学习知识。如《朱子语类》卷一百一十六"训门人四":"问谦:'曾与戴肖望相处,如何?'曰:'亦只商量得举子程文。'曰:'此是一厄。人过了此一厄,当理会学问。'"《朱子语类》卷一百八"论治道":"今上自朝廷,下至百司、庶府,外而州县,其法无一不弊,学校科举尤甚。"但是,随着朱熹历史地位的抬高特别是他的著作被朝廷用为科举制的"教材"以后,他的这些反科举制的言论,就都被湮没在历史的海洋之中了。

《近思录》历史地位的变化又与明清两代学风的变化息息相关。

朱熹主张"格物"而"致知"。朱熹指出:"万理虽具于吾心,还始教他知,始得。"①"一物格则一物知至,其功有渐。"②每一次具体的"格物"而可达之"知",可以理解为"小知"。待到日积月累,格物所得具体之知达到一定程度,便会"顿悟"而到达"豁然开朗"的

---

① (宋)黎靖德编:《朱子语类》,卷第六〇,中华书局1994年版。
② 《朱文公文集》卷七二。

境界,即所谓"理会得多,自当豁然有个觉处"①。"顿悟"所得之"知",是贯通万物、畅达宇宙、上下六合九州之知,此之"知"是为"大知"。

朱熹从"格物"入手而求"致知顿悟",具有方法论的严密性。知识的融会贯通,离不开知识的日积月累,这是每一个曾经用心学习过的人都有的体会。但是,从治学的崇高追求着眼,这里所谓的"融会贯通"之"知"充其量也仍然只能是"小知"。(倘若自称"顿悟",已经达到了"豁然开朗"的大境界,此即如清初大儒陈确所讥是为天下之"大妄人"。)这样再来看朱熹之"格物致知"方法论,显然又存在着某种缺陷:首先是繁琐。"知"之须"格"方可"致",层次太多,容易陷入"见木不见林"的误区;与此相关联的第二个缺陷便是"格物"究竟能否"致知",其本身即使人产生疑问。这里涉及一个"知识"的涵义与价值问题。一方面,人生有涯学海无边,宇宙之大万物之多,"格"而不"尽"。按照朱熹的"理一分殊"论,世界万物莫不有一个——而且只能有一个而不是几个——共通之理,这样,人们便有理由问:由"格物"所求得的"知"与那统贯万物之"理"是什么关系?事实上,朱熹的弟子就已不止一次向他提出过这个疑问。另一方面,自谓得"知",而此"知"并不入"心",与筋骨血肉分作两截,是与人生德性无涉,则可谓"知"而无"识"。而朱熹一派中"学"有此病者正大有人在。"格物致知"落实到学风,又表现为朱熹重小学、音韵训诂、重儒学经典中名物典制的考订。遇有不明白的地方,要一项一项去"格",如此方能"致知",才可得儒学经典的"精义"。但"尽信书不如无书",遗留到后世的儒学典籍触处都是疑问,由于年代久远,这些疑问不是每一项都能够搞清楚的,有些疑问甚至永远都没有搞清的希望。这样,格物不"尽","知"何以

---

① (宋)黎靖德编:《朱子语类》,卷第一八,中华书局1994年版。

"致"？总之，如果按照朱熹格物致知的认识论、方法论路径做去，修行一生而"致知"无望都是可能的。朱熹自己就认为，格物而能致"知"最后得"豁然贯通"正果的只有极少数圣贤。这对于大多数人尤其是那些文化程度不高的浆贩村夫来说，实在是一条过于艰难的求道畏途。

正是由于朱熹认识论、方法论体系中存在这罅隙，使得朱学阳明起而矫之。阳明原亦奉朱熹"格物致知说"。格竹不"知"方使他幡然醒悟朱熹之病。他摒弃并批驳朱熹的理本论，提出了"心外无理"的"心本论"；又以"致良知"、"知行合一"与朱熹理一分殊、格物致知说相颉颃。阳明认为：

"盖天地万物与人原是一体，其发窍之最精处，是人心一点灵明"，如果没有人心，则宇宙万物俱无，不仅草木瓦石"不可以为草木瓦石"，即天地也"不可为天地矣"。①

阳明将"物"变成"心"的外现对象，而又反转来与"心"相对待，即所谓"凡意之所发必有其事，意之所在之事谓之物"②。世界的构成完全成了纯主观的"心"本身运作的结果。用一己之心检验外物，自然可以"一步到位"，从而省却许多层次与周折；同时，由于"心"的自我规定性，无须外求而只要向"内"求心安，这又使"悟道"不再是一件可望而不可及的难事。

明代中叶以后，阳明心学风靡天下。这就大大影响了《近思录》的阅读、传播与历史地位。如清儒何桂清《重刻近思录序》即指出："自元迄明之中叶，学者咸守一先生之言。成化而后，心学渐兴，几等是书于弁髦。始犹师友之间私相转习，继乃滥及于场屋之文。所谓'文衰于隆、万'，非文衰也，其所以为文者失也。"

---

① 《传习录》下。
② 《王文成公全书》卷二六。

下至于万历以降，整个明代社会可谓河溃鱼烂、腐朽不堪：神宗的不理朝政，一连串的赏赐、册封，连续不断的战争，北方后金的崛起，三饷加派，党派之争，魏忠贤专权等，把整个明代社会搅得"寰宇震动，四海沸腾"。随着社会现状的急剧恶化，文人士大夫资治卫道的神经就像冬眠初苏后的动物那样，在经历了"惊蛰"的震荡后一下子猛醒过来。东林党这个晚明最具影响力的政治学术团体，率先发出了资治卫道的治学警告，并且将批判的矛头首先指向阳明特别是阳明后学。这样，东林士子遂在王学内部首先举起叛旗，并且掀起了一场规模庞大的"理学清算"运动。与此相联系，东林士子的学风，明显向"弃虚蹈实"的方向转折。这里的"弃虚"，是指批判并且抛弃阳明以及后学喜言"心性"、耽于哲理性"形上之思"的学风；而这里的"蹈实"，则是提倡"实践"、"实学"而东林士子"弃虚蹈实"主张，实与朱熹"格物致知"的学风灵犀相通。因此，台湾学界有将东林士子视为"新朱子学"者。东林领袖高攀龙《重锲近思录原序》："今之说者好言悟，今之悟者何如耶？或摄心而乍见心境之开明，或专气而乍得气机之宣畅，以是为悟，遂欲举吾圣人明善诚身之教，一扫而无之，决堤防以自恣，灭是非而安心，谓可以了生死。呜呼！其不至于率兽食人，而人相食不止矣！"①即是针对阳明及其后学之"空言心性"而发。

　　下至于清代，顾、黄、王这批清初学界领袖，受着明亡清兴历史大变故的刺激，在检讨明代灭亡的原因时无不将罪责推到阳明心学的"空言心性"上，他们继续着东林士子的"理学清算"遗风，并且遵循着东林士子"弃虚蹈实"的治学路径，遂大大凸显了朱熹"格物"的一面。例如，顾炎武即以孔子所主张的"好古敏求"、"多闻多

---

① 转引自程水龙：《〈近思录〉集解集注集评》，第1104页，上海古籍出版社2012年版。

见"、"博文约礼"而比拟朱熹大力表彰之,并且严厉批评阳明的《朱子晚年定论》,认为:"朱子一生效法孔子,进学必在致知,涵养必在主敬,德性在是,问学在是。如谬以朱熹为支离,为晚悔,则是吾夫子所谓好古敏求、多闻多见、博文约礼,皆早年之支离,必如无言、无知、无能为晚年自悔之定论也。以此观之,则《晚年定论》(指阳明《朱子晚年定论》)之刻,真为阳明舞文之书矣。"①从而将清代治学领上了"格物"考据一路。朝廷大力表彰朱熹则与此相互伴随、互相影响,由朱熹为主要编纂人的《近思录》,其历史地位也到达了历史的巅峰。

六 《近思录》阅读要点

清儒施璜《五子近思录发明序》说:"《五子近思录发明》在昔有平岩叶氏《集解》阐发,四先生之精蕴昭然如日星。"前文也曾经提到,叶采于《近思录》各卷前原撰有一小序,此序足以当得《近思录》一书的"提要"与阅读指南。读者在阅读《近思录》以前应当先细读叶《序》,认真领会叶《序》,将大有助于《近思录》的理解。阅读《近思录》,首先应当熟读叶《序》。

施璜又曾经指出《近思录》:"既集周、程、张四先生之言为阶梯,若不得朱子精粹切要之言合观之,则学者终有所阙憾。"清儒黄叔璥《近思录集朱序》则认为:"朱子之言散见于《或问》、《语类》、《大全》、《文集》内,诠释《近思录》所载者什之七八,有非系正条,以类而推而其理实相通者,又什之二三。"读者若能够将《近思录》与《朱子语类》、《朱文公文集》中的相关内容结合起来阅读,对于准确

---

① 顾炎武:《日知录》,卷十八《朱子晚年定论》,上海古籍出版社1985年版。

理解《近思录》的真精神,将会起到事半功倍之效。

当然,读《近思录》亦如登山。《近思录》体大思精,其中又有不少谈心说性的"玄言",应当遵循由"下"而"上"、由易而难、从实践到理论、从具体到抽象的循序渐进的读书法。如前所述,《近思录》将"道体"安排在第一卷。东莱将之"列之篇端"的意思,只是"特使"读者"知其名义,有所向望",即希望读者由"下"而"上翻",并不仅仅在"形下践履"面前敛手收步,能够由"形下践履"上达到"形上思辨",最终得以在哲理的最高层面贯通无阻,达到"得道"的境界。至于首卷以下的其余各卷,"所载讲学之方、日用躬行之实,具有科级",所循的路径正是循序渐进的"自卑升高,自近及远",明白了这一点,也就"庶几不失纂集之指"矣。设若"厌卑近而骛高远,躐等凌节,流于空虚",则已经根本违背了编纂者的本意,"则岂所谓'近思'者耶"?

针对"道体"被安排在《近思录》第一卷及东莱的旨意,朱熹首先指出:"《近思录》首卷难看……若只读此,则道理孤单,如顿兵坚城之下,却不如《语》、《孟》只是平铺说去,可以游心。"①朱熹又指出:"看《近思录》若于第一卷未晓得,且从第二卷第三卷看起,久久后看第一卷,则渐晓得。"(江永《近思录集注》辑录朱熹论《近思录》语)朱熹的这个读《近思录》法是值得重视的。

从方法论的角度看,《近思录》中蕴含的丰富"人"——"生"大智慧系从思考"主静"这一哲学命题中次第引出。在明白了这一点后,读者可以对《近思录》中"主静"下属如下问题的阐发作深入思考。这样做,一方面有助于修身养性,提高个人的私德水平;另一方面,对于《近思录》中修身养性之核心问题的全方位理解必将大有裨益。

---

① (宋)黎靖德编:《朱子语类》,卷第一百五,中华书局1994年版。

(一)"制怒"与语气

"静"——心绪平和而安宁,这是与"怒"截然相反的一种心理状态。因此,"主静"的同时必然主张"制怒"。

"为学大要"第4:

> 夫人之情,易发而难制者,惟怒为甚。第能于怒时,遽忘其怒,而观理之是非,亦可见外诱之不足恶,而于道亦思过半矣。

江永《近思录集注》解道:

> 此明道为学者理未甚明底说,言于怒时且权停阁这怒,而观理之是非。少间自然见得当怒不当怒。盖怒气易发难制,如水之澎涨。能权停阁这怒,则如水渐渐归港。

人在发怒时往往处于一种"丧失理智"的状态,能不能"制怒",是衡量一个人修养程度的重要标尺。明道因此将"制怒"视为"主静"的要目之一。"遽忘其怒,而观理之是非",在发怒时"且权停阁这怒",提醒自己暂时"忘记"怒,而去反省,引发此"怒"的原因何在?究竟这"怒"该不该发?有没有道理?这已经带有了大度和幽默。的确,学会幽默是"制怒"的妙方。林语堂曾经举苏格拉底与悍妻之例论"幽默",林氏略谓:据传苏氏未娶妻之前已闻其悍妇之名。"然而苏氏还是娶他。他有解嘲方法,说娶老婆有如御马,御驯马没有什么可学,娶个悍妇,于修心养性的功夫大有补助。"①苏氏遭其妻河东狮吼后也生气出走,但他懂得幽默,到了门口适遇一老太"由屋顶倒一盆水下来,正好淋在他的头上"。苏氏说:"我早晓得,雷霆之后必有甘霖。"苏格拉底之举就很像程子所谓的"能于

---

① 林语堂:《林语堂著译人生小品集》,第52页,浙江文艺出版社1990年版。

怒时，遽忘其怒，而观理之是非"，如能够学习程子和苏格拉底的境界，其"于道亦思过半矣"！

人在发怒时又极易"迁怒"，将邪火发向那不相干的对象，这已经近乎撒泼，离开"静"的优雅也愈发遥远了。所以《近思录》卷五"改过迁善，克己复礼"第 27 条伊川特引《论语·雍也》"不迁怒"，并且指出：要做到"不迁怒"并不易，"此莫是最难"。"世之人固有怒于室而色于市"者，在家里惹了气却到闹市上给别人脸子看。

"怒"多通过"语气"显现，所以在"制怒"的同时，伊川特别强调了语气平和的重要性。"改过迁善"第 26 条指出：

"人语言紧急，莫是气不定否？"曰："此亦当习，习到自然缓时，便是气质变也。学至气质变，方是有功。"

"气急败坏"，那当然是指"发怒"状态下的言语失控状态。但就是平时说话，语气的"紧急"同样与从容不迫、温文尔雅的"静"绝不相类。所以，"改过迁善，克己复礼"第 12 条就将调和语气作为"制怒"的涵养方法，指出：

或谓："人莫不知和柔宽缓，然临事则反至于暴厉。"曰："只是志不胜气，气反动其心也。"

按，这里的"暴厉"正是指心态失衡而引发的语气的粗暴乖戾。其实，早在《礼记·曲礼》时先民们甚至已经认识到了"语气"和"治国安邦"间的关联性。《曲礼》起首便要求人们"俨若思，安定辞，安民哉"，意谓人说话时态度安详、言辞确定，才可以安定民众。的确，说话时语气中透出的神闲气定所具有的优雅本身就有亲和力，因此也有感染力。我们看一些大政治家、思想家，他们的言谈淡定从容，无不带着一份神闲气定的沉着与优雅，从而使得他们的话语更加坚定有力。的确，说话语气是优雅笃定还是急迫难耐，不仅影响到发言的效果，而且从中正可以见出一个人涵养之深浅，其根底，则确如程子所说在"气质"。说话由"紧急"到"自然缓"，则最能见出一个人气质变化。如张伯行《近思录集解》所说：

> 心定者，其言重以舒。语言紧急，自是气不定使然。在以学问之道变之，故当渐渐习。习之既久觉语言间自然和缓，无复紧急之病，便是气质变也。

（二）管好"口舌"："主静"与"慎言"

"存养"第4条引录伊川语：

> "慎言语"以养其德，"节饮食"以养其体。事之至近而所系至大者，莫过于言语饮食也。

伊川将"慎语言"提到与"饮食"同等重要的地位。这是宋儒对"口舌"的重视。伊川之论，其来有自。据说周武王即曾经做过一个类似于座右铭的《机铭》：

> 皇皇唯敬，口生垢，口戕（本义为杀害）口。

钱钟书从严可均所辑《全上古三代文》卷二中录出此《机铭》，并引钟惺《古诗归》所评："读口戕口三字，怵然骨惊。"钟惺读《机铭》何以"怵然骨惊"？我们看钱钟书引《大戴礼》注，适可为钟惺说作注解。钱氏谓："'垢'，耻也。"钱氏并下结语指出："'口生垢'即《书·说命》之'惟口起羞'。……以口兴戎，害人杀身，皆'口戕口'。……'惟敬'者，惟慎言也。戒慎言之《金人铭》即入《说苑·敬慎》篇。"①

又，伊川之论其实是对《周易·颐》"慎言语，节饮食"之诠解。而尤以《朱子语类》卷七十一对伊川所论的再诠释最确。朱子曰：

> 谚有"祸从口出，病从口入"，甚好，曰：此语前辈曾用以解《颐》之《象》"慎言语，节饮食"。

按，"腹之欲"因"口舌"而起，事关生命的安危。而宋儒所重，

---

① 钱钟书:《管锥编》，第三册，第855页，中华书局1979年版。

尤在同样因"口舌"而起的"慎言语"一关,言语则也同样关系到生命的安危。

宋儒强调"慎言",言语之"慎"实从"静"起。人在"静"的状态下不仅言语和蔼可亲,而且出言必"慎"。《近思录》"存养"第70条：

> 敦笃虚静者,仁之本。不轻妄,则是敦厚也；无所系阁昏塞,则是虚静也。此难以顿悟,苟知之,须久于道实体之,方知其味。

按,有敦厚的德性就"不轻妄",心底敞亮便"无所系阁昏塞",是为"虚静",这两点被宋儒视为"仁之本",可见其分量之重。其中那个"不轻妄",联系到"说话"上,也就是"慎言"而"不妄发"。所以"存养"第57条指出：

> 问："'出辞气',莫是于言语上用工夫否?"曰："须是养乎中,自然言语顺理。若是慎言语,不妄发,此却可著力。"

在宋儒看来,不仅说话的态度和语气需要在"中"上即从"内里"下功夫修炼,而且"慎言语,不妄发"也需"著力"。从学理上看,"慎言"之"慎"实为内,"言"则为外；"慎"的基础是"静"；"言"的底子则是"动"。"慎"与"言"结合为"慎言",以"慎"使"言",以"静"制"动",所以"慎言"与"静"灵犀相通。在现实生活中,"慎言语,不妄发"的确是衡量一个人敦厚还是刻薄的重要标准——喜好播弄是非、传播"八卦"者,都可以列入出言"妄发"、欠敦厚性刻薄的范围。

伊川在类似于"座右铭"的"箴"语中曾特设"言箴","改过迁善,克己复礼"第3条予以引录,指出：

> 人心之动,因言以宣。发禁躁妄,内斯静专。矧是枢机,兴戎出好。吉凶荣辱,惟其所召。伤易则诞,伤烦则支。己肆物忤,出悖来违。非法不道,钦哉训辞。

人们常说"说出的话泼出的水,射出的箭",一言既出,覆水难收。"兴戎出好",闲闲一语,祸从口出,可以兴"战";"慎言"之语则足抚慰之效,适能安好。是故伊川以"枢机"视"言"。言可以"兴"、可以"灾",这都有或深刻或惨痛的教训。

《左传·僖公九年》载有史评"君子曰":

> 《诗》所谓"白圭之玷(瑕疵),尚可磨也;斯言之玷,不可为(追回)也",荀息有焉。

这说的是晋献公临终"托孤"一事。晋献公伐骊戎,娶骊姬,引进祸水。他受骊姬蛊惑迫害"群公子",先后害死太子申生,逼走公子重耳(晋文公)、夷吾(晋惠公),造孽深重,天怒人怨。献公深知自造的恶业最终将报应在他和骊姬所生之子奚齐的身上,这成了他的心病。献公先使重臣荀息为奚齐之傅。献公疾,临死前再召荀息"托孤",并且反复要求其立誓保护奚齐。荀息亦有君子风范,《左传》载荀息"起誓",他稽首而对晋献公曰:"臣竭其股肱之力,加之以忠贞。其济(成功),君之灵也;不济,则以死继之。"公曰:"何谓忠贞?"对曰:"公家之利,知无不为,忠也;送往事居(送走过去的,指晋献公;侍奉活着的,指奚齐),耦俱无猜(亡灵与活人两无猜忌),贞也。"……十一月,里克杀公子卓于朝。荀息死之。

按,君子一言,驷马难追。这古训固然重要。但也正因为驷马难追一言,就先得"静"下心来想一想:许诺的对象是君子还是宵小?自己值不值得下此重诺?《左传》的"玷"即针对荀息承诺之明确批评。就因为这一承诺,荀息最终以死殉昏君献公,白白送了性命。他虽然确如《国语·晋语二》以"君子曰"所赞"不食其言",但晋侯之恶天理难容,荀息为恶辩护,毕竟"愚忠"。故对于荀息"君子一言,驷马难追"的承诺仍当以左氏的批评为是。这是"祸从口出"、一言以"致命"的一例。

晋献公死后晋惠公即位。惠公以怨报德,导致了秦、晋之间的"韩原之战",惠公被秦俘获,晋国将不国。在这吃紧当口,先有晋国大臣的出色表现。《左传·僖公十五年》：

> 晋大夫反首拔舍从之（披头散发，拔除军舍而从之）。秦伯（秦穆公）曰："二三子何其戚也！"（"戚"字极精当。晋臣之忠君救国、舍生取义等丰富情愫均蕴于秦穆公此一"戚"字中）寡人……岂敢以至？"（以至，过分）晋大夫三拜稽首（三拜而稽首，行礼极重）曰："君履后土而戴皇天，皇天后土实闻君之言，群臣敢在下风。"

按，晋大夫其言堂皇正气，虽败国之臣，国败而风骨不败。尤以其人之"言"——"履后土而戴皇天，皇天后土实闻君之言"——话说得得体而力胜千钧，堪称张伯行所谓"发之必郑重审确而又安舒自得"之"慎言"。

秦穆公俘获晋惠公，原准备杀之祭祖。惠公姊秦穆姬冒死舍身救弟。她率与秦穆公所生太子罃、弘与女简璧"登台而履薪焉"，以自焚要挟秦穆公赦免惠公。她并且"使以免服（丧礼，去冠刮须）衰绖（宽一寸白布，交裹额上）逆"，且告（秦穆公）曰：

> 上天降灾，使我两君匪以玉帛相见，而以兴戎。若晋君朝以入，则婢子夕以死；夕以入，则朝以死。唯君裁之！（《左传·僖公十五年》）

秦穆公受到了大震动。他觉悟到："获晋侯以厚归也；既而丧归，焉用之？"俘虏晋侯原为大胜即"厚归"，但遭遇的却是穆姬将率子女自焚的丧事，是谓"丧归"。秦穆公接着又说：

> 晋人戚忧以重（以"戚"为压）我，（用）天地以要（约束）我。……我食吾言，背天地也。重怒难任（承担），背天不祥，……（《左传·僖公十五年》）

按，"戚忧、天地"，皆晋大夫之"言"，感化、制约着秦穆公作出了"寡人……岂敢以至"的承诺且不敢"食吾言"以"背天地"。所以他最终的选择是"必归（放还）晋君"。秦穆公"铁骨"中有"柔情"，最终结晶为理性之举,使原先已经降至冰点的秦、晋两国关系出现大逆转,由相互仇恨变为相互友好,从而奠定了"秦晋之好"的基础。这是"慎言"以兴邦的一例。

如此,我们再来看《近思录》"存养"第61条:

> 心定者其言重以舒,不定者其言轻以疾。

张伯行《近思录集解》解道:

> 重,审慎也;舒,和缓也;轻,浅易也,疾,躁急也。人有操存涵养之功,则中有所主而其心定,言必不妄发,发之必郑重审确而又安舒自得,无急遽躁率之病。其不定者反是。

张伯行将"言不妄发"、出言"郑重审确"和"安舒自得"视为"操存涵养之功"的体现,自是极有见地的说法,真正探得了"慎言"的要害。

(三)"眼神"与修养

文艺复兴的巨擘达芬奇说过:"眼睛是心灵的窗户。"确实,人的内心活动乃至于善恶,通过眼睛就能够看出。所以,传统儒学特别重视观察眼神,孟子可谓开启先河者。

《孟子·离娄上》:

> 存乎人者,莫良于眸子。眸子不能掩其恶。胸中正,则眸子瞭焉;胸中不正,则眸子眊焉。听其言也,观其眸子,人焉廋哉?

按,"存人",观察人;瞭,明澈;廋,藏匿。孟子大意是说:观察一个人,再没有比观察他的眼睛更好的了。眼睛不能掩盖一个人的恶。心中光明正大,眼睛就明亮清澈;心中龌龊阴暗,眼神就昏暗不明、瞟瞥闪烁。所以,听一个人说话,注意他的眼睛,他的善恶真伪能往哪里隐藏?

眼睛既关涉善、恶,一秉儒学的传统,规训"眼神"也就成为宋儒关注的对象。

"改过迁善，克己复礼"第40条：

> 至于瞻视亦有节，视有上下，视高则气高，视下则心柔，故视国君者，不离绅带之中。学者先须去其客气；其为人刚行，终不肯进，"堂堂乎张也，难与并为仁矣"。盖目者人之所常用，且心常托之，视之上下。且试之，己之敬傲，必见于视。所以欲下其视者，欲柔其心也。柔其心，则听言敬且信。（按，近思录教人具体而微。）

按，"堂堂乎张也，难与并为仁矣"，语出《论语·子张》。意谓子张高大威严，难和他一起进于仁德。"视国君者，不离绅带之中"，意谓面对国君，视线不应离开绅带这一中线。这一说法源于《礼记·曲礼》下：

> 天子视不上于袷（jié 古代交叠于胸前的衣领），不下于带，国君绥视，大夫衡视，士视五步。凡视，上于面则敖，下于带则忧，倾则奸。

《曲礼》这一段话对于理解《近思录》何以如此重视"眼神"的修养很有帮助。其大意是说：臣子瞻视天子，目光上不超过衣领交叠处，下不越过腰袋；臣子瞻视国君的目光要低于面部；大夫的部下瞻视大夫时目光平视，直视其面；士的部下视士，目光可以旁及士周围五步以内处。凡是看人，向上超过面部就显得傲慢，向下低于衣袋就显得忧郁；歪着头看就显得心术不正。

《曲礼》这里提到眼神即"眼界"反映着"礼"的要求，并且能够从中看出人的内心活动。"凡视，上于面则敖，下于带则忧"，既准确，又传神。这正是《近思录》"视有上下，视高则气高，视下则心柔"一说的源头。的确，我们若试着将自己的目光放得低一些，我们的"心"也会随之而变得谦和。那么，倘若我们希望"养心"即"欲柔其心"，就可以通过"下其视"——放低视线——的办法实现它。

所以,"柔其心,则听言敬且信"是有见地的:一个人心气柔和,听别人说话就恭敬,出言就诚实;反之,我们都知道"鹅目视牛小"。鹅的眼睛看什么都小,所以它总是"昂首阔步",摆出一副不可一世的架势。与此相关联的还有一个词"狗眼看人低"。这里说得虽然是动物,人们却常常"拟人化"为傲慢者。我们看人,目光只要超过对象的面部,我们在心里其实是轻视甚至鄙视对象的。"柔心"与"静"相联系,因此,谦和的眼神反映着的是"心静",傲慢的眼神则反射出心的躁动。以眼神判断"心境"有理据吗?有。这理据就是"目者人之所常用,且心常托之"。而眼"界"的高低,归根结底反映的"静"、"躁"之别,是涵养的高、低。

七　校注说明

(一)《近思录》原文以《国学基本丛书》所据清人江永的《近思录集注》为底本。

(二)江注本与他本差异处一般遵从江注本。江注本文字确实讹误者,依他本校改,在注中给予说明。

(三)本书注释以江注本为主要依据,同时吸收宋叶采《近思录集解》、清张伯行《近思录集解》和茅星来《近思录集注》的注解,参考现代以来的注释研究成果,如陈荣捷的《近思录详注集评》,并参以己意。

(四)注释力求通俗简明。注释内容主要包括难解字词、地理名物、典章制度、文化常识等。以疏通文字为主,必要时通释全句。生僻字加注汉语拼音。

《近思录》简注

《序》

朱熹序

淳熙乙未之夏,东莱吕伯恭来自东阳,过予寒泉精舍。留止旬日,相与读周子、程子、张子之书,叹其广大闳博,若无津涯,而惧夫初学者不知所入也。因共掇取其关于大体而切于日用者,以为此编。总六百二十二条,分十四卷。盖凡学者所以求端用力、处己治人之要,与夫辨异端①、观圣贤之大略,皆粗见其梗概。以为穷乡晚进有志于学,而无明师良友以先后之者,诚得此而玩心焉,亦足以得其门而入矣。如此,然后求诸四君子之全书,沈潜反复,优柔厌饫②,以致其博而反诸约焉。则其宗庙之美,百官之富,庶乎其有以尽得之。若惮烦劳,安简便,以为取足于此而可,则非今日所以纂集此书之意也。五月五日新安朱熹谨识。

吕祖谦序

《近思录》既成,或疑首卷阴阳变化性命之说,大抵非始学者之事。祖谦窃尝与闻次缉之意。后出晚进于义理之本原,虽未容骤语,苟茫然不识其梗概,则亦何所底止③?列之篇端,特使之知其名义,有所向望而已。至于余卷所载讲学之方、日用躬行之实,具有科级④。循是而进,自卑升高,自近及远,庶几不失纂集之指。若乃厌卑近而骛高远,躐等凌节,流于空虚,迄无所依据,则岂所谓"近思"者耶?览者宜详之。淳熙三年四月四日东莱吕祖谦谨识。

[注释]①异端:指佛老。 ②优柔厌饫:"优柔",从容状;"厌饫","厌"同"餍",吃饱。"优柔厌饫"谓潜心赏玩、反复体悟。 ③底止:终极、终止。 ④科级:等级、秩序。

卷一 道体(凡五十一条)

1. 濂溪先生①曰:无极而太极。太极动而生阳,动极而静;静而生阴,静极复动。一动一静,互为其根②;分阴分阳,两仪③立焉。阳变阴合,而生水、火、木、金、土;五气④顺布,四时行焉。五行,一⑤阴阳也;阴阳,一太极也;太极,本无极也。五行之生也,各一其性。无极之真,二五⑥之精,妙合而凝。乾道成男,坤道成女,二气交感⑦,化生万物。万物生生而变化无穷焉,惟人也,得其秀⑧而最灵。形既生矣,神发知矣,五性感动而善恶分,万事出矣⑨。圣人定之以中正仁义,(旧注:圣人之道,仁义中正而已矣。)而主静,(旧注:无欲,故静。)立人极焉。故圣人与天地合其德,日月合其明,四时合其序,鬼神合其吉凶。君子修之吉,小人悖之凶。故曰:"立天之道,曰阴与阳;立地之道,曰柔与刚;立人之道,曰仁与义。"又曰:"原始反终,故知死生之说。"大哉《易》也,斯其至矣!

[注释]①周敦颐,人称濂溪先生。 ②根:根基。互为其根,意谓相互依存、互为起点。 ③两仪:天地。 ④五气:五行之气。 ⑤一:归本。

⑥二五:阴、阳二气与金、木、水、火、土五行。 ⑦交感:交互感应。 ⑧秀:指天地阴阳之秀气。 ⑨知:智。五性:五行之性。五性感动:意谓五行之性感受外部刺激而变动。

2. 诚,无为;几,善恶①。德②爱曰仁,宜曰义,理曰礼,通曰智,守曰信。性焉安焉③之谓圣,复焉执焉④之谓贤,发微不可见,充周不可穷之谓神⑤。

[注释]①几:萌动之初。张伯行《近思录集解》:诚者,真实无妄之谓;无为者,实理自然不涉人力也。盖人生而静,此理真实无妄,何为之有?寂然不动之中但觉浑然至善,能守最初之静正,便是天地之全人,此即太极也。②德:德性,属性。 ③性焉安焉:独得于天谓之"性",不待学,本然全具备于其人谓之"安"。叶采《近思录集解》引朱子曰:性者独得于天,安者本全于己。圣者,大而化之之称。此不待学问勉强,而诚无不立不明,德无不备者。④复焉执焉:复,回复;执,执守。即贤人倚靠后天的努力而达到德与诚并固守之。 ⑤朱子曰:发,动也。微,幽也。神即圣人之德,妙而不可测。……充,广也。周,遍也。(《朱子语类》卷九十四)

3. 伊川①先生曰:"喜怒哀乐之未发,谓之中。"中也者,言"寂然不动"者也,故曰:"天下之大本。""发而皆中节②,谓之和。"和也者,言"感而遂通"者也,故曰:"天下之达道。"③

[注释]①伊川,程颐之号。 ②中节:适度、正好。 ③朱子曰:喜怒哀乐未发,无所偏倚,此之谓中。中,性也。……"寂然不动",言其体则然也。"大本",则以其无不该遍,而万事万物之理,莫不由是出焉……喜怒哀乐之发,无所乖戾,此之谓和。和,情也。……"感而遂通",言其事则然也。达道,则以其自然流行,而理之由是而出者,无不通焉。(《朱子语类》卷六十二)

4. 心一也，有指体而言者，（旧注："寂然不动"是也。）有指用而言者，（旧注："感而遂通天下之故"是也。）惟观其所见何如耳。①

[注释]①朱子曰："心统性情"之说甚善。性是静，情是动。心则兼动静而言，或指体，或指用，随人所看。方其静时，动之理只在。……及动时，又只是这静底。（《朱子语类》卷六十二）

5. 乾，天也。天者，乾之形体；乾者，天之性情。乾，健也，健而无息之谓乾。夫天，专言之，则道也，"天且弗违"是也；分而言之，则以形体谓之天，以主宰谓之帝，以功用谓之鬼，以妙用谓之神，以性情谓之乾。①

[注释]①《周易·乾》卦："天行健，君子以自强不息。"此条是程颐对《易传·乾传》的解释。张伯行《近思录集解》：此程子释《乾》名义而从而分别之，以见名有不同，为道一也。盖《乾》之象为天，天言其形体，乾言其性情。有是性情，则有是形体。乾之德为健，健之体是性，健之用是情，惟其性情之健，所以无息。

6. 四德①之元，犹五常②之仁。偏言则一事，专言则包四者③。

[注释]①"四德"：指《易》之"元、亨、利、贞"。 ②"五常"：仁、义、礼、智、信。 ③按照程颐的理解，"亨、利、贞"既已包括在"元"中，则"义、礼、智、信"即统摄于"仁"中。"元"可包"亨、利、贞"，即如"仁"可包"义、礼、智、信"。叶采《近思录集解》：《乾卦·彖传》。在天为四德，元、亨、利、贞也；在人为五常，仁、义、礼、智、信也。分而言之，则元者四德之一，仁者五常之一。专言元，则亨、利、贞在其中；专言仁，则义、礼、智、信在其中。

7. 天所赋为命,物所受为性。①

[注释]①朱子曰:这理在天地间时只是善,无有不善者。生物得来,方始名曰"性"。只是这理在天则曰"命",在人则曰"性"。(《朱子语类》卷五)

8. 鬼神者,造化之迹也。①

[注释]①张伯行《近思录集解》:天地间无物不具阴阳,阴阳无所不在,则鬼神无所不有。盖以二气言之,鬼是阴之灵,神是阳之灵;以一气言之,神之为言"伸"也,气之方伸而来者,属阳为神;鬼之为言"归"也,气之已屈而往者,属阴为鬼。其实二气只是一气造化之迹。……

9.《剥》之为卦,诸阳消剥已尽,独有上九一爻尚存,如硕大之果不见食,将有复生之理。上九亦变,则纯阴矣①,然阳无可尽之理,变于上则生于下,无间可容息也。圣人发明此理,以见阳与君子之道不可亡也②。或曰:"剥尽则为纯坤,岂复有阳乎?"曰:"以卦配月,则坤当十月。以气消息言,则阳剥为坤,阳来为复,阳未尝尽也。剥尽于上,则复生于下矣。故十月谓之阳月,恐疑其无阳也。阴亦然,圣人不言耳。"③

[注释]①《剥》:卦名。下坤上艮,象征剥落、销蚀。群阴自初至五剥蚀为初九之一阳,见出阴气盛极,阳气被剥,至于将尽,故曰"剥"。"上九亦变,则纯阴矣","上九"即"初九",上九为阳,若变而为阴,则已为全阴《坤》卦。《剥》之上九曰:"硕果不食,君子得舆,小人剥庐。"意谓上九,硕果未被剥食。此时君子得大车,即会装载硕果去济世;小人得势,则百姓之屋将被剥落殆尽。《象》曰:"君子得舆,民所载也。小人剥庐,终不可用也。"意谓君子得车,系百姓爱戴而承载之;小人得势,百姓房屋剥落殆尽,故小人终不可用。
②张伯行《近思录集解》:此程子因《剥》上九一爻而发明之,以见阳无终尽之

理也。盖《剥》之为卦,五爻皆阴,诸阳已消尽矣,独一阳在上,有复生之机。譬之众果俱落,尚有硕大一果,可复种而生也。如上爻亦变,则纯阴而为《坤》矣。然阴阳消息,循环不已,本无尽理,才变而尽于上,则阳已生于下,不容有一间之息也。　③恐疑其无阳:担心人们怀疑《坤》卦纯阴无阳。阳月:董仲舒《雨雹对》:"十月,阴虽用事,而阴不孤立。此月纯阴,疑于无阳,故谓之阳月。"

10. 一阳复于下,乃天地生物之心也。先儒皆以静为见天地之心,盖不知动之端乃天地之心也。非知道者,孰能识之?①

[注释]①朱子曰:伊川言"一阳复于下,乃天地生物之心"一段,盖谓天地以生生为德,自元亨利贞,乃生物之心也。但其静而复,乃未发之体;动而通焉,则已发之用。……此天命流行之初,造化生育之始,天地生生不已之心于是而可见也。若其静而未发,则此心之体虽无所不在,然却未有发见之处。此程子所以以"动之端"为天地之心,亦举用以该其体尔。(《朱子语类》卷七十一)

11. 仁者,天下之公,善之本也。

12. 有感必有应。凡有动皆为感,感则必有应,所应复为感,所感复有应,所以不已也。感通之理,知道者默而观之可也。①

[注释]①张伯行《近思录集解》:《系辞》于《咸》九四爻,明屈伸往来之理,而程子复因而释之,言天地之间感应而已。如气机之消而屈也,则为日月寒暑之往;气机之息而伸也,则为日月寒暑之来。其间来而复往,往而复来,屈之终即伸之始,伸之终即屈之始。自感自应非有别物,凡有动皆为感,感应相为循环,所以不已。此天道自然之常理。

13. 天下之理,终而复始,所以恒而不穷。恒,非一定①之谓也,一定则不能恒矣。惟随时变易,乃常道也。天地常久之道,天下常久之理,非知道者,孰能识之②?

[注释]①滞固不变谓之"一定"而非"恒"。 ②朱子曰:"恒非一定之谓",故昼则必夜,夜而复昼;寒则必暑,暑而复寒。若一定则不能常也。其在人,冬日则饮汤,夏日则饮冰。"可以仕则仕,可以止则止。"今日道合便从,明日不合则去。(《朱子语类》卷七十二)

14. "人性本善,有不可革①者。何也?"曰:"语其性,则皆善也;语其才,则有下愚之不移②。所谓下愚有二焉:自暴也,自弃也。人苟以善自治,则无不可移者,虽昏愚之至,皆可渐磨而进。惟自暴者拒之以不信,自弃者绝之以不为,虽圣人与居,不能化而入也,仲尼之所谓下愚也。然天下自弃自暴者,非必皆昏愚也,往往强戾而才力有过人者,商辛③是也。圣人以其自绝于善,谓之下愚,然考其归,则诚愚也。""既曰下愚,其能革面,何也?"曰:"心虽绝于善道,其畏威而寡罪则与人同也。惟其有与人同,所以知其非性之罪也。"④

[注释]①革:革除,改变。 ②下愚之不移:愚不可及且顽固不化。③商辛:商纣王。《史记·殷本纪》:"帝纣资辨捷疾,闻见甚敏,材力过人,手格猛兽,知足以距谏,言足以饰非;矜人臣以能,高天下以声,以为皆出己之下。" ④张伯行《近思录集解》:因言"下愚之不移"者,有自暴、自弃两种人。盖人性本善,若肯以善自治,发愤向学,百倍其功,断无不可移者。虽其气质昏弱之甚,亦可渐摩而进。所谓"愚必明"、"柔必强"也。……彼自处于不移之地,人安所施其移之之力,虽圣人无如之何,此仲尼之所谓"下愚不移"也。

15. 在物为理，处物为义。①

［注释］①朱子曰：伊川言"在物为理"。凡物皆有理，盖理不外乎事物之间。"处物为义"，"义"，宜也。是非可否，处之得宜，所谓义也。（《朱子语类》卷九十五）

16. 动静无端，阴阳无始，非知道者，孰能识之？①

［注释］①朱子曰："动静无端，阴阳无始。"今以太极观之，虽曰"动而生阳"，毕竟之前须静。静之前又须是动。推而上之，何自而见其端与始？（《朱子语类》卷九十四）

17. 仁者，天下之正理，失正理则无序而不和。①

［注释］①问："仁者天下之正理。"朱子曰：说得自好，只是太宽。须是说仁是本心之全德，便有个天理在，若天理不在，人欲横肆，如何得序而和？（《朱子语类》卷二十五）

18. 明道先生曰：天地生物，各无不足之理。常思天下君臣、父子、兄弟、夫妇，有多少不尽分处！①

［注释］①叶采《近思录集解》：分者，天理当然之则。天之生物，理无亏欠，而人之处物，每不尽理。如君臣、父子、兄弟、夫妇，一毫不尽其心，不当乎理，是为不尽分。

19. "忠信所以进德"，"终日乾乾"，君子当终日"对越在天"也。①盖"上天之载，无声无臭"，其体则谓之易，其理则谓之道，其用则谓之神，其命于人则谓之性，率性则谓之道，修道则谓之教。孟子去其中又发挥出浩然之气，可谓尽矣。故说神"如在其上，如在其左右"，大小大事，而只曰"诚之不可掩（音 yǎn，义同"掩"）如此夫"。彻上彻下②，不过如此。"形而上为道，形而下为器"，须著如此说。器亦道，道亦器，但得道在，不系③今与后，已与人。

[注释]①《易·说卦》："乾，健也。"乾乾，刚健勤勉之意。对越在天：语出《诗经·周颂·清庙》："济济多士，秉文之德，对越在天。"对，配；越，于。此言众多之士，秉承文王的德教。他们的道德都不愧对在天的文王之灵。张伯行《近思录集解》：君子一言一动守此忠信，终日之间常瞻对乎上帝，不敢少有欺慢也。 ②彻上彻下：上，指天地鬼神；下，指人事万物。因"诚"发自本性故无"妄"，是能"彻上彻下"，无所虚饰，皆显本相。 ③不系：不拘。

20. 医书言手足痿痹①为不仁，此言最善名状。仁者，以天地万物为一体，莫非己也。认得为己，何所不至？若不有诸己②，自不与己相干。如手足不仁，气已不贯，皆不属己。故博施济众，乃圣之功用。仁至难言，故止曰："己欲立而立人，己欲达而达人，能近取譬，可谓仁之方也已。"欲令如是观仁，可以得仁之体③。

[注释]注：①痿痹（wěi bì）：痿，身体某部分萎缩或失去机能；痹，痹症。中医指由风、寒、湿等引起的肢体疼痛或麻木。 ②有诸己：属于自身。茅星来《近思录集注》引元人陈栎语：仁者之心视人，物即已身也。体认得人、物皆为己，则此心之仁周流贯通，何所不至？不然，则私意间隔，与人、物自不相连属矣。 ③朱子曰：明道"医书手足不仁"止"可以得仁之体"一段，以意推之，盖谓仁者，天地生物之心，而人、物得以为心。则是天地人、物莫不同有是心，而心得未尝不贯通也。虽其为天地为人物各有不同，然其实则有一条脉络相贯。故体认得此心，而有以存养之，则心理无所不到，而自然无不爱矣。……"仁至难言"，亦以全体精微，未易言也。止曰"立人，达人"，则有以指夫仁者之心而便于此观，则仁之体，庶几不外是心而得之尔。（《朱子语类》卷九十五）

21. "生之谓性"，性即气，气即性，生之谓也。人生气禀，理有善恶，然不是性中元有此两物相对而生也。有自幼而善，有自幼而恶，（旧注：后稷之克歧克嶷，子越椒始生，人知其必灭若敖氏①之类。）是气禀有然也。善固性也，然恶亦不可不谓之性也。盖"生之谓性"、"人生而静"以上不容说，才说性时便已不是性也②。凡人说性，只是说"继之者善也"③，孟子言性善是也。夫所谓"继之者善也"者，犹水流而就下也。皆水也，有流而至海，终无所污，此何烦人力之为也？有流而未远，固已渐浊；有出而甚远，方有所浊。有浊之多者，有浊之少者。清浊虽不同，然不可以浊者不为水也。如此，则人不可以不加澄治之功。故用力敏勇则疾清，用力缓怠则迟清。及其清也，则却只是元初水也，不是将清来换却浊，亦不是取出浊来置在一隅也。水之清，则性善之谓也。故不是善与恶在性中为两物相对，各自出来。此理，天命也。顺而循之，则道也。循此而修之，各得其分④，则教也。自天命以至于教，我无加损焉，此舜有天下而不与⑤焉者也。

[注释]①后稷：舜时掌农业之官。《诗经·大雅·生民之什》谓其自幼"克岐克嶷"。岐：知意。嶷（nǐ）：识。岐嶷：峻茂之状，谓后稷自幼聪慧而善。又，《左传·宣公四年》："初，楚司马子良（斗克之弟）生子越椒（斗椒）。子文曰：'必杀之！是子也，熊虎之状而豺狼之声；弗杀，必灭若敖氏矣。谚曰：狼子野心。是乃狼也，其可畜乎？'" ②朱子曰："人生而静以上"，即是人物未生时。人物未生时，只可谓之理，说性未得。此所谓"在天曰命"也。"才说性时，便已不是性"者，言才谓之"性"，便是人生以后，此理已堕在形气之中，不全是性之本体矣。故曰"便已不是性也"，此所谓"在人曰性"也。大抵人有此形气，则是此理始具于形气之中，而谓之"性"。才说是"性"，便已涉乎有生而

兼乎气质,不得为性之本体也。(《朱子语类》卷九十五)　③继之者善也:语出《周易·系辞上·传》。这里意谓继承天的法则即为善。　④各得其分:各得天道所赋予的那一份。　⑤舜有天下而不与:语出《论语·泰伯》:"子曰:巍巍乎!舜禹之有天下也而不与焉!"程颢意谓舜虽有天下却顺其自然不加干预。

22. 观天地生物气象。(旧注:周茂叔①看。)

[注释]①周茂叔:周敦颐之号。

23. 万物之生意最可观,此元者善之长也,斯所谓仁也。①

[注释]①问:"伊川云:万物之生意最可观。"朱子曰:物之初生,其本未远,固好看。及干成叶茂,便不好看。(《朱子语类》卷九十五)

24. 满腔子①是恻隐之心。

[注释]①腔子:身体。

25. 天地万物之理,无独必有对,皆自然而然,非有安排也。①每中夜以思,不知手之舞之,足之蹈之也。

[注释]①问:"天地万物之理,无独必有对"。对是物也,理安得有对?朱子曰:如高下、小大、清浊之类,皆是。曰:高下、小大、清浊,又是物也,如何?曰:有高必有下,有大必有小,皆是理必当如此。如天之生物,不能独阴,必有阳;不能独阳,必有阴。皆是对。这"对"处,不是"理对"。其所以有对者,是理合当恁地。(《朱子语类》卷九十五)

26. 中者,天下之大本,天地之间,亭亭当当、直上直下之正理。①出则不是,惟敬而无失最尽。

[注释]①问:亭亭当当之说。朱子曰:此俗语也。盖不偏不倚,直上直下之意也。问:"敬"非"中","惟敬而无失",乃所以为中否?曰:只是常敬,便是喜怒哀乐未发之中也。(《朱子语类》卷九十五)

27. 伊川先生曰:公则一,私则万殊①。人心不同如面,只是私心。

[注释]①万殊:表现各异。

28. 凡物有本末,不可分本末为两段事。"洒扫应对是其然",必有所以然。①

[注释]①朱子曰:须是就事上理会道理,非事何以识理?"洒扫应对",末也;"精义入神",本也。不可说这个是末,不足理会,只理会那本,这便不得。又不可说这末便是本,但学其末,则本便在此也。(《朱子语类》卷四十九)

今按,朱子曰"精义入神",语出《易经·系辞下·传》。"精义",指精于事物之义理;"入神",谓入于神妙之境地。

29. 杨子拔一毛不为,墨子又摩顶放踵①为之,此皆是不得中。至如子莫②执中,欲执此二者之中,不知怎么执得。识得,则事事物物上,皆天然有个中在那上,不待人安排也,安排著则不中矣③。

[注释]①摩顶放踵:从头顶到脚跟都磨伤了。形容不畏劳苦,不顾身体。《孟子·尽心上》:"墨子兼爱,摩顶放踵,利天下为之。""放":至,到。②子莫:鲁国之贤人。 ③问:杨、墨固是皆不得中。至子莫,又要安排讨个

中执之。朱子曰:子莫见杨、墨皆偏在一处,要就二者之中而执之,正是安排寻讨也。原其意思固好,只是见得不分明,依旧不是。(《朱子语类》卷六十)

30. 问:"时中如何?"曰:"'中'字最难识,须是默识心通。且试言:一厅则中央为中;一家则厅中非中,而堂为中;言一国,则堂非中,而国之中为中。推此类可见矣。如'三过其门不入'①,在禹、稷之世为中。若'居陋巷'②,则非中也;'居陋巷',在颜子之时为中,若'三过其门不入',则非中也③。"

[注释]①据《孟子·滕文公上》,尧时洪水泛滥,五谷不登。尧独忧之,举舜而施治。舜使禹治水。禹疏九河。在外八年,三过其门而不入。 ②据《孟子·离娄下》,孟子云:"颜子当乱世,居陋巷,一箪食,一瓢饮。人不堪其忧,颜子不改其乐。孔子贤之。" ③此谓禹、稷之世为治世,君子有可为,故应入世;颜子当乱世,君子不可为,故颜子深隐而不用世。张伯行《近思录集解》:道之所贵者中,中之所贵者时。……即如禹、稷之三过不入,何以如是其急也?当平世则然也。设以禹稷之世,而若颜子之居陋巷,则非中矣;颜子之居陋巷,何以不改其乐也?当乱世则然也。设以颜子之时,而若禹、稷之三过不入,则非中矣。此正所谓"时中"也。

31. 无妄之谓诚,不欺其次矣①。(旧注:李邦直②云:"不欺之谓诚。"便以不欺为诚。徐仲车③云:"不息之谓诚。"《中庸》言"至诚无息",非以无息解诚也。或以问先生,先生曰云云④。)

[注释]①朱子曰:无妄者,圣人也。谓圣人为无妄则可,谓圣人为不欺则不可。又问:此正所谓"诚者天之道,思诚者人之道"否? 曰:然。无妄是自然之诚,不欺是着力去做底。(《朱子语类》卷九十五)

今按,"诚者天之道,思诚者人之道",语出《中庸》。
②李清臣:字邦直。绍圣初为中书侍郎。详《宋史》卷三二八《李邦直传》。其以不欺释诚。　③徐仲车:名积,以聋疾不仕。长天文。《宋名臣言行录》卷十四有传。其以不息释诚。　④此句意谓有人问程颐,程颐说了上面两句话。

32. 冲漠无朕①,万象森然已具,未应②不是先,已应不是后。如百尺之木,自根本至枝叶,皆是一贯,不可道上面一段事,无形无兆,却待人旋安排引入来教入途辙。既是途辙,却只是一个途辙③。

[注释]①冲漠:至静之状;无朕:萌兆未发之状。　②应:对应、应验。按照程颐的理解,理在事先。即未有此事此物先有此理。如未有君臣、父子之前已经先有君臣、父子之理。只是待有此事此物时此理便与之相应。从时间上说,理未应物之时似乎在先,理已应物之时似乎在后。但已对应、应验之理和未对应、应验之理,是同一个理,故无先无后。　③问:"冲漠无朕至教入涂辙,所谓涂辙者,莫只是以人所当行者言之?凡所当行之事,皆是先有此理,却不是临行事时,旋去讨寻道理。"朱子曰:此言未有这事,先有这理。如未有君臣,已先有君臣之理;未有父子,已先有父子之理。不成元无此理,直待有君臣父子,却旋将道理入在里面。又问:"既是涂辙,却只是一个涂辙"是如何?曰:是这一个事,便只是这一个道理。精粗一贯,元无两样。今人只见前面一段事无形无兆,将谓是空荡荡,却不知道"冲漠无朕,万象森然已具"。……曰:"未应不是先,已应不是后","应"字是应务之"应"否?曰:未应,是未应此事;应,是已应此事。未应固是先,却只是后来事;已应固是后,却只是未应时理。(《朱子语类》卷九十五)

33. 近取诸身,百理皆具。屈伸往来之义,只于鼻息之间见之。屈伸往来只是理,不必将既屈之气,复为方伸之气。①生生之理,自然不息。如《复卦》言"七日来复"②,其间元不断续。阳已复生,物极必返,其理须如此。有生便有死,有始便有终。

[注释]①张伯行《近思录集解》:盈天地间皆气也,而其所以运是气者,理也。理生生而无穷,则气流行而不息。即以近取诸身言之,人身与天地通,故一息而百理具焉。鼻息呼吸之间,即可以验屈伸往来之义。盖气之往者已屈,气之来者复伸,只是造化之理则然,非是既屈之气转为复伸之气也。……但"生生之理,自然不息",所以气有往来无间断。 ②《周易·复》卦:"复:亨。出入无疾。朋来无咎。反覆其道。七日来复,利有攸往。"按,《复》卦,下震上坤。"反覆":群阴剥尽阳气后,一阳复生于下,是谓"反覆";"利有攸往":利于前往。

34. 明道先生曰:天地之间只有一个感与应而已,更有甚事?①

[注释]①朱子曰:明道言:"天地之间,只有一个感应而已。"盖阴阳之变化,万物之生成,情伪之相通,事为之终始,一为感,则一为应。循环相代,所以不已也。(《朱子语类》卷九十五)

35. 问仁,伊川先生曰:"此在诸公自思之,将圣贤所言仁处类聚观之,体认出来。孟子曰:'恻隐之心,仁也。'后人遂以爱为仁。爱自是情,仁自是性,岂可专以爱为仁?孟子言:'恻隐之心,仁之端也。'既曰仁之端,则不可便谓之仁。退之言'博爱之谓仁',非也。仁者固博爱,然便以博爱为仁则不可①。"

[注释]①端:发端。"仁"为"爱"之体;"爱"为"仁"之用。

36. 问："仁与心何异？"曰："心譬如谷种，生之性便是仁，阳气发处乃情也①。"

[注释]①此言"心如谷种，生之性便是仁"。譬如果仁，遇"阳气"发而为果树而非其他树种。然必有"仁"始能发而"生"之，故曰"生之性便是仁"。

37. 义训宜，礼训别，智训知，仁当何训？说者谓训觉、训人，皆非也。当合孔、孟言仁处，大概研穷之，二三岁得之，未晚也。①

[注释]①张伯行《近思录集解》：仁义礼智皆吾心之天理，而仁包乎三者。其道至大，故三者易训而仁难训。训犹解也。以此字之义通乎彼字之义而得其解。"义"者，天理之裁制，所以决断事物而得其当然之宜，故训"宜"。"礼"者，天理之节文，所以别亲疏贵贱之分，故训"别"。"智"者，天理之明睿，所以知可否是非之辨，故训"知"。"仁"则非可以一字训也。有以觉训仁者，谓仁无物欲之蔽，疾痛疴痒，触之即觉。夫觉自是智之用。仁可兼智，故仁者无所不觉耳，究不足以尽仁之蕴也。且仁之知觉纯是理，若专以知觉言仁，恐流入于佛氏作用是性之说，其说非也。

38. 性即理也。天下之理，原其所自，未有不善。喜怒哀乐未发，何尝不善？发而中节，则无往而不善。发不中节，然后为不善。故凡言善恶，皆先善而后恶；言吉凶，皆先吉而后凶；言是非，皆先是而后非。①（旧注：《易传》曰："成而后有败，败非先成者也。得而后有失，非得何以有失也？"）

[注释]①朱子曰：伊川"性即理也"，自孔孟后无人见得到此，亦是从古无人敢如此道。又曰：伊川"性即理也"四字，颠扑不破，实自己上见得出来。其后诸公只听得，便说将去，实不曾就己上见得，故多有差处。又曰："性即理

也",在心唤做性,在事唤做理。(《朱子语类》卷五十九)

39. 问:"心有善恶否?"曰:"在天为命,在义为理,在人为性,主于身为心,其实一也。心本善,发于思虑则有善有不善。若既发,则可谓之情,不可谓之心。①譬如水,只可谓之水;至如流而为派,或行于东,或行于西,却谓之流也。"

[注释]①或问:心有善恶否?朱子曰:心是动底物事,自然有善恶。且如恻隐是善也,见孺子入井而无恻隐之心,便是恶矣。离着善,便是恶。然心之本体未尝不善,又却不可说恶全不是心。若不是心,是甚么做出来?(《朱子语类》卷五)

40. 性出于天,才出于气。气清则才清,气浊则才浊。才则有善有不善,性则无不善。①

[注释]①张伯行《近思录集解》:"才"字有二义:一训才质,犹言材料质干,以体言;一训才能,犹言他会做事,他不会做事,以用言。性善则才亦宜善,而有不尽然者。盖性即天理之本然,出于天者安有不善?若人自受形以后,天地之性已为气质之性矣。才出于气,气有清浊,则才亦有清浊,而善不善因之以分。

41. 性者自然完具,信只是有此者也。故四端①不言信。

[注释]①四端:仁、义、礼、智。

42. 心,生道也。①有是心,斯具是形以生。恻隐之心,人之生道也。

［注释］①朱子曰："心，生道也"此句是张思叔所记，疑有欠阙处。必是当时改作行文，所以失其文意。伯丰云："何故入在《近思录》中？"曰：如何敢不载？但只恐有阙文，此四字说不尽。(《朱子语类》卷九十五）张思叔：张绎。字思叔，程颐门人；伯丰：吴必大之字，朱子门人。录《语类》二百余条，曾任县丞。

43. 横渠先生曰：气坱然①太虚，然太虚升降飞扬，未尝止息。此虚实动静之机、阴阳刚柔之始。浮而上者阳之清，降而下者阴之浊。其感遇聚结，为风雨，为霜雪，万品之流形，山川之融结。糟粕煨烬，无非教也②。

［注释］①坱（yǎng）然：盛大氤氲象。　②问："此虚实动静之机，阴阳刚柔之始"，言"机"言"始"，莫是说理否？曰：此本只是气，理自在其中。一个动，一个静，便是机处。"无非教也"，教便是说理。又曰：此等言语，都是经锻炼底话，须熟念细看。(《朱子语类》卷九十八）

44. 游气纷扰，合而成质者，生人物之万殊。其阴阳两端，循环不已者，立天地之大义。①

［注释］①朱子曰：昼夜运而息者，便是阴阳之两端。其四边散出纷扰者，便是游气，以生人物之万殊。某常言，正如面磨相似，其四边只管层层撤出。正如天地之气，运转无已，只管层层生出人物。其中有粗有细，故人物有偏有正，有精有粗。(《朱子语类》卷九十八）

45. 天体物不遗，犹仁体事而无不在也。"礼仪三百，威仪三千"①，无一物而非仁也。"昊天②曰明，及尔出王。昊天曰旦，及尔游衍"③，无一物之不体也。

[注释]①"礼仪三百,威仪三千":语出《中庸》第二十七章。 ②昊天:上天。 ③语出《诗经·大雅·板》:"……敬天之怒,无敢戏豫,敬天之渝,无敢驱驰。昊天曰明,及尔出王,昊天曰旦,及尔游衍。"反映了周人敬天法祖的理念。

46. 鬼神者,二气之良能也。①

[注释]①不学而能是谓"良能"。张伯行《近思录集解》:夫鬼神,以一气言,则至而"伸"者为"神",反而"归"者为"鬼";以二气言,则鬼者阴之灵,神者阳之灵。

47. 物之初生,气日至而滋息①;物生既盈,气日反而游散。至之谓神,以其伸也;反之谓鬼,以其归也②。

[注释]①滋息:滋长生息。 ②朱子曰:"鬼神造化之迹",造化之妙,不可得而见。于其气之往来屈伸者是以见之。微鬼神,则造化无迹矣。横渠"物之始生"一章尤说得分晓。(《朱子语类》卷六十三)

48. 性者,万物之一源,非有我之得私也。惟大人为能尽其道。是故立必俱立,知必周知,爱必兼爱,成不独成。彼自蔽塞而不知顺吾理者,则亦未如之何矣。①

[注释]①叶采《近思录集解》:性原于天而人之所同得也,惟大人者能尽己之性,则能尽人之性。盖性本无二也,故己有所立,必与夫人以俱立。己有所知,必使夫人以周知。爱必兼爱,使人皆得所爱也。成不独成,使人皆有所成也。四者,人之所存心也。立者,礼之干也。知者,智之用也。爱者,仁之施也。成者,义之遂也。自立于礼,以至成于义,学之始终也。张子之教以礼为先,故首曰"立"。如是而彼或蔽塞而不通,不知所以顺乎理,则亦无如之何。

49. 一故神①。譬之人身,四体皆一物,故触之而无不觉,不待心使至此而后觉也。此所谓"感而遂通","不行而至,不疾而速"也②。

[注释]①一:纯一;"神":神妙而无所不通。 ②朱子曰:横渠云:"一故神……不疾而速也。"发于心,达于气,天地与吾身共只是一团物事。所谓鬼神者,只是自家气,自家心下思虑才动,这气即敷于外,自然有所感通。(《朱子语类》卷九十八)

50. 心,统性情者也。①

[注释]①朱子曰:性者,理也。性是体,情是用。性情皆出于心,故心能统之。统如统兵之统,言有以主之也。且如仁义礼智,是性也。孟子曰:"仁义礼智根于心。"恻隐、羞恶、辞逊、是非,本是情也。孟子曰:"恻隐之心,羞恶之心,辞逊之心,是非之心。"以此言之,则见得心可以统性情。一心之中自有动静,静者性也,动者情也。(《朱子语类》卷九十八)

51. 凡物莫不有是性。由通、蔽、开、塞,所以有人物之别;由蔽有厚薄,故有知愚之别。塞者牢不可开;厚者可以开,而开之也难,薄者开之也易,开则达于天道,与圣人一。①

[注释]①或问:人、物之性一源,何以有异? 朱子曰:人之性论明暗,物之性只是偏塞。暗者可使之明,已偏塞不可使之通也。横渠言"凡物莫不有是性。由通蔽开塞,所以有人、物之别",而卒谓"塞者牢不可开,厚者可以开而开之也难,薄者开之也易",是也。(《朱子语类》卷四)

卷二　为学大要(凡百十一条)

1. 濂溪先生曰：圣希①天，贤希圣，士希贤。伊尹②、颜渊③，大贤也。伊尹耻其君不为尧、舜，一夫不得其所，若挞于市④；颜渊"不迁怒，不贰过⑤"，"三月不违仁"。志伊尹之所志，学颜子之所学，过则圣⑥，及则贤，不及则亦不失于令名。

[注释]①希：希冀。　②伊尹：殷之贤相，助汤建立商朝。汤之孙太甲无道，放逐伊尹。三年后，太甲悔悟，召之归。　③颜子：名回，字子渊，又称颜渊。孔子门人中最贤者。年三十二卒。　④一夫不得其所，若挞于市：不得其所，指没有得到适当的安顿；若挞于市，好像被鞭挞于闹市。　⑤不贰过：不犯两次同样的错误。　⑥过则圣：超过伊尹、颜渊即为圣人。

2. 圣人之道，入乎耳，存乎心，蕴之为德行，行之为事业。彼以文辞而已者，陋矣。①

[注释]①此谓知"道"当践履"行"之，而不溺于文辞之陋。

3. 或问："圣人之门，其徒三千，独称颜子为好学。夫《诗》、《书》六艺，三千子非不习而通也，然则颜子所独好者,何学也?"伊川先生曰:"学以至圣人之道也。""圣人可学而至欤?"曰:"然。""学之道如何?"曰:"天地储精,得五行之秀者为人。其本也真而静;其未发也,五性具焉,曰仁义礼智信。形既生矣,外物触其形而动其中矣。其中动而七情出焉,曰喜、怒、哀、惧、爱、恶、欲。情既炽而益荡,其性凿矣。是故觉者约其情使合于中,正其心,养其性;愚者则不知制之,纵其情而至于邪僻,梏其性而亡之。然学之道,必先明诸心,知所往,然后力行以求至,所谓'自明而诚'也。诚之之道,在乎信道笃,信道笃则行之果,行之果则守之固。仁义忠信不离乎心,造次必于是,颠沛必于是,出处语默必于是①。久而弗失,则居之安,动容周旋中礼,而邪僻之心无自生矣。故颜子所事,则曰:'非礼勿视,非礼勿听,非礼勿言,非礼勿动。'仲尼称之,则曰:'得一善,则拳拳服膺而弗失之矣。'又曰:'不迁怒,不贰过。''有不善未尝不知,知之未尝复行也。'此其好之笃,学之之道也。然圣人则'不思而得,不勉而中';颜子则必思而后得,必勉而后中,其与圣人相去一息。所未至者,守之也,非化之也。以其好学之心,假之以年,则不日而化矣②。后人不达,以谓圣本生知,非学可至,而为学之道遂失。不求诸己而求诸外,以博闻强记巧文丽辞为工,荣华其言,鲜有至于道者。则今之学,与颜子所好异矣。"

[注释]①造次必于是,颠沛必于是,出处语默必于是:造次:"仓卒"二字转音。句意谓人即便处于急迫之境,或处于颠沛流离之际,也要想着仁义忠信,言行举止完全与之相符。　②张伯行《近思录集解》:颜子得圣人为依归,固学之而日期其至者也。然圣人则生而知之,不待思而自得;安而行之,

不待勉而自中。颜子则由于学，必待思而后能得其理，必待勉而后能中于道，其与圣人劳逸之相去，止在一息之间。

4. 横渠先生问于明道先生曰："定性未能不动，犹累于外物，何如？"明道先生曰："所谓定者，动亦定，静亦定，无将迎，无内外①。苟以外物为外，牵己而从之，是以己性为有内外也。且以性为随物于外，则当其在外时，何者为在内？是有意于绝外诱而不知性之无内外也。既以内外为二本，则又乌可遽语定哉？夫天地之常，以其心普万物而无心；圣人之常，以其情顺万事而无情。故君子之学，莫若扩然而大公，物来而顺应。《易》曰：'贞吉，悔亡。憧憧往来，朋从尔思。'②苟规规于③外诱之除，将见灭于东而生于西也。非惟日之不足，顾其端无穷，不可得而除也。人之情各有所蔽，故不能适道，大率患在于自私而用智。自私则不能以有为为应迹，用智则不能以明觉为自然。今以恶外物之心，而求照无物之地，是反鉴而索照也。《易》曰：'艮其背，不获其身；行其庭，不见其人。'④《孟子》亦曰：'所恶于智者，为其凿也。'与其非外而是内，不若内外之两忘也。两忘则澄然无事矣。无事则定，定则明，明则尚何应物之为累哉？圣人之喜，以物之当喜；圣人之怒，以物之当怒，是圣人之喜怒不系于心而系于物也。是则圣人岂不应于物哉？乌得以从外者为非，而更求在内者为是也？今以自私用智之喜怒，而视圣人喜怒之正为如何哉？夫人之情，易发而难制者，惟怒为甚。第能于怒时，遽忘其怒，而观理之是非，亦可见外诱之不足恶，而于道亦思过半矣。"

[注释]①叶采《近思录集解》：此章就"犹累于外物"一句反复辨明。盖万物不同，而无理外之物；万理不同，而无性外之理。凡天下之物理，酬酢万端，皆吾性之所具也。所谓定性者，非一定而不应也。发而中节，动亦定也；敬而无失，静亦定也。"将"，送也。事之往也无将，事之来也无迎，动静一定，何有乎"将"、"迎"？寂然不动者存于内也，感而遂通者应于外也，体用一贯，何间乎内外？②"贞吉，悔亡。憧憧往来，朋从尔思"：语出《周易·咸》卦九四爻辞。"贞吉，悔亡"：行事吉利，悔恨之事将消失。"憧憧往来，朋从尔思"：《说文》："憧，意不定也。"意谓心意不定，心中纷然不停，故其朋类从其所思。③规规于：汲汲于。④语出《周易·艮》卦："艮其背，不获其身；行其庭，不见其人，无咎。"《艮》卦象征抑止。止于其背，则内不见己；行走在庭院中，背对背不见其人，则外不见有人，物、我两忘之。朱子曰："艮其背，不获其身，只是道理所当止处，不见自家自己。不见利，不见害，不见痛痒，只见道理。如古人"杀身成仁"、"舍生取义"，皆是见道理所当止处。故"不见其身。行其庭，不见其人"。只见得道理合当恁地处置。(《朱子语类》卷七十三)张伯行《近思录集解》：言人心止于所当止，内不见有己，外不见有人。

5. 伊川先生答朱长文书曰：圣贤之言，不得已也。盖有是言，则是理明；无是言，则天下之理有阙焉。如彼耒耜陶冶之器，一不制则生人之道有不足矣。圣贤之言虽欲已，得乎？然其包涵尽天下之理，亦甚约①也。后之人始执卷，则以文章为先。平生所为动多于圣人，然有之无所补，无之靡所阙，乃无用之赘言也。不止赘而已，既不得其要，则离真失正，反害于道，必矣。来书所谓欲使后人见其不忘乎善，此乃世人之私心也。夫子"疾没世而名不称"焉者，疾没身无善可称云尔，非谓疾无名也②。名者，可以厉③中人，君子所存，非所汲汲。

[注释]①约：简约。　②张伯行《近思录集解》：或者曰："夫子尝言'君子疾没世而名不称焉'。"名，原非圣人所禁，然夫子所云者，乃疾此身既没，无实有诸己之善可以为后世称道耳，非空疾其无名也。如以为名者可以鼓舞人为善之心，好名何必不足为君子。顾此第为中人说法耳。　③厉：砥砺，激励。

6. 内积忠信，所以进德①也；择言笃志，所以居业也。知至，至之，致知也。求知所至而后至之，知之在先，故可与几②，所谓"始条理者知之事也"。知终，终之，力行也。既知所终，则力进而终之，守之在后，故可与存义③，所谓"终条理者圣之事也"。此学之始终也④。

[注释]①进德：培养德性。　②几：几微，征兆。与几：即把握几微。　③存义：保持义。　④茅星来《近思录集注》：内积忠信，是知之尽其实者；择言笃志，是行之尽其实者。不知，则德固无由而进；知之而不实有以行之，则亦无以有之于己而守之，而不失也。

7. 君子主敬以直其内，守义以方其外。敬立而内直，义形而外方①。义形于外，非在外也。敬义既立，其德盛矣，不期大而大矣。德不孤②也，无所用而不周，无所施而不利，孰为疑乎？

[注释]①义形而外方：内里养成的正直在外表上表现出方正。直：正直。方：方正。朱子曰："敬以直内"，是持守工夫；"义以方外"，是讲学工夫。（《朱子语类》卷六十九）　②《论语·里仁》："德不孤，必有邻。"意谓有德者不会孤独，必有有德者相伴。

8. 动以天为无妄，动以人欲则妄矣。《无妄》之义大矣哉！虽无邪心，苟不合正理，则妄也，乃邪心也。既已无妄，不宜有往，往则妄也①。故《无妄》之《象》曰："其匪正有眚②，不利有攸往。"

[注释]①问："虽无邪心，苟不合正理，则妄也。"既无邪，何以不合正？朱子曰：有人自是其心全无邪而却不合于正理。如贤智者过之。其心岂曾有邪？却不合正理。佛氏亦岂有邪心者？（《朱子语类》卷七十一）　②眚(shěng)：原指目生翳，如目眚昏花。亦指过错，如"不以一眚掩大德"；或指灾难、疾苦，如灾眚。

9. 人之蕴蓄，由学而大，在多闻前古圣贤之言与行。考迹以观其用，察言以求其心，识而得之，以蓄成其德。

10.《咸》①之《象》曰："君子以虚受人。"《传》曰："中无私主，则无感不通②。以量而容之，择合而受之，非圣人有感必通之道也。"其九四曰："贞吉，悔亡。憧憧往来，朋从尔思。"《传》曰："感者，人之动也，故《咸》皆就人身取象。四当心位而不言咸其心，感乃心也。感之道无所不通，有所私系则害于感通，所谓悔也。圣人感天下之心，如寒暑雨旸，无不通无不应者，亦贞而已矣。贞者，虚中无我之谓也。若往来憧憧然，用其私心以感物，则思之所及者有能感而动，所不及者不能感也。以有系之私心，既主于一隅一事，岂能廓然无所不通乎？"

[注释]①《咸》：卦名。《易经》第三十一卦。下艮为山，为少男；上兑为泽，为少女。此卦原特指阴阳相感，男女相亲而交。《咸》卦辞云："咸：亨，利贞，取女吉。"意谓《咸》卦象征感应。亨通，有利于事。若娶女为妻，吉祥。

《彖》曰:"咸,感也。柔上而刚下,二气感应以相与,止而说,男下女,是以'亨利贞,取女吉'也。天地感而万物化生,圣人感人心而天下和平。观其所感,而天地万物之情可见矣!"《象》曰:"山上有泽,咸;君子以虚受人。"山高而在下,泽卑而在上。孔颖达《周易正义》:"泽性下流,能润于下;山体上承,能受其润;以山感泽,所以为咸。"李鼎祚《周易集解》引韩康伯曰:"夫妇之象,莫美乎斯。" ②朱子曰:感,是事来感我;通,是自家受他感处之意。(《朱子语类》卷七十二)

11. 君子之遇艰阻,必思自省于身,有失而致之乎?有所未善则改之,无歉于心则加勉,乃自修其德也。

12. 非明则动无所之,非动则明无所用。①

[注释]①朱子曰:徒明不行,则明无所用,空明而已;徒行不明,则行无所向,冥行而已。(《朱子语类》卷七十三)叶采《近思录集解》:知行相需,不可偏废。

13. 习,重习也。时复思绎,浃洽①于中,则说②也。以善及人,而信从者众,故可乐也。虽乐于及人,不见是而无闷③,乃所谓君子。

[注释]①浃洽:融洽、和谐。朱子曰:"学而时习之。"若伊川之说,则专在思索而无力行之功。又曰:"浃洽"二字宜仔细看。凡于圣贤言语,思量透彻,乃有所得。(《朱子语类》卷二十) ②说:同"悦"。 ③无闷:没有苦恼。

14. 古之学者为己,欲得之于己也;今之学者为人,欲见知于人也①。

[注释]①朱子曰:程子曰:"为己,欲得之于己也;为人,欲见知于人

也。"又曰:"古之学者为己,其终至于成物;今之学者为人,其终至于丧己。"……圣贤论学者用心得失之际,其说多矣。然未有如此言之切而要者。于此明辨而日省之,则庶乎其不昧于所从矣。(《孟子集注·宪问第十四》)

15. 伊川先生谓方道辅①曰:圣人之道,坦如大路,学者病不得其门耳。得其门,无远之不可到也。求入其门,不由于经乎?今之治经者亦众矣,然而买椟还珠之蔽,人人皆是。经所以载道也,诵其言辞,解其训诂,而不及道,乃无用之糟粕耳。觊②足下由经以求道,勉之又勉,异日见卓尔有立于前,然后不知手之舞、足之蹈,不加勉③而不能自止矣。

[注释]①方道辅:方元寀,字道辅,莆田人。与程颐游,常有书信往来。②觊:希望。 ③不加勉:无人督促。

16. 明道先生曰:"修辞立其诚",不可不子细理会。言能修省言辞,便是要立诚。若只是修饰言辞为心,只是为伪也。若修其言辞,正为立己之诚意,乃是体当自家"敬以直内、义以方外"之实事。①道之浩浩,何处下手?惟立诚才有可居之处。有可居之处,则可以修业也。"终日乾乾",大小大事,却只是"忠信所以进德"为实下手处,"修辞立其诚"为实修业处。

[注释]①张伯行《近思录集解》:体当者,体认使之贴合也。言若修省其言辞,正为立己之诚意耳。然将日用间凡有所言便当斟酌,恐心口或有相违,内外未能如一。此乃是体当自家平日主敬守义,无念不实,无事不方底工夫。有此实事而不敢苟,则此中之辞不期省而自省,而当其言辞之省时,即是诚意之立时矣。

17．伊川先生曰：志道恳切，固是诚意。若迫切不中理，则反为不诚。盖实理中自有缓急，不容如是之迫。观天地之化乃可知。①

[注释]①缓急：犹言先后次序。茅星来《近思录集注》引朱子曰：读书穷理，则细立课程，耐烦着实，而勿求速解。操存持守，则随时随处省察收敛，而毋计近功。如此积累之久，庶几心意渐驯，根本粗立，而有可据之地矣。

18．孟子才高，学之无可依据。学者当学颜子，入圣人为近，有用力处。又曰：学者要学得不错，须是学颜子。（旧注：有准的。）①

[注释]①：张伯行《近思录集解》：学者欲学孟子，一时寻不着下手处，必无可依据。颜子则从"博文约礼"上用工夫，随择随守，沉潜切实，学之者以之入圣人之道，其途辙较近。

19．明道先生曰：且省外事，但明乎善，惟进诚心，其文章虽不中，不远矣。所守不约，泛滥无功。①

[注释]①茅星来《近思录集注》："外事"，如礼文制度之事皆是。"文章"，即上所云外事也。

20．学者识得仁体，实有诸己①，只要义理栽培。如求经义，皆栽培之意。

[注释]①有诸己：有一己之体悟。

21．昔受学于周茂叔，每令寻颜子、仲尼乐处，所乐何事。①

[注释]①朱子曰:程子之言,引而不发,盖欲学者深思而自得之。今亦不敢妄为之说。学者但当从事于博文约礼之诲,以至于"欲罢不能而竭其才",则庶乎有以得之矣。(《论语集注·雍也第六》)

22. 所见所期,不可不远且大。然行之亦须量力有渐。志大心劳,力小任重,恐终败事。①

[注释]①张伯行《近思录集解》:学者所见,每患其智不周而仅明于小,而所期许,亦病其安于近而趣或不广。然行之亦须量才力之所胜与次序之有渐,若不量其力,进不以渐,则立志虽大不能如其所愿,徒为劳苦其心。力量既小而妄受艰巨之任,其不至于困顿颠越者几何,亦终见其败事而已。

23. 朋友讲习,更莫如"相观而善"工夫多①。

[注释]①叶采《近思录集解》:朋友相处,非独讲辨之功。熏陶渐染,得于观感,自然进益。

24. 须是大其心使开阔,譬如为九层之台,须大做脚①始得。

[注释]①大做脚:将基础做大做实。朱子曰:心只是放宽平便大。不要先有一私意隔碍,便大。心大则自然不急迫。如有祸患之来,亦未须惊恐;或有所获,亦未有便欢喜在。少间亦未必,祸更转为福,福更转为祸。(《朱子语类》卷九十五)

25. 明道先生曰:自"舜发于畎亩之中",至"百里奚举于市",若要熟,也须从这里过。①

[注释]①舜发于畎亩之中:舜被任用于田地中;百里奚举于市:百里奚被从市场上买回,后拜相位。张伯行《近思录集解》:人生境遇之来,阅历之

故,皆足为锻炼身心之资。而至于处困,则其淬砺也更深。盖其操心虑患,揆几观变,动忍增益,无所不有。如古来圣贤豪杰,多从此中出头。

26. 参也,竟以鲁得之。①

[注释]①曾子,名参,孔子弟子。以孝名。《论语·先进第十一》谓"参也鲁"。鲁:鲁钝。

27. 明道先生以记诵博识为"玩物丧志"。(旧注:时以经语录作一册。郑毂①云:"尝见显道先生云:'某从洛中②学时,录古人善行,别作一册,明道见之,曰是玩物丧志。'盖言心中不宜容丝发事。")

[注释]①郑毂:字致远,谢良佐弟子。 ②洛中:代指程颢。

28. 礼乐只在进反①之间,便得性情之正②。

[注释]①进:挺进;反:收敛。 ②朱子曰:记得:"礼减而进,以进为文;乐盈而反,以反为文。"礼如凡事俭约,如收敛恭敬,便是减。须当着力向前去做,便是进。故以进为文。乐,如歌咏和乐,便是盈。须当有个节制。和而不流,便是反。故以反为文。礼减而却前进去,乐盈而却反退来,便是得情性之正。(《朱子语类》卷九十五)

29. 父子君臣,天下之定理,无所逃于天地之间。安得天分,不有私心,则行一不义,杀一不辜,有所不为。有分毫私,便不是王者事。①

[注释]①朱子曰:天分,即天理也。父安其父之分,子安其子之分,君安其君之分,臣安其臣之分,则安得私?故虽"行一不义,杀一不辜而得天下,有所不为"。(《朱子语类》卷九十五)

30. 论性不论气，不备；论气不论性，不明；二之则不是。①

[注释]①二之：将二者分割开来。朱子曰："论性不论气，不备；论气不论性，不明"。盖本然之性只是善。然不以气质而论之，则莫知其有昏明开塞，刚柔强弱，故有所不备。徒论气质之性，而不自本原言之，则虽知有昏明开塞，刚柔强弱之不同，而不知至善之源未尝有异，故其论有所不明。须是合性与气观之，然后尽。盖性即气，气即性也。(《朱子文集》卷四十一)

31. 论学便要明理，论治便须识体。①

[注释]①朱子曰：这"体"字，只事理合当做处。凡事皆有个体，皆有个当然处。

32. 曾点、漆雕开①已见大意，故圣人与之②。

[注释]①曾点：曾子之父，孔子弟子；漆雕开：姓漆雕，名开，亦孔子弟子。 ②与之：赞许。

33. 根本须是先培壅，然后可立趋向也。趋向既正，所造浅深，则由勉与不勉也。

34. 敬义夹持，直上达天德自此。①

[注释]①天德：天德之德性。朱子曰：最是他下得"夹持"两字好。敬主乎中，义防于外，二者相夹持。要放下霎时也不得，只得直上去，故便达天德。(《朱子语类》卷九十五)

35. 懈意一生，便是自弃自暴。

36. 不学便老而衰。①

[注释]①叶采《近思录集解》：学问则义理为主，故阅理久而益以精明。不学则血气为主，故阅时久而益以衰谢。

37. 人之学不进，只是不勇。

38. 学者为气所胜，习所夺，只可责志。①

[注释]①或以科举作馆废学自咎者。朱子曰：不然，只是志不立，不曾做工夫尔。孔子曰："不怨天，不尤人。"自是不当怨尤，要你做甚耶！伊川曰："学者为气所胜，习所夺，只可责志"，正为此也。若志立，则无处无工夫，而何贫贱患难与夫夷狄之间哉？（《朱子语类》卷十三）

39. 内重则可以胜外之轻，得深则可以见诱之小。①

[注释]①此言自家当内有定力，意有所主，便可抵挡外物的诱惑。叶采《近思录集解》：道义重则外物轻，造理深则嗜欲微。

40. 董仲舒谓："正其义，不谋其利；明其道，不计其功。"孙思邈曰："胆欲大而心欲小，智欲圆而行欲方。"①可以为法矣。

[注释]①孙思邈：唐代名医。然"胆欲大而心欲小，智欲圆而行欲方"并非孙思邈语，而出于《淮南子》卷九《主术训》"心欲小而志欲大，智欲圆而行欲方"。"心小"：谨慎；"智圆行方"：处事灵活，行为端方。

41. 大抵学不言而自得者，乃自得也。有安排布置者，皆非自得也。①

[注释]问:"学不言而自得者,乃自得也。"朱子曰:道理本自广大,只是潜心积虑缓缓养将去,自然透熟。若急迫求之,则是起意去赶趁他,只是私意而已,安足以入道?(《朱子语类》卷九十五)

42. 视听思虑动作,皆天①也。人但于其中要识得真与妄尔。

[注释]①天:天性。程颢认为,人的作为应当符合出自天性的天理,自然而然。朱子曰:皆天也,言视听、思虑、动作皆是天理。其顺发出来,无非当然之则,即所谓真。其妄者,却是反乎天理者也。(《朱子语类》卷九十五)

43. 明道先生曰:学只要鞭辟近里,著己而已。故"切问而近思",则"仁在其中矣"①。"言忠信,行笃敬,虽蛮貊之邦行矣。言不忠信,行不笃敬,虽州里行乎哉?立则见其参于前也,在舆则见其倚于衡也,夫然后行。"②只此是学。质美者明得尽,查滓便浑化,却与天地同体。其次惟庄敬持养。及其至则一③也。

[注释]①著己:向内求自我领悟。张伯行《近思录集解》:此示人切己之学也。……鞭辟,犹言警策。近里著己,犹言贴身也。言为学之功,若著一毫虚浮骛外之意,便与道离。只要反求诸身心,着实理会,自然能有所得。②语出《论语·卫灵公第十五》第五章。孔子云:"说话忠诚守信,做事厚道谨慎,即使在野蛮落后之域也会畅行无阻。若是言不诚,做事不厚道谨慎,即使在本乡本土,又怎能行得通?站立时,要像这些话就在面前。坐车时,要像这些话就刻在车辕横木上,如此就处处行得通。" ③一:浑然化一。

44. "忠信所以进德","修辞立其诚,所以居业"者,乾道也;"敬以直内,义以方外"者,坤道也。①

[注释]①朱子曰:"忠信所以进德,修辞立其诚所以居业",如何是乾德?只是健底意思,恁地做去。"敬以直内,义以方外",如何是坤德?只是顺底意思,恁地收敛。(《朱子语类》卷六十九)

45. 凡人才学便须知著力处。既学,便须知得力处。①

[注释]①张伯行《近思录集解》:着力者,身心切要工夫。得力者,所以进德之由也。

46. 有人治园圃,役知力甚劳①。先生曰:《蛊》之《象》:"君子以振民育德。"君子之事,惟有此二者,余无他焉。二者为己为人之道也②。

[注释]①朱子曰:役智力于农圃,内不足以成己,外不足以治人,是济甚事!(《朱子语类》卷九十五) ②语出《周易·蛊·象传》:"山下有风,蛊;君子以振民育德。"《蛊》之上卦为艮,艮为山;下卦为巽,巽为风。故其卦象为"山下有风"。"君子以振民育德",按《象传》,以山比贤人,以风比教化,其卦象喻贤人传德教以化万民。

47. "博学而笃志,切问而近思",何以言"仁在其中矣"?学者要思得之。了此便是彻上彻下之道。①

[注释]①张伯行《近思录集解》:学所以求仁,然求仁者非一个仁在彼而切切求之也。仁即在吾心,亦即在日用事物之间……何以不言求仁而言"仁在其中"?若能了悟乎此,便知是彻上彻下之道。盖形上即具形下之中,下学即是上达之事,功与心纯熟无累,便谓之仁。无内外精粗,一以贯之也。

48. 弘而不毅,则难立。毅而不弘,则无以居之①。

(旧注:《西铭》言弘之道②。)

[注释]①弘毅:抱负远大,意志坚强。居:守持。朱子曰:弘乃能胜得重任,毅便是能担得远去。弘而不毅,虽胜得任,却恐去前面倒了。(《朱子语类》卷三十五) ②《西铭》:张载《正蒙》中《乾称》篇首段,张载曾抄出贴在西窗上,后自题作《订顽》,程颐改为《西铭》。言弘之道:阐述如何修养弘大之志。

49. 伊川先生曰:古之学者,优柔厌饫①,有先后次序。今之学者,却只做一场话说,务高而已。常爱杜元凯②语:"若江海之浸,膏泽之润,涣然冰释,怡然理顺,然后为得也。"今之学者,往往以游、夏③为小,不足学。然游、夏一言一事,却总是实。后之学者好高,如人游心于千里之外,然自身却只在此④。

[注释]①优柔:宽舒;厌饫:饱食。形容为学深入体会。 ②杜预,字元凯。官晋镇南将军。著《春秋左传集解》。 ③言偃:字子游。卜商,字子夏。两人并称"游夏",皆孔子弟子。 ④朱子曰:读书要自家道理浃洽透彻。(《朱子语类》卷十)茅星来《近思录集注》:元凯著《左传集解》,此则其序中语也。引此以明古之学者,优柔厌饫有序之意。

50. 修养之所以引年,国祚之所以祈天永命,常人之至于圣贤,皆工夫到这里则自有此应。①

[注释]①引年永命:长寿。茅星来《近思录集注》:此言凡事不可预期其效,以致工夫不专一也。

51. 忠恕所以公平。造德则自忠恕,其致则公平。①

[注释]①造德:培养德性。朱子曰:进德则自忠恕,是从这里做出来。"其致则公平",言其极则公平也。(《朱子语类》卷九十五)

52. 仁之道,要之只消道一"公"字。公只是仁之理,不可将公便唤做仁。公而以人体之,故为仁。只为公则物我兼照,故仁,所以能恕,所以能爱,恕则仁之施,爱则仁之用也。

53. 今之为学者,如登山麓。方其迤逦,莫不阔步,及到峻处便止。须是要刚决果敢以进。

54. 人谓要力行,亦只是浅近语。人既能知,见一切事皆所当为,不必待著意①,才著意便是有个私心。这一点意气,能得几时了②?

[注释]①著意:刻意。 ②此句意谓不明理而仅刻意行动者不能持久。

55. 知之必好之,好之必求之,求之必得之。古人此个学是终身事。果能颠沛造次必于是,岂有不得道理?

56. 古之学者一,今之学者三,异端不与焉。一曰文章之学,二曰训诂之学,三曰儒者之学。欲趋道,舍儒者之学不可。

57. 问:"作文害道否?"曰:"害也。凡为文,不专意则不工。若专意,则志局于此,又安能与天地同其大也?《书》曰:'玩物丧志。'为文亦玩物也。吕与叔①有诗云:'学如元凯方成癖,文似相如始类俳。独立孔门无一事,只输颜氏得心斋。'此诗甚好。古之学者,惟务养情性,其他则不学。今为文者,专务章句悦人耳目。既务悦人,非俳优而何?"曰:"古者学为文否?"曰:"人见《六经》,便以谓圣人亦作文,不知圣人亦摅发胸中所蕴,自成文耳。所谓'有德者必有言也'。"曰:"游、夏称文学,何也?"曰:"游、夏亦何尝秉笔学为词章也?且如'观乎天文以察时变,观乎人文以化成天下',此岂词章之文也?"

[注释]①吕大临,字与叔。初学于张载横渠。横渠卒,乃从学于二程,为二程门下"四先生"之一。

58. 涵养须用敬,进学则在致知。①

[注释]①涵养:涵养德性;进学:进修学业。《朱子语类》卷九《学三·论知行》载朱熹语:"程子云:'涵养须用敬,进学则在致知',分明自作两脚说,但只要分先后轻重。论先后,当以致知为先;论轻重,当以力行为重。"

59. 莫说道将第一等让与别人,且做第二等。才如此说,便是自弃。虽与不能居仁由义者差等不同,其自小一也。言学便以道为志,言人便以圣为志。①

[注释]①自小:自弃。此言立志须高远。朱子曰:自弃者谓其意气卑弱,志趣凡陋,甘心自绝,以为不能。我虽言其仁义之美,而彼以为我必不能居仁由义,是不足有为也。(《朱子语类》卷五十六)

60. 问:"'必有事焉'①,当用敬否?"曰:"敬是涵养一事,'必有事焉',须用集义。只知用敬,不知集义,却是都无事也。"又问:"义莫是中理否?"曰:"中理在事,义在心。"②

[注释]①语出《孟子·公孙丑第二上》第二章。 ②朱子曰:敬有死敬,有活敬。若只守着主一之敬,遇事不济之以义辨其是非,则不活。若熟后,敬便有义,义便有敬。静则察其敬与不敬,动则察其义与不义。(《朱子语类》卷十二)

61. 问:"敬、义何别?"曰:"敬只是持己之道,义便知有是有非。顺理而行是为义也。若只守一个敬,不知集义,却是都无事也①。且如欲为孝,不成只守着一个'孝'字。须是知所以为孝之道,所以侍奉当如何,温凊②当如何,然后能尽孝道也。"

[注释]①朱子曰:敬者,守于此而不易之谓。义者,施于彼而合宜之谓。(《朱子语类》卷十二) ②凊:凉。

62. 学者须是务实,不要近名①方是。有意近名,则为伪也。大本已失,更学何事?为名与为利,清浊虽不同,然其利心则一也②。

[注释]①近名:追求名声。 ②利心:利欲之心。朱子曰:自以为是而无忌惮,此不务实而专务求名者,故虚誉虽隆而实德则病矣。(《论语集注·颜渊第十二》第二十章)

63. "回也其心三月不违仁。"①只是无纤毫私意,有少私意便是不仁②。

[注释]①语出《论语·雍也第六》第五章。颜渊,名回。 ②问:"三月不违仁。"曰:仁与心本是一物。被私欲一隔,心便违仁去,却为二物。若私欲既无,则心与仁便不相违,合成一物。心犹镜,仁犹镜之明。镜本来明,被尘垢一蔽,遂不明。若尘垢一去,则镜明矣。(《朱子语类》卷三十一)

64. "仁者先难而后获"。有为而作,皆先获也。古人惟知为仁而已,今人皆先获也。①

[注释]①有为而作:有目的而作。朱子曰:获,有期望之意。学者之于仁,工夫最难。但先为人所难为,不必有期望之心,可也。(《朱子语类》卷三十二)

65. 有求为圣人之志,然后可与共学;学而善思,然后可与适道;思而有所得,则可与立;立而化之,则可与权。①

[注释]①《论语·子罕第九》第二十九章云:"可与共学,未可与适道。可与适道,未可与立。可与立,未可与权。"权:权变,今谓"灵活处置"。朱子曰:"'可与共学',有志于此。'可与适道',已看见路脉。'可与立',能有所立。'可与权',遭事变而知其宜。此只是大纲如此说。"(《朱子语类》卷三十七)

66. 古之学者为己,其终至于成物;今之学者为物,其终至于丧己。①

[注释]①"物",一作"人"。陈荣捷《近思录详注集评》第77页引日本学者佐藤一斋《近思录栏外书》:"不曰'人'而曰'物',物是凡外物,包人亦在内。"

67. 君子之学必日新。日新者,日进也。不日新者必日退,未有不进而不退者。惟圣人之道无所进退,以其所造者极也。

68. 明道先生曰：性静者可以为学。

69. 弘而不毅则无规矩，毅而不弘则隘陋。①

[注释]①隘陋：狭隘浅陋。问：程子所谓"弘而无毅，则无规矩而难立"，其说固可易。第恐"毅"字训义，非可以"有规矩"言之，如何？曰：毅有忍耐意思。程子所云"无规矩"，是说目今；"难立"，是说后来。（《朱子语类》卷三十五）

70. 知性善，以忠信为本，此"先立其大者"。①

[注释]①朱子曰："知性善以忠信为本"，须是的然识得这个物事，然后从忠信做将去。若不识得这个，不知做甚么。故曰："先立乎其大者。"（《朱子语类》卷一四〇）

71. 伊川先生曰：人安重则学坚固。①

[注释]①安重：持重、庄重。朱子曰：轻最害事。飞扬浮躁，所学安能坚固？故学则不固，与不重、不威，只一套事。（《朱子语类》卷二十一）

72. "博学之，审问之，慎思之，明辨之，笃行之。"五者废其一，非学也。①

[注释]①朱子曰：学之博，然后有以备事物之理，故能参伍之以得所疑而有问。问之审，然后有以尽师友之情，故能反复之义发其端而可思。思之谨，则精而不杂，故能有所自得而可以施其辨。辨之明，则断而不差，故能无所疑惑而可以见于行。行之笃，则凡所学问思辨而得之者，又皆必践其实而不为空言矣。此五者之序也。（《中庸或问》）

73. 张思叔^①请问,其论或太高,伊川不答,良久,曰:"累高必自下^②。"

[注释]①张思叔:名绎。年三十从学伊川。 ②朱子曰:譬如登山,人多要至高处。不知自低处不理会,终无至高处之理。(《朱子语类》卷八)

74. 明道先生曰:人之为学,忌先立标准。^①若循循不已^②,自有所至矣。

[注释]①问:学者做工夫须以圣人为标准,如何却说不得立标准?朱子曰:学者固当以圣人为师,然亦何须先立标准?才立标准,心里便计较思量几时得到圣人?处圣人地位又如何?便有个先获底心。颜渊曰:"舜何人也?予何人也?有为者亦若是。"也只如此平说,教人须以圣贤自期。又何须先立标准?只恁下着头做,少间自有所至。(《朱子语类》卷九十五) ②循循不已:渐渐而进,永不止息。

75. 尹彦明^①见伊川后,半年方得《大学》、《西铭》看^②。

[注释]①尹焞,字彦明,赐号和靖处士。师侍伊川二十年。 ②叶采《近思录集解》曰:始学之士,未知向方。教之以《大学》,使其知入门之道。进学之序也。然学莫大于求仁。继之以《西铭》,所以使其知仁之体,而无私己之蔽也。然有待于半年之后者,盖欲其厚积诚意,蠲除气习,以为学问根本也。

76. 有人说无心。伊川曰:"无心便不是,只当云无私心。"

77. 谢显道^①见伊川,伊川曰:"近日事何如?"对曰:"天下何思何虑?"伊川曰:"是则是有此理,贤却发得太早。"在伊川直是会锻炼得人,说了又道:"恰好著工夫也②。"

[**注释**]①谢良佐,字显道,上蔡人,称上蔡先生,二程门人,中进士。②问:谢氏说"何思何虑"处,程子道"恰好著工夫"。此是著何工夫?朱子曰:人所患者,不能见得大体。谢氏合下便见得大体处。只是下学之功夫却欠。程子道"恰好著工夫",便是教他著下学底工夫。(《朱子语类》卷九十五)

78. 谢显道云:昔伯淳教诲,只管著他言语。伯淳曰:与贤说话,却似扶醉汉,救得一边,倒了一边。只怕人执着一边。①

[**注释**]①叶采《近思录集解》:朱子曰:"上蔡因有发于明道'玩物丧志'之一言,故其所论每每过高,如'浴沂御风'、'何思何虑'之类,皆是堕于一偏。"

79. 横渠先生曰:"精义入神",事豫吾内①,求利吾外也。"利用安身",素利吾外,致养吾内也。"穷神知化",乃养盛自至,非思勉之能强。故崇德而外,君子未或致知②也。

[**注释**]①事豫吾内:豫,预先。预先涵养心性,探明义理。张伯行《近思录集解》:此言内外之交养互发,以明《系辞》所言为学自然之机也。……凡事敛其精神,刻入深思,使义理素定于心,则推之于身,无不顺理而裕。如是乃求利吾外也,伸何如乎?又曰"利用安身",乃利于推行事理,使吾身各适其所安,可谓伸矣。然凡事沛然肆应,从容恬适,则吾心之德愈觉光明而日休,是所以致养吾内也,无非屈之机也。然则寂守而不足以利用,是遗外也,非所谓学也。徇物而不足以养心,是遗内也,亦非所谓学也。 ②未或致知:不去获取别的知识。

80. 形而后有气质之性。善反之,则天地之性存焉。故气质之性,君子有弗性者焉。①

[注释]①弗性者:不把它当作自己的本性。问:气质之说,始于何人?朱子曰:此起于张、程。某以为极有功于圣门,有补于后学。读之使人深有感于张、程。前此未曾有人说到此。如韩退之《原性》中说三品,说得也是,但不曾分明说是气质之性耳。性那里有三品来!孟子说性善,但说得本原处,下面却不曾说得气质之性,所以亦费分疏。诸子说性恶与善恶混。使张、程之说早出,则这许多说话自不用纷争。故张、程之说立,则诸子之说泯矣。……(《朱子语类》卷四)

81. 德不胜气,性命于气;德胜其气,性命于德①。穷理尽性,则性天德,命天理。气之不可一变者,独死生修夭而已②。

[注释]①德不胜气,性命于气;德胜其气,性命于德:德行不能战胜气质,性命就受气质左右;德行战胜了气质,性命则听命于德性。 ②张伯行《近思录集解》:此欲人修德以全性,即所谓"善反之"者也。性命于天,出于无为者也;德成于人,可力而勉者也。人不能修德,则性难以坚定,便为血气所使,而德不足以胜乎气。如是,则我之所受与天之所赋,专职其权于气,而满腔皆是气用事矣。既成其德,则理义已极充盈,血气亦自退听,而德遂有以胜乎气。如是,则我之所受与天之所赋,皆主其权于德,而满腔尽是德用事矣。故穷天下之理,尽人、物之性,则我之所受皆天之德,而所赋于我皆天之理,遂成为有德矣。至是而气亦不自知其变矣,所不变者独生死修夭,为气之有定数而不可移者耳。

82. 莫非天也。阳明胜则德性用,阴浊胜则物欲行。"领恶而全好"①者,其必由学乎!

[注释]①领恶而全好:语出《礼记·仲尼燕居》。郑玄曰:"'领',犹理

治也;朱子曰:善固性也,然恶亦不可不谓之性。二者皆出于天也。阳是善,阴是恶;阳是强,阴是弱;阳便清明,阴便昏浊。大抵阴阳有主对待而言之者,如阳是仁,阴是义之类。(《朱子语类》卷九十八)

83. 大其心,则能体天下之物。物有未体,则心为有外。世人之心,止于见闻之狭。圣人尽性,不以见闻梏其心,其视天下无一物非我。孟子谓"尽心则知性知天"以此。天大无外,故有外之心,不足以合天心。①

[注释]①问:"物有未体,则心为有外"。"体"之义如何? 朱子曰:此是置心在物中,究见其理,如格物致知之义。与"体"、"用"之"体"不同。又曰:心理流行,脉络贯通,无有不到。苟一物有未体,则便有不到处。包括不尽,是心为有外。盖私意间隔,而物我对立,则虽至亲,且未必能无外矣。"故有外之心,不足以合天心"。(《朱子语类》卷九十八)

84. 仲尼绝四①,自始学至成德,竭两端②之教也。意,有思也,必,有待也,固,不化也,我,有方也。四者有一焉,则与天地为不相似矣。

[注释]①语出《论语·子罕第九》第四章。孔子曰:"毋意,毋必,毋固,毋我。""毋意",不主观臆测;"毋必",不绝对肯定;"毋固",不拘泥固执;"毋我"不自以为是。 ②竭两端:竭,绝;两端,两头。朱子曰:意,私意也。必,期必也。固,执滞也。我,私己也。四者相为始终。起于意,遂于必,留于固,而成于我也。又曰:"我,有方也"。方,所也,犹言有限隔也。(《论语集注·子罕第九》第四章)

85. 上达反天理,下达徇人欲者欤!①

[注释]①反:返回。张伯行《近思录集解》:此张子明《论语》"君子上

达"节意也。达只是向前直去之意,上达是向上去,乃复反乎天理者也。天理清明,上升之象,循理则日彻一日,进而不已,即上极乎高明矣;下达是向下去,乃循乎人欲者也。人欲重浊,下坠之象,多欲则日溺一日,流而难返,便究极于污下矣。此君子小人之分,所以有天渊之别也。

86. 知崇,天也,形而上也。通昼夜而知,其知崇矣①。知及之而不以礼性之,非己有也②。故知礼成性而道义出,如天地位而易行。

[注释]①张伯行《近思录集解》:知崇者,穷理则见识高明,日进而上,殆如天也,形而上之象也。必如何方可言知崇?如《易》言"通乎昼夜而知"是也。研究事物之理已彻乎阴阳动静之故,乃能通乎昼夜而知其理,其知可谓崇矣。然既已知之而不能行之以礼,使中正在躬,若出天性之固然,尚非己有也。此《易》言"知崇"必继以"礼卑"。茅星来《近思录集注》:事物,形而下者。其理则形而上也。"知崇"以造其理言,故曰形而上。"礼卑"以履其事言,则为形而下矣。"性之"谓复其性也。 ②不以礼性之,非己有也:不能用礼守持其"知",形成自己的本性,则此"知"仍然非其所有。

87. 困之进人也,为德辨,为感速。孟子谓"人有德慧术智者,常存乎疢疾"以此。①

[注释]①困之进人:困厄磨砺使人进步。德慧,谓慧而有德。术智,谓处事有方。疢疾,灾患也。叶采《近思录集解》卷二:辨,明也。人处患难之时,则操心危惧,而无骄侈之蔽,故其见理也明。置身穷厄,而有反本之思,故其从善也敏。

88. 言有教,动有法。昼有为,宵有得。息有养,瞬有存。①

[**注释**]①朱子曰:"息有养,瞬有存",言一息之间亦有养,一瞬之顷亦有存,如"造次颠沛必于是"之意,但说得太紧。(《朱子语类》卷九十八))

89. 横渠先生作《订顽》曰:乾称父,坤称母。予兹藐焉,乃混然中处①。故天地之塞,吾其体;天地之帅,吾其性②。民吾同胞,物吾与也③。大君者,吾父母宗子;其大臣,宗子之家相也。尊高年,所以长其长。慈孤弱,所以幼其幼。圣其合德,贤其秀也。凡天下疲癃残疾、茕独鳏寡④,皆吾兄弟之颠连而无告者也。于时保之,子之翼也;乐且不忧,纯乎孝者也⑤。违曰悖德⑥,害仁⑦曰贼,济恶者不才⑧;其践形惟肖者也⑨。知化则善述其事,穷神则善继其志。不愧屋漏为无忝⑩,存心养性为匪懈。恶旨酒,崇伯子之顾养;育英才,颍封人之锡类⑪。不弛劳而底豫,舜其功也。无所逃而待烹,申生其恭也⑫。体其受而归全者,参乎!勇于从而顺令者,伯奇也⑬。富贵福泽,将厚吾之生也⑭;贫贱忧戚,庸玉汝于成也⑮。存吾顺事;没吾宁也⑯。(旧注:明道先生曰:《订顽》之言,极醇无杂。秦汉以来,学者所未到。又曰:《订顽》一篇,意极完备,乃仁之体也。学者其体此意,令有诸己。其地位已高,到此地位自别有见处。不可穷高极远,恐于道无补也。又曰:《订顽》立心,便达得天德。又曰:游酢⑰得《西铭》读之,即涣然不逆于心,曰:"此中庸》之理也,能求于言语之外者也。"杨中立⑱问曰:《西铭》言体而不及用,恐其流遂至于兼爱,何如?伊川先生曰:横渠立言,诚有过者,乃在《正蒙》。《西铭》之书,推理以存义。扩前圣所未发,与孟子性善养气之论同功,岂墨氏之比哉?《西铭》明理一而分殊,墨氏则二本而无分。老幼及人,理一也;爱无差等,本二也。分殊之蔽,私胜而失仁;无分之罪,兼爱而无义。分立而推理一,以止私胜之流,仁之方也。无别而迷兼爱,以至于无父之极,义之贼也。予比马同之,过矣。且彼欲使人推而行之,本为用也。反谓不及,不亦异乎!)

又作《砭愚》[19]曰:戏言出于思也,戏动作于谋也[20]。发于声,见乎四支,谓非己心,不明也。欲人无己疑,不能也。过言非心也,过动非诚也[21]。失于声,缪迷其四体[22],谓己当然,自诬也[23]。欲他人己从,诬人也[24]。或者谓出于心者,归咎为己戏;失于思者,自诬为己诚[25]。不知戒其出汝者,归咎其不出汝者[26]。长傲且遂非,不知孰甚焉?(旧注:横渠学堂双牖,右书《订顽》,左书《砭愚》。伊川曰:是起争端,改《订顽》曰《西铭》、眨愚》曰《东铭》。)(按,此括弧内"旧注",陈荣捷先生谓"为《近思录》本注"。见《近思录详注集评》第91页"注"14。)

[注释]①叶采《近思录集解》引朱子曰:天,阳也,以至健而位乎上,父道也。地,阴也,以至顺而位乎下,母道也。人,禀气于天,赋形于地,以藐然之身,混合无间而立乎中,子道也。张伯行《近思录集解》:此横渠先生顶天立地,深契本原,已见大意,故推生人所由来与此身所自生,融会而参同之,因事亲以明事,天合并而言,交畅其旨,作铭自订,欲使胸中洞达,不致顽而不化也。……人既处天地中,则此气此理,直与天地通一无二。故阴阳二气充周遍满,乃天地之塞也。……然则吾以此身为天地之分气分形,天地亦以吾身为一脉一气也。混然中处者,可自小其体,自薄其性乎? ②张伯行《近思录集解》:人、物同得天地之塞以为体,同得天地之帅以为性。……故惟得其秀而最灵者,乃与我同类之民也。此如吾之兄弟……虽同胞视之可也。至于生

质之蠢而为物,乃与我不同类者也。……然同是含生负性之伦,亦犹我之侪辈,往来交接,同关情于父母,即徒与通之不为过也。 ③与:同伴。张伯行《近思录集解》:天下之人固皆父乾母坤,为天地之子矣。然天地之大统不得不归一人,如一家之统系不可不属之嫡长,则承天地统人物者,大君是也,是为父母百世不祧之宗子也。……至于天地间有高年焉,理当尊也。而体天地而引年,与推亲亲以敬长,无二道也。天地间有孤弱焉,情当慈也。而承天地而恤孤,与顺父母以抚幼,无二理也。 ④疲癃:衰老多病。茕(qióng):没有兄弟,孤独。 ⑤茅星来《近思录集注》:"于时保之",见《诗·周颂·我将》篇。翼,恭敬之意,言子之所以恭敬其亲者也。…… ⑥违曰悖德:不从父母之命为悖德。 ⑦害仁:危害仁德。 ⑧济恶者不才:助人为恶的是不才之子。 ⑨践形惟肖:以天地为榜样实践仁义。叶采《近思录集解》引朱子曰:不循天理而循人欲者,不爱其亲而爱他人也,故谓之悖德;戕灭天理,自绝本根者,贼杀其亲,大逆无道也,故谓之贼。长恶不悛,不可教训者,世济其凶,增其恶名也,故谓之不才。若夫尽人之性,而有以充人之形,则与天地相似而不违矣,故谓之肖。 ⑩不愧屋漏为无忝:在人所不见处不做亏心事,是不辱没父母的孝子。 ⑪崇伯之子禹,恶美酒而赡养父母,事见《孟子》及《战国策》;颖封人:郑大夫颖考叔。郑庄公弟段"多行不义",母武姜宠之,郑伯克段,并置姜氏于城颖而誓之曰:"不及黄泉,无相见也。"既而悔之。颖考叔以孝道说服郑伯掘地道母子相见,事见《左传·隐公元年》。 ⑫《孟子·离娄上》:"舜尽事亲之道而瞽瞍底豫。"瞽瞍:舜之父。《尔雅》:"底,致也;豫,乐也";申生,晋献公太子。献公攻骊戎娶骊姬,宠爱之。骊姬置毒于进奉献公的祭肉,反潜申生所为,献公信之。申生拒逋,自缢而亡。事见《左传·庄公廿八年》及《左传·僖公四年》。 ⑬体其受:身体发肤,受之于父母。归全:保全身体,归之于父母。参:曾参,字子舆,孔子弟子,以孝著称。顺令:顺从父母旨意。伯奇:周宣王大臣尹吉甫子,以孝称。《孔子家语·七十二弟子解》:"尹吉甫以后妻放伯奇。"《汉书》卷七十九颜师古注引《说苑》:"前母子伯奇,后母子伯封,兄弟相重。后母欲令其子立为太子,乃潜伯奇,而王信之,乃放伯奇也。" ⑭富贵福泽,将厚吾之生也:承先祖恩泽得以富贵,这是让我的人生更加敦厚。张伯行《近思录集解》:富贵福泽,任人之自取之,无异饱暖安佚,必欲为子谋之,然此岂私奉我哉?将厚资吾生,使之为善,而非以养骄也。　⑮贫贱忧戚,庸玉汝于成:张伯行《近思录集解》:贫贱忧戚,虽至伟人而不免,无异艰难刻责,欲宽令子而不能,然此岂私困我哉?盖以玉必琢而后成,拂乱乃所以增益,而劳苦即所以全爱也。　⑯存吾顺事;没吾宁也:活着就应该顺应天德而为人从事,死时便问心无愧而心安理得。叶采《近思录集解》引朱子曰:孝子之身存,则其事亲也,不违其志而已,没则安而无所愧于亲也。仁人之身存,则其事天也,不逆其理而已。没则安而无所愧于天也。……故张子之《铭》,以是终焉。　⑰游酢:字定夫,建州建阳(今属福建)人。与杨时、吕大临、谢良佐并称程门四大弟子。　⑱杨中立:杨时,字中立。　⑲《砭愚》:砭:救治。以下一节原为《正蒙·乾称篇》的末段,张载贴于东窗,自题《砭愚》,程颐改题《东铭》。　⑳戏言:玩笑话。戏动:轻浮的举动。　㉑过言非心也,过动非诚也:过分的话违背了本心,过分的动作违背了诚。　㉒失于声,缪迷其四体:由于失声说了错话;由于错误地迷失了手脚而做了错误的动作。　㉓谓己当然,自诬也:说这是自己本来真想说真要做的,是自己欺诬自己。　㉔欲他人己从,诬人也:想要别人信从自己,是欺诬他人。　㉕或者谓出于心者,归咎为己戏;失于思者,自诬为己诚:有时将出于自心的错误,归咎为自己在开玩笑;有时又将缺乏考虑的失误,自诬为出于自己的本心。　㉖不知戒其出汝者,归咎其不出汝者:不知道要戒慎自己的言行,错了就归咎为并非出于本心而是开玩笑。

90. 将修己,必先厚重以自持。厚重知学,德乃进而不固①矣。忠信进德,惟尚友而急②贤。欲胜己者亲③,无如改过之不吝④。

[注释]①固:固陋。　②急:迫切。　③欲胜己者亲:要想让那些德行胜过自己的人亲近自己。　④叶采《近思录集解》:君子修己之道,必以厚重为本。苟轻浮则无受道之基。然徒重厚而不知学,则德亦固滞而不进矣。然进德之道,必以忠信为主,而求忠信之辅者,莫急于交胜己之贤。但或吝于改过,则无施其责善之道,贤者亦不我亲矣。

91. 横渠先生谓范巽之①曰:"吾辈不及古人,病源何在?"巽之请问。先生曰:"此非难悟。设此语者,盖欲学者存意之不忘,庶游心浸熟②,有一日脱然如大寐之得醒耳。"

[注释]①范巽之:名育,张载门人。 ②浸熟:浸润而纯熟。

92. 未知立心,恶思多之致疑①。既知所立,恶讲治之不精。讲治之思,莫非术内②,虽勤而何厌③?所以急于可欲④者,求立吾心于不疑之地,然后若决江河以利吾往。"逊此志,务时敏,厥修乃来⑤。"故虽仲尼之才之美,然且敏以求之。今持不逮之资,而欲徐徐以听其自适,非所闻也⑥。

[注释]①恶思多之致疑:内无定见,就不要胡乱思量,以至于满脑子疑惑。 ②术内:圣贤达道的方法。 ③虽勤而何厌:此时勤于思考,又哪能满足? ④急于可欲:亟亟乎求得大道。 ⑤逊此志,务时敏,厥修乃来:语出《尚书·商书·说命下》:"惟学逊志,务时敏,厥修乃来。"此为傅说对商王所说的话。大意谓惟有学习,使心志谦逊,专心且时刻努力,学识和修养才能得来。 ⑥朱子曰:未知立心,则或善或恶,故胡乱思量,惹得许多疑起。既知所立,则是此心已立于善而无恶,便又恶讲治之不精,又却用思。讲治之思,莫非在我这道理之内,如此,则"虽勤而何厌"?"所以急于可欲者",盖急于可欲之善,则便是无善恶之杂,便是"立吾心于不疑之地"。人之所以有疑而不果于为善者,以有善恶之杂。今既有善而无恶,则"若决江河以利吾往"矣。"逊此志,务时敏",虽是低下着这心以顺他道理,又却抖擞起那精神,敏速以求之,则"厥修乃来"矣。(《朱子语类》卷九十八)

93. 明善为本,固执之乃立,扩充之则大,易视之则小。在人能弘之而已。

94. 今且只将尊德性而道问学为心①,日自求于问学者有所背否?于德性有所懈否?此义亦是博文约礼,下学上达。以此警策一年,安得不长?每日须求多少为益。知所亡,改得少不善,此德性上之益。读书求义理,编书须理会有所归著②,勿徒写过,又多识前言往行。此问学上益也。勿使有俄顷闲度,逐日似此,三年,庶几有进。

[注释]①朱子曰:尊德性,所以存心而极乎道体之大也。道问学,所以致知而尽乎道体之细也。二者修德凝道之大端。《中庸章句》第二十七章) ②归著:编书的旨归。

95. 为天地立心,为生民立道,为去圣继绝学,为万世开太平。

96. 载所以使学者先学礼者,只为学礼则便除去了世俗一副当。习熟缠绕,譬之延蔓之物,解缠绕即上去。苟能除去了一副当①,世习便自然脱洒也。又学礼则可以守得定②。

[注释]①一副当:北宋时俗语,意略近世俗惯语。 ②张伯行《近思录集解》:此张子教人学礼以消世累也。习熟,谓习熟周旋世故套礼也。言我所以使学者先学礼者,只为学者世累太甚,难与入道。学礼则自有中正节文,便能除去世俗一套周旋世故繁文,省得纠缠纷扰之病。

97. 须放心宽快,公平以求之,乃可见道。况德性自广大。《易》曰:"穷神知化,德之盛也。"岂浅心可得?

98. 人多以老成则不肯下问,故终身不知。又为人以道义先觉处之,不可复谓有所不知,故亦不肯下问。从不肯问,遂生百端欺妄人我宁终身不知。①

[注释]①张伯行《近思录集解》:此言好问乃为学之益也。凡人耳目心思,不能无所不知,不知而问,固其宜也。人多以年纪已长,既属老成,则欲自尊大,不肯下问于后辈,故终身无以解其惑而终不知。

99. 多闻不足以尽天下之故。苟以多闻而待天下之变,则道足以酬其所尝知。若劫之不测①,则遂穷矣②。

[注释]①劫之不测:逼迫人临时遇见了不测之事。 ②穷:难于应付。茅星来《近思录集注》:"故",事故也。"酬",应也。"劫",以力胁取也。心通乎道,则随事物之来而顺其所当然之道以应之,故可以肆应不穷。若徒事乎记问之末,则见闻有限,而事变无穷。卒然临之以所未尝知,则穷矣。

100. 为学大益,在自求变化气质。不尔,皆为人之弊,卒无所发明,不得见圣人之奥。①

[注释]①张伯行《近思录集解》:人生所赋之理,原自至足而气质不能皆纯,故不得不思,所以变化之。学也者,所以矫偏反正,为变化之要者也。人之为学多端,其莫大之益,只在自求变化其气质。若不能变化,则口耳之功、辞章之为,何与自己事?皆是为人之弊。于学中亲切之故茫然无见,将安所发明乎?如是则圣人奥妙之旨终不能得矣。

101. 文要密察,心要洪放。①

[注释]①张伯行《近思录集解》:洪,宽广。放,舒展也。密察则见理精

细,洪放则志气从容。

102. 不知疑者,只是不便实作①。既实作则须有疑,有不行处是疑也②。

[注释]①不便实作:确实用过功夫。 ②张伯行《近思录集解》:此言学必有疑,方是实工夫也。人之不知所疑,只因未尝着实用工夫。

103. 心大则百物皆通,心小则百物皆病。①

[注释]①张伯行《近思录集解》:人心虚灵,具众理而应万事,原是广大的。惟能涵养此心,宽平宏远,自然处己待人无往而不达。若气拘习蔽,不加扩充,则此心褊急固陋,无所处而不为病矣。故学以治心为要也。

104. 人虽有功,不及于学,心亦不宜忘。心苟不忘,则虽接人事,即是实行,莫非道也。心若忘之,则终身由之,只是俗事。①

[注释]①张伯行《近思录集解》:此欲学者存心体道不可有间也。人或有他务,妨废学问之功,然道体事而无不在,此心操持在己,到处是学。苟念念不忘,则虽酬接人事即是学道工夫。若逐事纷驰,毫无见地,则日用而不知,终身汩没于俗事中,何有实行哉?盖心存则为实行,心不存则为俗事,非二事也,心之存亡不同也。

105. 合内外,平物我,此见道之大端。

106. 既学而先有以功业为意者,于学便相害。既有意,必穿凿创意作起事端也。德未成而先以功业为事,是代大匠斫,希不伤手也。①

[注释]①张伯行《近思录集解》:古人德成而功业自见,立言立德,皆其道之充积不能以已也。苟方志学而辄思有所创建,其于学必有妨。盖既有意,则一心偏向功业上去,势必私逞胸臆,穿凿创造,多事纷扰,其害道也甚矣!是知无实得而强思创建,犹未能操斤而代匠斫,鲜有不伤手者,可不慎欤!

107. 窃尝病孔孟既没,诸儒嚣然,不知反约①穷源,勇于苟作。持不逮之资,而急知后世。明者一览,如见肺肝然,多见其不知量也。方且创艾②其弊,默养吾诚。顾所患日力不足,而未果他为也。

[注释]①约:原理。 ②创艾:铲除。

108. 学未至而好语变者,必知终有患。盖变不可轻议,若骤然语变,则知操术已不正。①

[注释]①茅星来《近思录集注》:变者,正道所不能行,用此以通之也。盖古人或不得已而出于此。自非义精仁熟,有变化从心之妙者,不能与也。若学未至而轻于语变,未有不流为邪妄者⋯⋯。

109. 凡事蔽盖不见底,只是不求益。有人不肯言其道义所得所至,不得见底,又非于"吾言无所不说"。①

[注释]①"说"同"悦"。茅星来《近思录集注》:行得以知言,所至以行言。颜子于圣人之言,无所不说。所以默然听受如愚人。今非于吾言无所不说,而使人不得见底,如此总以见其不求益之意。

110. 耳目役于外。揽外事者,其实是自堕,不肯自治,只言短长,不能反躬者也。

111. 学者大不宜志小气轻。志小则易足，易足则无由进；气轻则以未知为已知，未学为已学。

卷三　格物穷理(凡七十八条)

1. 伊川先生《答朱长文①书》曰：心通乎道，然后能辨是非，如持权衡②以较轻重，孟子所谓知言是也。心不通于道，而较古人之是非，犹不持权衡而酌轻重，竭其目力，劳其心智，虽使时中，亦古人所谓"亿则屡中"，君子不贵也③。

[注释]①朱长文：字伯原，号乐圃，苏州吴县人。著书不仕，有名声。召为秘书省正字兼编修。　②权衡：权，秤砣；衡，秤杆。　③张伯行《近思录集解》：学莫要于致知。致知云者，辨其孰为是、孰为非也。然必心通乎直而后是非有所准，如物有权衡而后轻重有所较。盖权者，锤也，所以往来于一衡之上而取其中；衡者，秤也，所以承载乎一权之用而得其平；道者，当然之理也，所以揆度乎事物之宜而归于正道。即是非之权衡，心通乎道者，尽心知性，于天下之理有以究极于心，而识其是非之所以然也。

2. 伊川先生答门人曰：孔孟之门，岂皆贤哲？固多众人①。以众人观圣贤，弗识者多矣，惟其不敢信己而信其师，是故求而后得。今诸君于颐言，才不合则置不复思，所以终异也。不可便放下，更且思之，致知之方也②。

[注释]①众人：普通人。　②张伯行《近思录集解》：此程子欲人因疑求信，传而能习，以致其知也。暗者求于明，而师道立焉。人之乐有师者，所以明道解惑也。孔孟门人多矣，其初岂皆什伯庸众之贤哲？固亦无以异于众人也。未至圣贤地位，欲观圣贤道理，其不识者谅自不少。而卒能相信以进于道者，惟不敢信己而信师也。夫信师者，非一意钦承之谓，将师之言苦心极力，深探妙契，求而后得，得则未有不信者矣。今诸君于问答之言注意思之，始虽智识之浅，或见为不合，终有会悟之期，必知其不异也。惟才不合便置不复思，不思则不求，不求则不得，不得则异者终异，卒为众人之归而不识圣贤在何处着力矣，岂致知之方乎？

3. 伊川先生答横渠先生曰：所论大概，有苦心极力之象，而无宽裕温厚之气。非明睿①所照，而考索至此，故意屡偏而言多窒，小出入时有之。（旧注：明所照者，如目所睹，纤微尽识之矣。考索至者，如揣料②于物，约见仿佛尔，能无差乎？）更愿完养思虑，涵泳义理，他日自当条畅③。

[注释]①明睿：明达智慧。　②揣料：揣测。　③张伯行《近思录集解》：此程子规切张子，抉微洞髓，而知朋友之取益为多也。张子志道精思，既得于心，则修其辞。观其所论大概，集引古人之言，贯串己意以断事，从杂博中过来者，故有苦心极力之象，而无宽裕有馀、温厚和平之气。盖非从本心之明睿毕照，即始见终者，乃由零碎考索凑合如此。故以己之意释古人之意，则屡偏；以古人之言附己之言，则多窒。虽本原不差，大段皆是，而小有出入，亦时不免也。

4. 欲知得与不得，于心气上验之。思虑有得，中心悦豫，沛然①有裕者，实得也；思虑有得，心气劳耗者，实未得也，强揣度耳。尝有人言，比因学道，思虑心虚②。曰：人之血气,固有虚实。疾病之来,圣贤所不免。然未闻自古圣贤因学而致心疾者③。

[注释]①沛然:丰满充实状。 ②比:近来。思虑心虚:思虑过度而心虚。 ③江永《近思录集注》:此条本欲人致思虑。但其自得与否,心气上亦可验之。学者致思,当由劳苦而后得悦豫。若虑其致心疾,而曰学道思虑心虚,则惮劳者之辞耳。

5. 今日杂信鬼怪异说者,只是不先烛理。若于事上一一理会,则有甚尽期?须只于学上理会。①

[注释]①江永《近思录集注》:烛理明则鬼怪之事皆可以理断之。理有常变,怪者亦不足为异也。

6. 学原于思①。

[注释]①江永《近思录集注》:朱子曰:学原于思。思所以起发其聪明。

7. 所谓"日月至焉"与久而不息者,所见规模虽略相似,其意味气象迥别,须潜心默识,玩索久之,庶几自得。学者不学圣人则已,欲学之,须熟玩味圣人之气象,不可只于名上理会①,如此只是讲论文字②。

[注释]①只于名上理会:茅星来《近思录集注》:只于名上理会者,如训诂之学是已。 ②张伯行《近思录集解》:学圣人者,将以求进乎仁也。仁有生熟之分,圣门诸贤所谓"或日一至,或月一至"者。方其至时亦是实造其域,窥见堂奥。故视三月不违、久而不息者,当场所见,其规模亦略相似。然有内外宾主之辨,意味气象总是迥别。盖不违者,意味浃洽,则气象浑成。若"日月至焉",不免勉强痕迹。

8. 问："忠信进德之事,固可勉强。然致知甚难。"伊川先生曰："学者固当勉强,然须是知了方行得。若不知,只是觑却尧,学他行事,无尧许多聪明睿智,怎生得如他动容周旋中礼?如子所言,是笃信而固守之,非固有之也。未致知,便欲诚意,是躐等①也。勉强行者,安能持久?除非烛理明,自然乐循理。性本善,循理而行,是顺理事,本亦不难,但为人不知,旋安排②著,便道难也。知有多少般数③,煞有深浅④,学者须是真知,才知得是,便泰然行将去也。某年二十时,解释经义,与今无异。然思今日,觉得意味与少时自别⑤。"

[注释]①躐等:不循次序,越级而进。 ②安排:不循自然而刻意行事。 ③多少般数:多少种类。 ④煞有深浅:很有深浅之别。 ⑤朱子曰:本末精粗,虽有先后,然一齐用做去。且如致知格物而后诚意,不成说自家物未格,知未至,且未要诚意,须待格了知了,却去诚意,安有此理?圣人亦只说大纲自然底次序是如此。(《朱子语类》卷十五)

9. 凡一物上有一理,须是穷致其理。穷理亦多端,或读书,讲明义理;或论古今人物,别其是非;或应接事物,而处其当,皆穷理也。或问:"格物须物物格之,还只格一物而万理皆知?"曰:"怎得便会贯通?若只格一物便通众理,虽颜子亦不敢如此道。须是今日格一件,明日又格一件,积习既多,然后脱然①自有贯通处。"又曰②:"所务于穷理者,非道尽穷了天下万物之理,又不道是穷得一理便到③。只要积累多后自然见去④。"

[注释]①脱然:豁然。 ②"又曰"以下为《近思录》本注。 ③穷得一

理便到;格得一物之理便自满不前。 ④朱子曰:所谓穷理者,事事物物,各自有个事物底道理。穷之须要周尽。若见得一边,不见一边,便不该通。穷之未得,更须款曲推明。(《朱子语类》卷十五)

10."思曰睿①"。思虑久后,睿自然生。若于一事上思未得,且别换一事思之,不可专守著这一事。盖人之知识,于这里蔽著,虽强思亦不通也②。

[注释] ①睿:聪慧明智。 ②朱子曰:这是言随人之量,非曰迁延逃避也。盖于此处既理会不得,若专一守在这里,却转昏了。须着别穷一事,又或可以因此而明彼也。(《朱子语类》卷十八)

11. 问:"人有志于学,然知识蔽固,力量不至,则如之何?"曰:"只是致知。若智识明,则力量自进。"①

[注释] ①叶采《近思录集解》:真知事理之当然,则自有不容己者。

12. 问:"观物察己,还因见物反求诸身否?"曰:"不必如此说。物我一理,才明彼,即晓此,此合内外之道也。"又问:"致知先求之四端①如何?"曰:"求之情性,固是切于身。然一草一木皆有理,须是察。"②

[注释] ①四端:指恻隐、羞恶、辞让、是非。 ②朱子曰:上而无极太极,下而至于一草一本一昆虫之微,亦各有理。一书不读,则阙了一书道理。一事不穷,则阙了一事道理。一物不格,则阙了一物道理。须着逐一件与他理会过。(《朱子语类》卷十五)

13."思曰睿","睿作圣"。致思如掘井,初有浑水,久后稍引动得清者出来。人思虑始皆溷浊,久自明快。

14. 问:"如何是近思?"曰:"以类而推①。"

[注释]①朱子曰:程子说得推字极好。问:以类,莫是比这一个意思推去否?曰:固是。如为子则当止于孝,为臣当止于忠。自此节节推去,然一爱字虽出于孝,毕竟千头万绪,皆当推去须得。(《朱子语类》卷四十九)

15. 学者先要会疑。

16. 横渠先生答范巽之①曰:所访②物怪神奸,此非难语,顾语未必信耳③。孟子所论知性知天,学至于知天,则物所从出,当源源自见。知所从出,则物之当有当无,莫不心谕,亦不待语而后知。诸公所论,但守之不失,不为异端所劫。进进不已,则物怪不须辨,异端不必攻,不逾期年,吾道胜矣。若欲委之无穷,付之以不可知,则学为疑挠④,智为物昏,交来无间⑤,卒无以自存而溺于怪妄,必矣。

[注释]①范巽之:范育,字巽之,张载门人。 ②访:咨询。 ③张伯行《近思录集解》:此言正道明,则怪妄自消。学者当坚守其正也。访,问也……张子以巽之问及,谓此固无难语者,但灼理未精,则语未必信,君子贵先穷理耳。 ④挠:阻挠。 ⑤交来无间:外物交杂而来没个间断。

17. 子贡谓:"夫子之言性与天道,不可得而闻。"既言"夫子之言",则是居常语之①矣。圣门学者以仁为己任,不以苟知为得,必以了悟为闻,因有是说。②

[注释]①居常语之:日常说过的。 ②苟:草率。张伯行《近思录集解》:此因《论语》之言见学者当领会实得,勿徒以性命资谈论也。性者,人所

得于天之正理,天道则造化流行之妙,性与天道是一是二,惟仁可以该之。子贡……以为不可得闻者,盖圣门学者实以仁为己任,期于身体自得,不徒以苟知为闻也。苟知者徒窃其说,未曾了悟,了悟则深达其理,几乎自得矣。

18. 义理之学,亦须深沉方有造,非浅易轻浮之可得也。

19. 学不能推究事理,只是心粗。至如颜子未至于圣人处,犹是心粗。

20. "博学于文"者,只要得"习坎心亨"①。盖人经历险阻艰难,然后其心亨通。

[注释]①习坎心亨:语出《易·坎卦·彖传》:"'习坎',重险也。水流而不盈,行险而不失其信。"认为坎水相重,有重重险阻。水川流不息却不能使坎坑满盈。行走于险峻之中,却能以诚信之德维系心灵。张伯行《近思录集解》:习,重也。坎,险也。上下皆坎,为重险之象。而其《彖辞》曰"维心亨",亨,通也。张子借"习坎心亨"之义以明博学于文者,只要悟得此意。初闻义理未明,有所龃龉,胸中疑难如历重险。积习既久,自脱然有贯通处,则心亨也。人可以险阻艰难自疑畏,而不求进于心亨之地哉?

21. 义理有疑,则濯去旧见,以来新意。心中有所开,即便札记,不思则还塞之矣。①更须得朋友之助,一日间朋友论著,则一日间意思差别,须日日如此讲论,久则自觉进也。

[注释]①张伯行《近思录集解》:新意既来,旧障尽撤,则前所未知者而今知之,是"心中有所开"也。随手笔札记录,以时观省,则已知者可以不忘。

若不记,则旋得旋失,安能思忆得起?犹山径之蹊间,不用则茅塞之矣。

22. 凡致思到说不得处,始复审思明辨,乃为善学也。①若告子则到说不得处遂已,更不复求。②

[注释]①茅星来《近思录集注》:横渠学问,于苦心极力中得来。故往往于难着力处不肯放过。如所云到峭峻之处,要刚决果敢以进,经历险阻艰难,然后其心亨通。此又云"到说不得处,始复审思明辨"。皆是如此。盖此关一过,乃可深造自得也。 ②告子尝谓"不得于言,勿求于心。不得于心,勿求于气"。孟子批评他不知言。参看《孟子·公孙丑上》。

23. 伊川先生曰:凡看文字,先须晓其文义,然后可求其意。未有文义不晓而见意者也。①

[注释]①"晓其文义"然后"可求其意":"文义",文字义;后一"意"指义理。此条见出伊川重训诂之学。朱子曰:读得通贯后,义理自出。(《朱子语类》卷十)陈荣捷《近思录详注集评》引东正纯曰:朱子注诸经,先释其词,而后及其义。盖据程子此语为定本也。

24. 学者要自得。《六经》浩渺,乍来①难尽晓。且见得路径后,各自立得一个门庭②,归而求之可矣。

[注释]①乍来:一上来。 ②问:如何是门庭?朱子曰:是读书之法。如读此一书,须知此书当如何读,伊川教人看《易》,以王辅嗣(王弼)、胡翼之(胡瑗)、王介甫(王安石)三人《易》解看,此便是读书之门庭。缘当时诸经都未有成说,学者乍难捉摸,故教人如此。(《朱子语类》卷九十六)

25. 凡解文字,但易其心自见理。理只是人理,甚分明,如一条平坦底道路。《诗》曰:"周道如砥,其直如矢。"①此之谓也。或曰："圣人之言,恐不可以浅近看他。"曰："圣人之言,自有近处,自有深远处。如近处怎生强要凿教深远得？杨子曰：'圣人之言远如天,贤人之言近如地。'颐与改之曰：'圣人之言,其远如天,其近如地。'"

[注释]①语出《诗经·小雅·大东》："周道如砥,其直如矢。"形容大路平坦,畅通无阻。

26. 学者不泥①文义者,又全背却远去；理会文义者,又滞②泥不通。如子濯孺子为将③之事,孟子只取其不背师之意,人须就上面理会事君之道如何也。又如万章问舜完廪浚井④事,孟子只答他大意,人须要理会浚井如何出得来,完廪又怎生下得来。若此之学,徒费心力。

[注释]①泥：拘泥。　②滞：滞碍。　③子濯孺子为将：事见《孟子·离娄下》。大意为郑国派濯孺子侵卫,卫国派庚公之斯追击他。濯孺子说："今天我发病,不能拿弓,我死定了！"问车夫说："追我的人是谁？"车夫回答："是庚公之斯。"濯孺子说："那我不会死。"车夫说："庚公之斯是卫国名射手,先生为什么反说不会死？"濯孺子说："庚公之斯向尹公之他学射箭,尹公之他向我学射箭。尹公之他正直,他的朋友也一定正直。"庚公之斯追上来,问："先生为什么不拿弓？"濯孺子说："今天我发病,不能拿弓。"庚公之斯说："我跟尹公之他学射箭,尹公之他又跟您学射箭。我不忍心用您的箭术反过来害您。不过今天这事是国家公事,我不敢不做。"于是抽出箭,在车轮上敲掉了箭头,发了四箭后就回去了。　④舜完廪浚井：事见《孟子·万章第五上》,大意为父母使舜修仓库,舜父移梯并燃烧仓库以杀舜；又使舜浚井使深,象以为舜尚在井中,以土填井欲以杀舜。万章问："舜果不知其父将杀己耶？"孟子曰："奚而不知也？象忧亦忧,象喜亦喜。"

27. 凡观书不可以相类泥其义,不尔,则字字相梗。当观其文势上下之意,如"充实之谓美"① 与《诗》之美不同。

[注释]①"充实之谓美",语出《孟子·尽心下》:"可欲之谓善,有诸己之谓信,充实之谓美,充实而有光辉之谓大……"

28. 问:"莹中①尝爱《文中子》,或问学《易》,子曰:'终日乾乾可也。'此语最尽。文王所以圣,亦只是个不已。"先生曰:"凡说经义,如只管节节推上去,可知是尽。夫终日乾乾,未尽得《易》,据此一句,只做得九三使②。若谓乾乾是不已,不已又是道,渐渐推去,自然是尽。只是理不如此。"

[注释]①莹中:陈瓘字,人称了斋先生,二程私淑弟子。《宋元学案》有传。 ②"终日乾乾"未能涵括《周易》一书精义,它只能是《乾卦》九三爻的意思。张伯行《近思录集解》:说经者要周遍精密,穷其指归,勿好高守约也……隋王通,字仲淹,号文中子。"终日乾乾"者,《乾》九三爻词。文中子取此一句以蔽全《易》,而莹中爱之,谓其说最尽。又推到文王之所以圣,亦只是个一"不已"。

29. 子在川上曰:"逝者如斯夫!"言道之体如此,这里须是自见得。张绎曰:"此便是无穷。"先生曰:"固是道无穷,然怎生一个'无穷'便道了得他①?"

[注释]①语出《论语·子罕》。张伯行《近思录集解》:自往过来续,必有以宰乎往来之中,不二而不息者,反之于身而得,推之天地而准。若只道一个"无穷",莽莽荡荡,终没巴鼻。故朱子亦曰"固是无穷。须见所以无穷始得"。

30. 今人不会读书。如"诵《诗》三百，授之以政，不达；使于四方，不能专对。虽多，亦奚以为"①，须是未读《诗》时，不达于政，不能专对；既读《诗》后，便达于政，能专对四方，始是读《诗》。"人而不为《周南》、《召南》，其犹正墙面"②，须是未读《诗》时如面墙，到读了后便不面墙，方是有验。大抵读书只此便是法。如读《论语》，旧时未读是这个人，及读了后来，又只是这个人，便是不曾读也。

[注释]①语出《论语·子路》。 ②语出《论语·阳货》。正墙面：面墙而立，如同盲人。

31. 凡看文字，如七年、一世、百年之事，皆当思其如何作为，乃有益。①

[注释]①"七年"："教民七年"。语出《论语·子路》；父子相继为一世。张伯行《近思录集解》：圣人之言，无一字无下落处，故凡看文字要逐字研究。如《论语》言教民可即戎而约以七年，言王者仁天下而定以必世，言胜残去杀而期于百年，都非虚语。当思其治效之迟速浅深，以究其规模之设施次第，了然胸中，方为明体达用之儒，而所读之书实见其益。

32. 凡解经不同无害；但紧要处不可不同尔。

33. 焞①初到，问为学之方。先生曰：公要知为学，须是读书。书不必多看，要知其约②。多看而不知其约，书肆耳。颐缘少时读书贪多，如今多忘了。须是将圣人言语玩味，入心记著，然后力去行之，自有所得。

[注释]①尹焞，程颐弟子。 ②约：总要、纲领。

34. 初学入德之门，无如《大学》，其他莫如《语》、《孟》。

35. 学者先须读《语》、《孟》。穷得《语》、《孟》，自有要约处，以此观他经甚省力。《语》、《孟》如丈尺①权衡相似，以此去量度事物，自然见得长短轻重。

[注释]①丈尺：丈量尺寸。

36. 读《论语》者，但将诸弟子问处便作己问，将圣人答处便作今日耳闻，自然有得。若能于《论》、《孟》中深求玩味，将来涵养成甚生①气质！

[注释]①甚生：怎生，怎么样的。

37. 凡看《语》、《孟》，且须熟玩味，将圣人之言语切己，不可只作一场话说。人只看得此二书切己，终身尽多①也。

[注释]①切己：联系自身。尽多：很多。

38.《论语》有读了后全无事者，有读了后其中得一两句喜者，有读了后知好之者，有读了后不知手之舞之、足之蹈之者。①

[注释]①全无事：毫无感触。知好之：理解并喜好。

39. 学者当以《论语》、《孟子》为本。《论语》、《孟子》

既治,则《六经》可不治而明矣①。读书者当观圣人所以作经之意,与圣人所以用心,与圣人所以至圣人,而吾之所以未至者,所以未得者。句句而求之,昼诵而味之,中夜而思之,平其心,易其气②,阙其疑,则圣人之意见矣。

[注释]①江永《近思录集注》:其实治六经自有功夫。朱子云:《语》《孟》功夫少得效多,六经功夫多得效少。　②易其气:使气舒缓。

40. 读《论语》、《孟子》而不知道①,所谓"虽多,亦奚以为"。

[注释]①不知道:不明白孔、孟之道。

41.《论语》、《孟子》只剩读著①便自意足,学者须是玩味。若以语言解著②,意便不足。某始作此二书文字,既而思之又似剩③。只有些先儒错会④处,却待与整理过。

[注释]①只剩读著:不读传注解释,只读原文。　②以语言解著:边看传注解释边读原文。　③似剩:似乎多余。　④错会:理解错误。

42. 问:"且将《语》、《孟》紧要处①看如何?"伊川曰:"固是好,然若有得,终不浃洽。盖吾道非如释氏,一见了便从空寂去②。"

[注释]①紧要处:关键处。　②佛教禅宗主顿悟,每闻一言"言下便悟",是谓"顿悟",即程子所言"一见了便从空寂去"。儒家主循序渐进,讲求涵泳、玩味。

43. "兴于《诗》"者,吟咏性情,涵畅道德之中而歆动①

之,有"吾与点"之气象②。(又曰:"兴于《诗》",是兴起人善意,汪洋浩大,皆是此意。)

[注释]①"兴于《诗》":语出《论语·泰伯》。《诗》因发于情,易感发人心,于之兴起善恶之心。涵畅,滋润化育,使之畅发。歆动,触动,感动。②吾与点也:语出《论语·先进》。孔子与弟子言志,问及曾点(曾晳,曾参之父,孔子弟子),点云其志为"莫(暮)春者,春服既成,冠者五六人,童子六七人,浴乎沂,风乎舞雩,咏而归"。孔子谓"吾与点也",称赞曾点逸然高标,有超尘脱俗气象。

44. 谢显道①云:明道先生善言《诗》。他又浑不曾章解句释,但优游②玩味,吟哦上下,便使人有得处。"瞻彼日月,悠悠我思。道之云远,曷云能来?"思之切矣。终曰:"百尔君子,不知德行。不忮不求,何用不臧!"③归于正也。又云:伯淳常谈《诗》,并不下一字训诂。有时只转却④一两字,点掇地⑤念过,便教人省悟。又曰:古人所以贵亲炙⑥之也。

[注释]①谢显道:谢良佐,字显道,二程门人。 ②优游:从容状。③所引诗句出自《诗·邶风·雄雉》。 ④转却:改换。 ⑤点掇地:宋时方言。点,点缀。掇,拾取。犹言有选择。 ⑥亲炙:亲身接受教育熏陶。

45. 明道先生曰:学者不可以不看《诗》,看《诗》便使人长一格价①。

[注释]①长一格价:高一档次。

46. "不以文害辞"①,文,文字之文,举一字则是文,成句是辞。《诗》为解一字不行,却迁就他说,如"有周不显"②,自是作文当如此。

[注释]①文:文字。不以文害辞:不拘泥于字义而影响语句的理解。②有周不显:见《诗经·大雅·文王》。叶采《近思录集解》:言周家岂不显乎?苟直谓之不显,是以文害辞。

47. 看《书》须要见二帝三王之道。如二《典》①,即求尧所以治民,舜所以事君。

[注释]①二《典》:《尚书》之《尧典》《舜典》。

48. 《中庸》之书,是孔门传授,成于子思、孟子。其书虽是杂记,更不分精粗,一衮说了①。今人语道,多说高便遗却卑,说本便遗却末。

[注释]①"衮"同"卷"。一衮说了,不加分别地一股脑说出。《中庸》出于杂记,非系统之作,因此谓"一衮说了"。

49. 伊川先生《易传序》曰:易,变易也,随时变易以从道也。其为书也,广大悉备,将以顺性命之理,通幽明之故,尽事物之情,而示开物成务①之道也。圣人之忧患后世,可谓至矣②。去古虽远,遗经尚存。然而前儒失意以传言,后学诵言而忘味,自秦而下,盖无传矣。予生千载之后,悼斯文之湮晦,将俾后人沿流而求源,此《传》所以作也。"《易》有圣人之道四③焉:以言者尚其辞,以动者尚其变,以制器者尚其象,以卜筮者尚其占④。"吉凶消长之理、进退存亡之道备于辞。推辞考卦⑤,可以知变,象与占⑥在其中矣。"君子居则观其象而玩其辞,动则观其变而玩其占。"得于辞不达其意者有矣,未有不得于辞而能通其意者也。至微者理也,至著者象也,体用一源,显微无间⑦。观会通以行其典礼,则辞无所不备。故善学者求言必自近,易于近者⑧,非知言者也。予所传者辞也,由辞以得意,则在乎人焉。

[注释]①开物成务:开启智慧,成就事业。 ②《周易·系辞下》:"作易者,其有忧患乎?"谓作易者(一说为周文王)处困厄患难之境而作《易》。这里说《易》作者为后世忧虑。 ③圣人之道四:语见《周易·系辞上》。四即辞、变、象、占。 ④言:发论。动:行动。象:卦象。占:占断。 ⑤推辞考卦:推敲卦辞考察卦义。 ⑥象与占:卦象、占断。 ⑦张伯行《近思录集解》:盖有象斯有辞,有理斯有象。理至微,未形未见者也;象至著,已形已见者也。自理而观,则理为体,象为用;自象而观,则象为显,理为微。而理中有象,是"体用一源"也;象中有理,是"显微无间"也。 ⑧"近"指卦辞。李文炤《近思录集解》引朱子曰:读书之法,要当循序而有常,致一而不懈,从容乎句读文义之间,而体验乎操存践履之实,然后心静理明,渐见意味。不然则虽广求博取,日诵五车,亦奚益于事哉!故曰,善学者求言必自近,易于近者,非知言者也。

50. 伊川先生答张闳中①书曰:《易传》未传,自量精力未衰,尚觊有少进尔。来书云"易之义本起于数"②,则非也。有理而后有象,有象而后有数。《易》因象以明理,由象以知数。得其义,则象数在其中矣。必欲穷象之隐微,尽数之毫忽,乃寻流逐末,术家之所尚,非儒者之所务也。(旧注:理无形也,故因象以明理。理既见乎辞矣,则可由辞以观象。故曰:得其义,则象数在其中矣。)③

[注释]①张闳中:《伊洛渊源录》云:"不详其名。" ②数:象数之数。③张伯行《近思录集解》:此言理为象数之本,不可寻流逐末也。……易有太极,太极者形而上之理也。是生两仪,两仪生四象,四象生八卦,而极数知来之道备焉。理无可见,圣人作为《易》象者,以明理也。理既见乎辞矣,则可由象以知数,是理居象数之先而为易义所由起,得其义则象数俱在中矣。

51. 知时识势,学《易》之大方也。

52. 《大畜》初二,乾体刚健而不足以进,四五阴柔而能止。时之盛衰,势之强弱,学易者所宜深识也。①

[注释]①《周易·大畜》卦乾下艮上。畜,止也。初二,指《大畜》卦之初九、九二两阳爻;四五,指《大畜》卦六四、六五两阴爻。阳爻性虽刚健进取,但以时势而言,却不能够上进,因其上有六四、六五两阴爻"阴柔而能止"之。六四、六五两阴爻虽属阴柔,但处在上位,就能阻止初九、九二阳爻的上进。此处阐发学《易》当明时势的盛衰强弱,顺势而为。

53. 诸卦二、五,虽不当位,多以中为美;三、四虽当位,或以不中为过。中常重于正也。盖中则不违于正,正不必中也。天下之理莫善于中,于九二、六五可见。①

[注释]①《周易》每卦由六爻组成,自下而上为初、二、三、四、五、上。初爻至三爻组成下卦,四爻至上爻组成上卦。上下卦各三爻,分别为下、中、上。二爻为下卦之"中",五爻为上卦之"中"。居于二、五位,称"得中"。又,六爻之中,初、三、五为阳位,二、四、上为阴位。阳爻居阳位,阴爻居阴位,为"当位",称为"正"。反之则不当位,不正。"正"为一般法则,"中"为因时制宜。符合法则未必合时宜之"中";合时宜之"中"则必然"正",故"中"要于"正"。

54. 问:"胡先生①解九四作太子②,恐不是卦义。"先生云:"亦不妨,只看如何用,当储贰则做储贰③使。九四近君,便作储贰亦不害。但不要拘一,若执④一事,则三百八十四爻只作得三百八十四件事便休了。"

[注释]①胡瑗,字翼之,学者称安定先生。宋初与孙复、石介并称"宋初三先生",程颐出其门下。② 九四作太子:指《乾》卦九四爻。按《乾》卦九五爻象征君位,是所谓"九五之尊"。九四爻位于其下,故有太子之义。③储贰:指王储即太子。 ④拘、执:拘泥。

55. 看《易》且要知时。凡六爻,人人有用。圣人自有圣人用,贤人自有贤人用,众人自有众人用,学者自有学者用,君有君用,臣有臣用,无所不通。因问:《坤卦》是臣之事①,人君有用处否?先生曰:是何无用?如"厚德载物"②,人君安可不用?

[注释]①《乾》卦纯阳,《坤》卦纯阴。乾为天、为男、为君;坤为地、为女、为臣。 ②语出《坤卦·象》:"地势坤,君子以厚德载物。"大地以广厚之德承载万物,意谓即便是《坤》卦,人君(属阳《乾》卦)也当用。

56.《易》中只是言反复、往来、上下。

57. 作《易》自天地幽明,至于昆虫草木微物,无不合。

58. 今时人看《易》,皆不识得《易》是何物,只就上穿凿。若念得不熟,与就上添一德亦不觉多,就上减一德亦不觉少①。譬如不识此兀子②,若减一只脚,亦不知是少;若添一只,亦不知是多。若识,则自添减不得也。

[注释] ①德：解《易》语，用以表示某卦的特性。如说《乾》有"元、亨、利、贞"四德。 ②兀子：今作杌子。小凳子。

59. 游定夫①问伊川"阴阳不测之谓神"。伊川曰：贤②是疑了问，是拣难底问？

[注释] ①游定夫：游酢，字定夫。与杨时、吕大临、谢良佐并称程门四大弟子。 ②贤：如说你。张伯行《近思录集解》：疑了后问，一与之语，郁而能通，便涣然冰释，久必不忘，自是切问。问若拣择难的问，心没紧要，口头搬弄，纵与之言，过辄忘了。

60. 伊川以《易传》示门人曰："只说得七分，后人更须自体究。"

61. 伊川先生《春秋传序》曰：天之生民，必有出类之才，起而君长之；治之而争夺息，导之而生养遂，教之而伦理明，然后人道立，天道成，地道平①。二帝②而上，圣贤世出，随时有作，顺乎风气之宜，不先天以开人③，各因时而立政。暨乎三王迭兴，三重④既备，子、丑、寅之建正；忠、质、文之更尚⑤，人道备矣，天运周矣。圣王既不复作，有天下者，虽欲仿古之迹，亦私意妄为而已。事之缪，秦至以建亥为正⑥；道之悖，汉专以智力持世⑦。岂复知先王之道也？夫子当周之末，以圣人不复作也，顺天应时之治不复有也，于是作《春秋》，为百王不易之大法。所谓"考诸三王而不缪，建诸天地而不悖⑧，质诸鬼神而无疑，百世以俟圣人而不惑"者也。先儒之《传》曰："游、夏不能赞一辞。"⑨辞不待赞也,言不能与于斯⑩耳。斯道也,惟颜子尝闻之矣,"行夏之时,乘殷之辂,服周之冕,乐则《韶》舞"⑪,此其准的也。后世以史视《春秋》,谓褒善贬恶而已,至于经世之大法,则不知也。《春秋》大义数十,其义虽大,炳如日星,乃易见也;惟其微辞隐义,时措从宜者,为难知也⑫。或抑或纵,或与或夺,或进或退⑬,或微或显,而得乎义理之安,文质之中,宽猛之宜,是非之公,乃制事之权衡,揆⑭道之模范也。夫观百物然后识化工之神,聚众材然后知作室之用,于一事一义而欲窥圣人之用心,非上智不能也。故学《春秋》者,必优游涵泳,默识心通,然后能造其微也。后王知《春秋》之义,则虽德非禹、汤,尚可以法三代之治。自秦而下,其学不传。予悼夫圣人之志不明于后世也,故作《传》以明之,俾后之人通其文而求其义,得其意而法其用,则三代可复也。是《传》也,虽未能极圣人之蕴奥,庶几学者得其门而入矣。

[注释]①人道、天道、地道:语出《周易·系辞下》:"有天道焉,有人道焉,有地道焉。"天、地、人为"三才"。此即关于天、地、人的法则。　②二帝:尧、舜。　③不先天以开人:不在时机不成熟时开导人民。　④三王:夏禹、商汤、周文王。二帝三王为儒家推崇的古代圣王。三重:即三种重大之事,指善德、征验、尊位。《礼记·中庸》:"王天下有三重焉,其寡过矣乎?"　⑤正:历法,指一年之始。夏代建寅,以寅月(农历正月)为一年之始;殷代建丑,以丑月(农历十二月)为一年之始(正);周代建子,以子月(农历十一月)为一年之始。忠、质、文之更尚:指夏尚忠、商尚质、周尚文。　⑥秦历建亥,以十月为岁首。　⑦汉专以智力持世:持世,把持天下。汉代礼乐制度悉袭秦制,无复有三代遗风,故程颐认为汉不是以德政治理天下,而是靠智力把持天下。　⑧建诸天地而不悖:合乎天地之道而没有不通的。　⑨游、夏不能赞一辞:

语出《史记·孔子世家》。游、夏,孔子弟子子游、子夏。张伯行《近思录集解》:赞,助也。游、夏于圣门擅文学之科而不能赞一辞者,胡文定所谓"笔者笔,削者削,皆裁自圣心,而游、夏不能与焉"者也。章学诚《文史通义》内篇四《答客问上》:史之大原本乎《春秋》,《春秋》之义昭乎笔削;笔削之义,不仅事具始末,文成规矩已也。以夫子义则窃取之旨观之,固将纲纪天人,推明大道。所以通古今之变而成一家之言者,必有详人之所略,异人之所同,重人之所轻而忽人之所谨。绳墨之所不可得而拘,类例之所不可得而泥。而后微茫秒忽之际,有以独断于一心。及其书之成也,自然可以参天地而质鬼神,契前修而俟后圣。 ⑩言不能与于斯:无法参与其事。 ⑪乐则《韶》舞:音乐就用舜时的《韶》舞。 ⑫微辞隐义:指以特殊的修辞方法表达深奥的意思,即指《春秋》蕴涵的微言大义。时措从宜:按照时宜措置。 ⑬或与或夺,或进或退:与,赞扬。夺,抨击。进,尊崇。退,抑退。 ⑭揆:揆度,衡量。

62.《诗》、《书》载道之文,《春秋》圣人之用。《诗》、《书》如药方,《春秋》如用药治病。圣人之用,全在此书,所谓"不如载之行事深切著明"①者也。有重叠言者②,如征伐、盟会之类。盖欲成书,势须如此,不可事事各求异义。但一字有异,或上下文异,则义须别。

[注释]①语出《史记·太史公自序》。意谓空说大道理,不如通过历史事件,能够将义理体现得更加深刻且明显。 ②重叠言者:多次言及。

63.《五经》之有《春秋》,犹法律之有断例①也。律令唯言其法,至于断例,则始见其法之用也。

[注释]①断例:断案。

64. 学《春秋》亦善,一句是一事,是非便见于此,此亦穷理之要①。然他经岂不可以穷理？但他经论其义，《春秋》因其行事，是非较著，故穷理为要。尝语学者且先读《论语》《孟子》，更读一经，然后看《春秋》。先识得个义理，方可看《春秋》。《春秋》以何为准？无如《中庸》。欲知《中庸》，无如权②，须是时而为中③，若以手足胼胝、闭户不出二者之间取中，便不是中。若当手足胼胝，则于此为中；当闭户不出，则于此为中④。权之为言，秤锤之义也。何物为权？义也，时⑤也。只是说得到义，义以上更难说，在人自看如何。

[注释]①要：关键。　②权：原指权变，今谓"灵活处置"。"权"与"经"相对。"经"不变，"权"可以变。这里意谓当审时度势，不可拘滞。　③是时而为中：审时度势，适合时宜，是谓"中"。　④手足胼胝(pián zhī)：指禹为救天下之难，手掌脚底因长期劳作结满硬茧。闭户不出，据《孟子·离娄下》，孟子云："颜子当乱世，居陋巷，一箪食，一瓢饮。人不堪其忧，颜子不改其乐。孔子贤之。"禹处治世，故积极用世；颜回处乱世，故乐居陋巷不用世。此句意谓若在大禹的急天下之难与颜回的闭门不出之间取一个"中"，那就不是中。应当手足胼胝急天下之急如禹，这样做就符合中；应当闭门不出如颜回，这样做也是中。　⑤时：时势。

65.《春秋》传为案，经为断①。（旧注：程子又云：某年二十时看《春秋》，黄聱隅②问某如何看，某答曰：以传考经之事迹，以经别传之真伪。）

[注释]①传：《春秋》有三传：《左传》《公羊传》《穀梁传》。《左传》所载史事最详，故此处指《左传》。案：案例。断：断案之断语。　②黄聱隅：名晞，字景征。年少通经，学者多从之。《宋史》卷四五八有传。

66. 凡读史,不徒要记事迹,须要识其治乱安危兴废存亡之理。且如读《高帝纪》①,便须识得汉家四百年终始治乱当如何。是亦学也。

[注释]①指《史记·高祖本纪》。

67. 先生每读史到一半,便掩卷思量,料其成败,然后却看。有不合处,又更精思。其间多有幸而成,不幸而败。今人只见成者便以为是,败者便以为非,不知成者煞有不是,败者煞有是底。①

[注释]①以"道义"衡准"胜负","胜"而无德,则"胜"自不必"优";"败"而有德,虽败也不必"劣"。如章太炎《易论》所说:胜不必优,败不必劣,各当其时。

68. 读史须见圣贤所存治乱之机,贤人君子出处进退,便是格物①。

[注释]①格物:推究事物之理。

69. 元祐中,客有见伊川者,几案间无他书,惟印行《唐鉴》①一部。先生曰:"近方见此书。三代以后,无此议论。"

[注释]①《唐鉴》:北宋史学家范祖禹著。祖禹,字淳夫。

70. 横渠先生曰:《序卦》①不可谓非圣人之蕴。今欲安置一物,犹求审处,况圣人之于《易》? 其间虽无极至精义,大概皆有意思。观圣人之书,须遍布细密如是。大匠岂以一斧可知哉？

[注释]①《序卦》：《周易》中解说六十四卦排列顺序的篇名，为《十翼》之一。

71.《天官》①之职，须襟怀洪大方看得。盖其规模至大，若不得此心，欲事事上致曲穷究，凑合此心，如是之大，必不能得也②。释氏锱铢天地③，可谓至大。然不尝为大，则为事不得④。若界之一钱，则必乱矣。又曰：《太宰》⑤之职难看，盖无许大心胸包罗，记得此，复忘彼。其混混天下之事⑥，当如捕龙蛇搏虎豹，用心力看方可。其他五官⑦便易看，止一职也。

[注释]①《天官》：《周礼》篇目。　②想委曲详尽每一事，一切事都凑合而成，如此之"大"不是真大。　③释氏锱铢天地：锱、铢，细小、微末。佛教认为锱铢之微即包含天地之大。　④不尝为大，则为事不得：只说大话不做实事，是谓"不尝为大"。　⑤《太宰》：《周礼》篇目。太宰即冢宰，辅助帝王治理国家。　⑥混混天下之事：乱糟糟的天下事。　⑦其他五官：指《周礼》中《天官》外的其他五官，分别为《地官司徒》、《春官宗伯》、《夏官司马》、《秋官司寇》、《冬官司空》。

72. 古人能知《诗》者惟孟子，为其以意逆志①也。夫诗人之志至平易，不必为艰险求之②。今以艰险求《诗》，则已丧其本心，何由见诗人之志？（旧注：诗人之性情温厚，平易老成，本平地上道著言语。今须③以崎岖求之，先其心已狭隘了，则无由见得。诗人之情本乐易④，只为时事拂着他乐易之性，故以诗道其志。）

[注释]①以意逆志:语出《孟子·万章上》:"故说《诗》者,不以文害辞,不以辞害志。以意逆志,是为得之。"根据作品的立意来探求诗作者的心志即"以意逆志"。 ②艰险求之:刻意当作高深难通的东西去推求。 ③须:反倒。 ④乐易:欢乐平易。

73.《尚书》难看,盖难得胸臆如此之大。只欲解义,则无难也。①

[注释]①义:指字面意思。只欲解义,则无难也:只想理解字面意思,则说不上难。

74. 读书少,则无由考校得义精。盖书以维持此心,一时放下,则一时德性有懈。读书则此心常在,不读书则终看义理不见。①

[注释]①朱子曰:人常读书,庶几可以管摄此心,使之常存。(《朱子语类》卷十一)

75. 书须成诵。精思多在夜中,或静坐得之。不记则思不起,但通贯得大原①后,书亦易记。所以观书者,释己之疑,明己之未达,每见每知新益,则学进矣。于不疑处有疑,方是进矣。

[注释]①大原:根本,基本精神。

76.《六经》须循环理会①,义理尽无穷。待自家长得一格②,则又见得别。

[注释]①循环理会:反复领悟。 ②长得一格:学养提高了一级。

77. 如《中庸》文字辈，直须句句理会过，使其言互相发明。

78.《春秋》之书，在古无有，乃仲尼所自作，惟孟子能知之。非理明义精，殆未可学。先儒①未及此而治之，故其说多凿。

[**注释**]①先儒：先前儒者。此指汉、唐治《春秋》的儒者。

卷四　存养(凡七十条)

1. 或问："圣可学乎?"濂溪先生曰："可。""有要①乎?"曰："有。""请问焉。"曰："一为要。一者,无欲也,无欲则静虚动直。静虚则明,明则通;动直则公,公则溥。明通公溥,庶矣乎。"②

[注释]①要:要领。　②叶采《近思录集解》:一者,纯一而不杂也。湛然无欲,心乃纯一。静而所存者一,人欲消尽故虚,虚则生明,而能通天下之理。动而所存者一,天理流行,故直,直则大公,而能周天下之务。动静惟一,明通公溥,庶几作圣之功用。

2. 伊川先生曰:阳始生甚微,安静而后能长。故《复》之《象》曰:"先王以至日闭关。"①

[注释]①至日,冬至日。闭关,闭塞关门。叶采《近思录集解》引朱子曰:一阳初复,阳气甚微,不可劳动。故当安静以养微阳。如人善端方萌,正欲静以养之,方能盛大。

3. 动息节宣①,以养生也;饮食衣服,以养形也;威仪行义②,以养德也;推己及物,以养人也。

[注释]①节宣:节制言语。 ②威仪行义:容貌庄严,举止得体。

4."慎言语"以养其德,"节饮食"以养其体。事之至近而所系至大者,莫过于言语饮食也。

5."震惊百里,不丧匕鬯。"①临大震惧,能安而不自失者,惟诚敬而已,此处震之道也。

[注释]①震惊百里,不丧匕鬯:语出《周易·震卦》。匕鬯(chàng):匕,勺子。鬯:古代祭祀用的酒,用郁金草酿黑黍而成。此句意谓遇到雷霆霹雳大震动时能镇定自若,勺子里祭祀的酒一点都未洒落。

6.人之所以不能安其止①者,动于欲也。欲牵于前而求其止,不可得也。故艮之道当"艮其背",所见者在前,而背乃背之,是所不见也。止于所不见,则无欲以乱其心,而止乃安。"不获其身",不见其身也,谓忘我也。无我则止矣。不能无我,无可止之道。②"行其庭,不见其人。"庭除③之间至近也,在背则虽至近不见,谓不交于物也。外物不接,内欲不萌,如是而止,乃得止之道,于止为无咎也。

[注释]①安其止:当终止时即终止。 ②《周易·艮卦》:"艮其背,不获其身,行其庭,不见其人,无咎。"艮,止也。张伯行《近思录集解》:"'不获其身'三句,是摹写艮背之妙。获者,得而有之也。凡人种种嗜欲,为其有身。既不获身,则无受欲之处矣。叶采《近思录集解》:《艮卦·象传》:不见可欲,则心不乱。然非屏视听也。盖不牵于欲而无私邪之见耳。朱子曰:"即非礼勿视、听、言、动之意。" ③庭除:庭指庭院,除指台阶。

7. 明道先生曰：若不能存养，只是说话。

8. 圣贤千言万语，只是欲人将已放之心，约之使反复入身来①，自能寻向上去，下学而上达也。

[注释]①放：放逸。约：收拢。

9. 李籲①问："每常遇事，即能知操存之意。无事时如何存养得熟？"曰："古之人，耳之于乐，目之于礼，左右起居，盘盂几杖，有铭有戒②，动息③皆有所养。今皆废此，独有理义之养心耳。但存此涵养意，久则自熟矣。'敬以直内'④是涵养意。"

[注释]①李籲：字端伯，洛阳人，二程门人，曾记二程之语为一编，名《师说》。 ②王通《文中子·礼乐》："刻于盘盂，勒于几杖。"据《淮南子·人间训》，尧有《尧诫》；据《礼记·大学》，汤有《盘铭》。 ③动息：活动与休息。
④敬以直内：见《周易·坤卦·文言》，用敬来使内心正直。

10. 吕与叔①尝言患思虑多，不能驱除。曰："此正如破屋中御寇，东面一人来未逐得，西面又一人至矣。左右前后，驱逐不暇。盖其四面空疏，盗固易入，无缘作得主定。又如虚器入水，水自然入。若以一器实之以水，置之水中，水何能入来？盖中有主则实，实则外患不能入，自然无事。"

[注释]①吕与叔：吕大临。

11. 邢和叔①言："吾曹常须爱养精力，精力稍不足则倦,所临事皆勉强②而无诚意。接宾客语言尚可见,况临大事乎?"

[注释]①邢和叔:邢恕,字和叔,曾从程颢学。 ②此处勉强是说精力不足而强为之。

12. 明道先生曰:学者全体此心①。学虽未尽,若事物之来,不可不应。但随分限②应之,虽不中不远③矣。

[注释]①全体此心:保全本善之心。朱子曰:"学者全体此心"只是全得此心,不为私欲汩没。(《朱子语类》卷九十六) ②分限:本分,天分。③不中不远:虽不全对,相差也不多。

13. "居处恭,执事敬,与人忠"①,此是彻上彻下语②。圣人元无二语③。

[注释]①语见《论语·子路》孔子答樊迟问仁。 ②茅星来《近思录集注》:彻上彻下,言自始学以至成德皆不外此,但有勉强自然之异耳。 ③二语:不同的话。

14. 伊川先生曰:"学者须敬守此心,不可急迫,当栽培深厚,涵泳于其间,然后可以自得。但急迫求之,只是私己,终不足以达道。"

15. 明道先生曰:"思无邪","毋不敬"①,只此二句,循而行之,安得有差? 有差者,皆由不敬不正也。

[注释]①"思无邪"、"毋不敬"分别见《论语·为政》、《礼记·曲礼上》。

16. 今学者敬而不自得，又不安者，只是心生①，亦是太以敬来做事得重，此"恭而无礼则劳"②也。恭者，私为恭之恭③也。礼者，非体之礼④，是自然底道理也。只恭而不为自然底道理，故不自在也，须是恭而安。今容貌必端，言语必正者，非是道独善其身，要人道如何，只是天理合如此，本无私意，只是个循理而已⑤。

[注释]①心生：养心尚不纯熟。　②恭而无礼则劳：语出《论语·泰伯》，意谓仅注重容貌态度，刻意恭谨却不知礼，终不免劳倦。　③私为恭之恭：刻意而非发自内心的恭谨，为恭谨而恭谨，此谓"私为恭"。　④礼者，非体之礼：即便有外在的礼节（如打躬作揖之类的动作），亦非天道自然流行之礼。体：根本性、本然性。　⑤朱子曰："只是心生"，言只是敬心不熟也。"恭者，私为之恭"，言恭只是人为。"礼者，非体之礼"，言只是礼，无可捉摸。故人为之恭，必循自然底道理，则自在也。（《朱子语类》卷九十六）张伯行《近思录集解》：所谓礼者，岂徒升降揖逊有形体可象者之谓哉？乃是非体之礼，自然而然底道理。

17. 今志于义理而心不安乐者何也？此则正是剩一个助之长①。虽则心操之则存，舍之则亡，然而持之太甚，便是"必有事焉"②而正之也。亦须且恁去③，如此者只是德孤。"德不孤，必有邻"，到德盛后，自无窒碍，左右逢其原也④。

[注释]①只剩一个拔苗助长。　②必有事焉：语出《孟子·公孙丑上》，意谓为求善而求善，有强求之意，非自然而然。　③朱子曰："亦须且恁去"，其说盖曰虽是"必有事焉而勿正"，亦须且恁地把捉操持，不可便放下了。（《朱子语类》卷九十六）　④德不孤，必有邻：语出《论语·里仁》。意谓有德之人不会孤单，必有志同道合的伙伴。此处所用非本义，意谓"把捉操持"而

刻意求善,短处是所得德行单一。但"德不孤,必有邻",待到修养纯熟,自会左右逢原而有邻。茅星来《近思录集注》:孤谓所得孤单,别无所有也。德盛则不孤矣。至于左右逢原,则有邻矣。与《论语》本文意别。

18. 敬而无失①便是喜怒哀乐未发谓之中。敬不可谓中,但敬而无失,即所以中也。

[注释] ①失:失当之处。

19. 司马子微尝作《坐忘论》,是所谓坐驰也。①

[注释] ①司马承祯:字子微,唐代道士。著有《修真秘旨》、《天隐子》、《坐忘论》等。《坐忘论》详述坐忘的方法。"坐忘"概念源于《庄子·大宗师》:"堕肢体,黜聪明,离形去智,同于大通,此谓坐忘。"坐忘是一种修养方法,指端坐而浑然物我两忘。坐驰:形若虚静而杂念不息。刻意坐忘,便是坐驰。

20. 伯淳昔在长安仓中闲坐,见长廊柱,以意数之,已尚不疑。再数之,不合,不免令人一一声言数之①,乃与初数者无差。则知越着心把捉越不定②。

[注释] ①声言数之:大声数数。 ②着心:强将心收住。把捉:把持。此言当保持心的自然状态而不强求。

21. 人心作主不定,正如一个翻车,流转动摇,无须臾停,所感万端。若不做一个主,怎生奈何?张天祺①昔尝言:"自约②数年,自上著床,便不得思量事。"不思量事后,须强把他这心来制缚,亦须寄寓在一个形象,皆非自然③。君实④自谓:"吾得术矣,只管念个中字。"此又为中所系缚。且中亦何形象？有人胸中常若有两人焉，欲为善，如有恶以为之间⑤；欲为不善，又若有羞恶之心者。本无二人，此正交战之验也。持其志，使气不能乱，此大可验⑥。要之圣贤必不害心疾。

[注释]①张天祺：张戬，字天祺，张载弟。 ②自约：自我约定。③束缚心动，皆非心理的自然放松状态。张伯行《近思录集解》：此要人以敬持志，而为心作主也。……然所谓作主者，非强制其心系缚之之谓也。④君实：司马光，字君实。 ⑤间：阻挠。 ⑥大可验：大可以验证。茅星来《近思录集注》：大可验其志之能持与否也。

22. 明道先生曰：某写字时甚敬，非是要字好，只此是学。

23. 伊川先生曰：圣人不记事，所以常记得。今人忘事，以其记事①。不能记事，处事不精，皆出于养之不完固。

[注释]①此言刻意记事。

24. 明道先生在澶州日，修桥少一长梁，曾博求之民间。后因出入，见林木之佳者，必起计度之心。因语以戒学者："心不可有一事①。"

[注释]①《朱子语类》卷九十六载李德之就此条问："某窃谓，凡事须思而后通，安可谓心不可有一事？"朱熹答："事如何不思？但事过则不留于心可也。明道肚里有一条梁，不知今人有几条梁柱在肚里。佛家有'流注想'。水本流将去，有些渗漏处便留滞。"

25. 伊川先生曰：入道莫如敬。未有能致知而不在敬者。今人主心不定，视心如寇贼而不可制，不是事累心，乃是心累事。①当知天下无一物是合少得②者，不可恶③也。

[注释]①张伯行《近思录集解》：今人不能以敬存心而心不定，因恐心为物动，被他纠牵，遂欲屏弃一切，自家系缚其心，不肯思量，则是视心如寇贼而不可制，而恶外物之为累也。此岂真事能累心哉？乃自桎梏其心，置于无用之地，使天下事无所整顿，是心累事也。 ②合少得：可以缺少。 ③不可恶：不应厌恶外事。

26. 人只有一个天理，却不能存得，更做甚人也？

27. 人多思虑，不能自宁，只是做他心主不定。要作得心主定，惟是止于事①，"为人君止于仁"②之类。如舜之诛四凶③，四凶已作恶，舜从而诛之，舜何与焉④？人不止于事，只是揽他事，不能使物各付物⑤。物各付物，则是役物；为物所役，则是役于物。有物必有则，须是止于事。⑥

[注释]①止于事：将心思限定在应该思考的事上。 ②语出《礼记·大学》。 ③舜之诛四凶：事见《尚书·舜典》："流共工于幽州，放驩兜于崇山，窜三苗于三危，殛鲧于羽山。四罪而天下咸服。" ④舜何与焉：这和舜有什么关系？ ⑤物各付物：事事各按它自身的法则去对待。 ⑥不止于事：不止于当止之事。叶采《近思录集解》：应事而不止其所当止，是以己之私智揽他事而不能物各付物者也。物各付物者，物来而应不过，物往而化不滞迹，是则役物而不为物所役。

28. 不能动人,只是诚不至。于事厌倦,皆是无诚处。

29. 静后见万物自然,皆有春意。

30. 孔子言仁,只说"出门如见大宾,使民如承大祭"①。看其气象,便须心广体胖,动容周旋中礼自然,惟慎独②便是守之之法。

[注释]①此言见《论语·颜渊》孔子答仲弓问仁。大宾:贵宾。 ②慎独:独处时谨于修身。

31. 圣人修己以敬,以安百姓,笃恭而天下平。惟上下一于恭敬,则天地自位①,万物自育,气无不和,四灵②何有不至?此体信达顺之道,聪明睿智皆由是出,以此事天飨帝③。

[注释]①天地自位:天地各处其位。 ②《礼记·礼运》:"何谓四灵?麟、凤、龟、龙,谓之四灵。" ③事天飨帝:侍奉上天祭享上帝。

32. 存养熟后,泰然行将去,便有进。

33. 不愧屋漏①,则心安而体舒。

[注释]①屋漏:屋子西北角,人所不见的暗处。此言人慎独而无愧。

34. 心要在腔子里。只外面有些隙罅,便走①了。

[注释]①走:放逸。

35. 人心常要活,则周流无穷,而不滞于一隅。①

[注释]①此言心不被私虑所羁绊。张伯行《近思录集解》:人心本活,才系于物便不活。不活则滞矣。

36. 明道先生曰:"天地设位,而易行乎其中",只是敬也①。敬则无间断。

[注释]①天地设位,而易行乎其中:语出《周易·系辞》。天在上,地在下,故曰"天地设位"。《易》义周流于天地之间,人心则周流于天地之间。天地也有"位"即天地也懂得敬,人生于天地间,因此人亦须持敬。

37. "毋不敬",可以对越上帝。①

[注释]①语出《礼记·曲礼上》。对越:相配相称。

38. 敬胜百邪。

39. "敬以直内,义以方外"①,仁也。若以敬直内,则便不直矣②。"必有事焉,而勿正",则直也③。

[注释]①语出《周易·坤·文言》。 ②"敬以直内"与"以敬直内"不同:敬以直内,因敬而内直,出于自然;以敬直内,则是用敬强将心弄直,为刻意。张伯行《近思录集解》:《易》不曰"以敬直内",而曰"敬以直内"者,敬只是此心合得收敛,合得操存,非有意于以之而欲直其内也。有意求直,则其心便有所为而为之,已偏倚而非直矣。 ③张伯行《近思录集解》:"必有事焉,而勿正"者,频频提醒,为所当为,而无期必计效之意,则不求直而自直也。

40. 涵养吾一①。

[注释]①一：精一，纯粹。指心之本体。

41."子在川上曰：'逝者如斯夫！不舍昼夜。'"自汉以来，儒者皆不识此义。此见圣人之心纯亦不已①也。纯亦不已，天德也。有天德便可语王道，其要只在慎独。

[注释]①纯亦不已：语出《中庸》第二十六章。意谓圣人性虽已纯，却并不敢自我懈怠。

42."不有躬，无攸利"①。不立己，后虽向好事，犹为化物，不得以天下万物挠②己。己立后，自能了当③得天下万物。

[注释]①此言语出《周易·蒙》卦六三爻辞："见金夫，不有躬，无攸利。"意谓己不立、内不定，徇欲而丧失本心。 ②化物：为物所化所羁绊。挠：阻挠，破坏。叶采《近思录集解》：己未能自立，则心无所主。虽为善事，犹为逐物而动。若能自立，则应酬在我，物皆听命。何挠之有？ ③了当：担当，处理。

43.伊川先生曰：学者患心虑纷乱，不能宁静，此则天下公病①。学者只要立个心，此上头尽有商量②。

[注释]①公病：通病。 ②商量：探讨。

44.闲邪则诚自存①，不是外面捉一个诚将来存著。今人外面役役于不善②，于不善中寻个善来存著，如此则岂有入善之理？只是闲邪则诚自存。故孟子言性善皆由内出。只为诚便存，闲邪更著甚工夫③？但惟是动容貌，整思虑,则自然生敬。敬只是主一也。主一则既不之东,又不之西,如是则只是中。既不之此,又不之彼,如是则只是内。存此则自然天理明。学者须是将"敬以直内"涵养此意。直内是本。(旧注:尹彦明④曰:敬有甚形影?只收敛身心,便是主一。且如人到神祠中致敬时,其心收敛,更著不得毫发事,非主一而何?)

[注释]①闲邪:防范邪念。张伯行《近思录集解》:此言敬为闲存之要,须由敬以入诚也。 ②役役于不善:忙碌于邪念坏事。心无所主,彷徨不定,邪念屡起,是谓"役役于不善"。 ③只为诚便存,闲邪更著甚工夫:诚已存于心,防范邪念还需要做什么工作? ④尹彦明:尹焞,字彦明。程颐弟子。

45. 闲邪则固一矣,然主一则不消言闲邪①。有以一为难见,不可下工夫,如何?一者,无他,只是整齐严肃,则心便一;一则自是无非僻②之干。此意但涵养久之,则天理自然明。

[注释]①茅星来《近思录集注》:闲邪,使邪不能入,则心自一矣。然心一则邪自无从可入,更无所事于闲也。 ②非僻:邪念。

46. 有言:"未感时,'知'何所寓?"曰:"操则存,舍则亡,出入无时,莫知其乡"①,更怎生寻所寓?只是有操而已。操之之道,敬以直内也。

[注释]①操则存,舍则亡,出入无时,莫知其乡:语出《孟子·告子》。意谓守持它就存在,舍弃它就亡佚。进退出处游移不定,也就不知它去向何处。

47. 敬则自虚静,不可把虚静唤做敬。①

[注释]①张伯行《近思录集解》:所谓静中须有物,始得所谓敬也。敬则无闲思杂虑,自虚而静。人若只管求静,空却一切欲,与事物不交涉,是把虚静唤做敬,其不流于窈冥昏默之异学几何哉!

48. 学者先务,固在心志。然有谓欲屏去闻见知思,则是"绝圣弃智"①。有欲屏去思虑,患其纷乱,则须坐禅入定②。如明鉴在此,万物毕照,是鉴之常,难为使之不照?人心不能不交感万物,难为使之不思虑?若欲免此③,惟是心有主。如何为主?敬而已矣。有主则虚,虚谓邪不能入;无主则实,实谓物来夺之。大凡人心不可二用,用于一事,则他事更不能入者,事为之主也。事为之主,尚无思虑纷扰之患,若主于敬,又焉有此患乎?所谓敬者,主一之谓敬;所谓一者,无适④之谓一。且欲涵泳主一之义,不一则二三矣。至于不敢欺,不敢慢,尚不愧于屋漏,皆是敬之事也。

[注释]①绝圣弃智:语出《老子》第十九章:"绝圣弃智,民利百倍。"另,《庄子·胠箧》:"绝圣去知,大盗乃止。"这里是说,如果欲屏去闻见知思,则流于老、庄之"异端"而非圣人之学。 ②坐禅入定:佛家修养法,即在静坐中排除思虑以悟道。如此则流于"异端"之佛,亦非圣人之学。 ③免此:指免除思虑纷扰。 ④无适:把持、守定。

49. 严威俨格①,非敬之道,但致敬须自此入。

[注释]①严威俨格:外表端庄严肃。

50."舜孳孳为善"①。若未接物,如何为善?只是主于敬,便是为善也。以此观之,圣人之道,不是但嘿然无言。

[注释]①此言语出《孟子·尽心上》:"鸡鸣而起,孳孳为善者,舜之徒也。"孳孳:勤勉不懈。

51.问:"人之燕居①,形体怠惰,心不慢者,可否?"曰:"安有箕踞②而心不慢者?昔吕与叔六月中来缑氏③,闲居中某尝窥之,必见其俨然危坐,可谓敦笃矣。学者须恭敬,但不可令拘迫,拘迫则难久。"

[注释]①燕居:闲居。 ②箕踞:坐式。两腿随意张开,形似簸箕。③吕与叔:吕大临。他酷暑六月来缑氏,正当容易倦怠时。

52."思虑虽多,果出于正,亦无害否?"曰:"且如在宗庙则主敬,朝廷主庄,军旅主严,此是也。如发不以时①,纷然无度,虽正亦邪。"

[注释]①发不以时:思虑不适时而发。

53.苏季明①问:"喜怒哀乐未发之前求中,可否?"曰:"不可。既思于喜怒哀乐未发之前求之,又却是思也。既思即是已发,才发便谓之和②,不可谓之中也。"又问:"吕学士③言当求于喜怒哀乐未发之前,如何?"曰:"若言存养于喜怒哀乐未发之前,则可;若言求中于喜怒哀乐未发之前,则不可。"又问:"学者于喜怒哀乐发时,固当勉强裁抑④;于未发之前,当如何用功?"曰:"于喜怒哀乐未发之前,更怎生求? 只平日涵养便是。涵养久,则喜怒哀乐发自中节。"曰:"当中之时⑤,耳无闻,目无见否?"曰:"虽耳无闻,目无见,然见闻之理在,始得。贤且说静时如何?"曰:"谓之无物则不可,然自有知觉处。"曰:"既有知觉,却是动也,怎生言静? 人说'复其见天地之心'⑥,皆以谓至静能见天地之心,非也。《复》之卦下面一画,便是动也,安得谓之静?"或曰:"莫是于动上求静否?"曰:"固是,然最难。释氏多言定⑦,圣人便言止,如'为人君止于仁,为人臣止于敬'⑧之类是也。《易》之《艮》言止之义曰:'艮其止,止其所也。'⑨人多不能止。盖人万物皆备,遇事时各因其心之所重者更互而出⑩,才见得这事重,便有这事出。若能物各付物,便自不出来也⑪。"或曰:"先生于喜怒哀乐未发之前,下动字? 下静字?"曰:"谓之静则可,然静中须有物始得,这里便是难处。学者莫若且先理会得敬,能敬则知此矣。"或曰:"敬何以用功?"曰:"莫若主一。"季明曰:"昞尝患思虑不定,或思一事未了,他事如麻又生,如何?"曰:"不可,此不诚之本也。须是习,习能专一时便好。不拘思虑与应事,皆要求一。"

[注释]①苏季明:名昞,初学于张载,卒业于二程。 ②和:和顺。才发便谓之和:刚一发就称作和,而不能再称作中了。 ③吕学士:吕大临。 ④勉强裁抑:勉强,努力进修工夫。裁抑,抑制过与不及,使喜怒哀乐中节而和。 ⑤当中之时:当中而未发之时。 ⑥语出《周易·复·象》。按《复》卦,一阳复动于下。阳为生意,由《复》卦可见出天地生物之心。天地之心,即天地生物之心。 ⑦定:入定,佛教修身法。 ⑧语出《礼记·大学》。 ⑨艮其止,止其所也,语出《周易·艮·象》。"止其所",止于当止处。 ⑩更互而出:轮番而出。张伯行《近思录集解》:人心万物皆备。寂然之时,不偏不

倚,本无偏重。因遇事时心系于事,便有偏重之弊。各因其心之所重者,更互而出。如偏于喜则喜心重,偏于哀则哀心重,偏于乐则乐心重。才见得这事重,便有这事之或过或不及,而出于其所矣。故多不能止。 ⑪若能物各付物,便自不出来也:若能事事各遵其物之理,便能够止其所止,心宁意静。

54. 人于梦寐间,亦可以卜自家所学之浅深。如梦寐颠倒,即是心志不定,操存不固。

55. 问:"人心所系着之事果善,夜梦见之,莫不害否?"曰:"虽是善事,心亦是动。凡事有朕兆入梦者却无害,舍此皆是妄动。人心须要定,使他思时方思乃是。今人都由心。曰:心谁使之?"曰:"以心使心则可。人心自由,便放去①也。"

[注释]①放去:放逸。

56. "持其志,无暴其气"①,内外交相养也。

[注释]①语出《孟子·公孙丑上》,意谓守持心志,毋使气放逸自流。

57. 问:"'出辞气'①,莫是于言语上用工夫否?"曰:"须是养乎中,自然言语顺理。若是慎言语,不妄发,此却可著力②。"

[注释]①出辞气:说话的态度和语气。 ②著力:用力。

58. 先生谓绎①曰:"吾受气甚薄②,三十而浸盛③,四十、五十而后完。今生七十二年矣,校其筋骨,于盛年无损也。"绎曰:"先生岂以受气之薄,而厚为保生邪?"夫子默然,曰:"吾以忘生徇欲④为深耻。"

[注释]①绎:张绎,程颐弟子。 ②受气:秉气,俗称"底子"。此句程颐谓他天生体质较差。 ③浸盛:气血强盛。 ④忘生徇欲:不顾身体,一味纵欲。

59. 大率①把捉不定,皆是不仁。

[注释]①大率:大体。

60. 伊川先生曰:致知在所养,养知莫过于"寡欲"二字。

61. 心定者其言重以舒,不定者其言轻以疾。①

[注释]①张伯行《近思录集解》:重,审慎也;舒,和缓也;轻,浅易也;疾,躁急也。人有操存涵养之功,则中有所主而其心定,言必不妄发,发之必郑重审确而又安舒自得,无急遽躁率之病。其不定者反是。

62. 明道先生曰:人有四百四病①,皆不由自家,则是心须教由自家。

[注释]①四百四病:这里程颢借用了佛教之说。佛教认为,人以地、风、水、火四大为本,一大不调,即有一百一病,四大不调,合四百四病。又,人有五脏,各有八十一病,除去一死,余四百四病。这里是说病不由自主,心却能够自主把持不使放逸。

63. 谢显道从明道先生于扶沟。明道一日谓之曰:

"尔辈在此相从,只是学颢言语,故其学心口不相应,盍①若行之?请问焉。"曰:"且静坐。"伊川每见人静坐,便叹其善学。

[注释]①盍:何不。

64. 横渠先生曰:始学之要,当知"三月不违"与"日月至焉"①,内外宾主之辨②,使心意勉勉③,循循而不能已,过此几非在我④者。

[注释]①三月不违、日月至焉:语出《论语·雍也》:"子曰:回也其心三月不违仁,其余则日月至焉而已矣。"三月不违仁,时时刻刻不违仁;日月至焉,谓偶尔想到并践履仁。 ②内外宾主之辨:朱子曰:且以屋喻之。"三月不违"者,心常在内。虽间或有出时,然终是在外不稳便,才出即便入。盖安于内,所以为主。"日月至焉"者,云常在外,虽间或有入时,然终是在内不安,才入即便出。盖心安于外,所以为宾。日至者,一日一至此。月至者,一月一至此,自外而至也。不违者,心常存。日月至者,有时而存。此无他,知有至未至,意有诚未诚。《朱子语类》卷三十一) ③勉勉:努力不懈怠。 ④几非在我:欲罢而不能。

65. 心清时少,乱时常多。其清时视明听聪,四体不待羁束而自然恭谨;其乱时反是。如此何也?盖用心未熟,客虑①多而常心②少也,习俗之心未去,而实心未完也③。人又要得刚,太柔则入于不立。亦有人生无喜怒者,则又要得刚,刚则守得定不回,进道勇敢。载则比他人自是勇处多。

[注释]①客虑:外物纷扰而产生的思虑。 ②常心:恒常之心,指摈除物欲干扰的清净心态。 ③问:横渠说"客虑多而常心少,习俗之心胜而实心

未完"。所谓客虑与习俗之心,有分别否?朱子曰:也有分别。客虑是泛泛思虑。习俗之心,便是从来习染偏胜底心。实心是义理底心。(《朱子语类》卷九十八)

66. 戏谑不惟害事,志亦为气所流。不戏谑,亦是持气之一端。

67. 正心之始,当以己心为严师。凡所动作,则知所惧。如此一二年,守得牢固,则自然心正矣。

68. 定①,然后始有光明。若常移易不定,何求光明?《易》大抵以艮为止,止乃光明②。故《大学》定而至于能虑,人心多③则无由光明。

[注释]①定:定力、定见。 ②《周易·艮卦·象传》云:"艮,止也。时止则止,时行则行。动静不失其时,其道光明。" ③心多:思虑繁杂。

69. "动静不失其时,其道光明"①。学者必时其动静②,则其道乃不蔽昧而明白。今人从学之久,不见进长,正以莫识动静,见他人扰扰,非关己事,而所修亦废③。由圣学观之,冥冥悠悠④,以是终身,谓之光明可乎?

[注释]①见上条注②。 ②时其动静:动静合时,该动则动,当静则静。 ③原非关己事,见他人有动,己也随动,以至于平日修行亦废。 ④冥冥悠悠:浑浑噩噩。

70. 敦笃①虚静者,仁之本。不轻妄,则是敦厚也;无所系阂昏塞②,则是虚静也。此难以顿悟,苟知之,须久于道实体之,方知其味。夫仁亦在乎熟之而已。

[**注释**]①敦笃:敦厚、笃定。 ②系阂:心有所羁绊;昏塞,心智蔽塞。

卷五　改过迁善,克己复礼(凡四十一条)

1. 濂溪先生曰:君子乾乾不息于诚,然必惩忿窒欲①、迁善改过②而后至。《乾》之用其善是,《损》、《益》之大莫是过③,圣人之旨深哉!吉凶悔吝生乎动。噫,吉一而已,动可不慎乎?

[注释]①惩忿窒欲:语出《周易·损卦》:"山下有泽,损。君子以惩忿窒欲。"惩,惩戒。忿,怒。窒,堵塞。　②《周易·益卦》:"君子以见善则迁,有过则改。"迁善:趋善。　③莫是过:是,此,莫过于此。

2. 濂溪先生曰:孟子曰:"养心莫善于寡欲。"予谓养心不止于寡而存耳。盖寡焉以至于无,无则诚立明通。诚立,贤也;明通,圣也。

3. 伊川先生曰:颜渊问克己复礼之目,夫子曰:"非礼勿视,非礼勿听,非礼勿言,非礼勿动。"四者身之用也,由乎中而应乎外,制于外所以养其中也①。颜渊请事斯语②,所以进于圣人。后之学圣人者,宜服膺而勿失也。因箴以自警。《视箴》曰:心兮本虚,应物无迹。操之有要③,视为之则④。蔽交于前,其中则迁⑤。制之于外,以安其内。克己复礼,久而诚矣。《听箴》曰:人有秉彝,本乎天性。知诱物化⑥,遂亡其正。卓彼先觉⑦,知止有定。闲邪存诚,非礼勿听。《言箴》曰:人心之动,因言以宣。发禁躁妄⑧,内斯静专。矧是枢机,兴戎出好⑨。吉凶荣辱,惟其所召。伤易则诞,伤烦则支。己肆物忤⑩,出悖来违⑪。非法不道,钦哉训辞。《动箴》曰:哲人知几,诚之于思。志士厉行,守之为。顺理则裕,从欲惟危。造次克念,战兢自持⑫。习与性成⑬,圣贤同归。

[注释]①由乎中而应乎外,制于外所以养其中也:"中",内心。内有所主,对外物故能应付自如;在外物前抑制私欲,是为了存养心性。　②请事斯语:语出《论语·颜渊》。事,实行。颜渊请践履非礼勿视,非礼勿听,非礼勿言,非礼勿动。　③要:规矩。　④视为之则:为视立准则。　⑤蔽交于前,其中则迁:物欲交相蔽塞于眼前,人心就会移易而失其本。　⑥知诱:感知外物;物化:被物所左右。　⑦卓彼先觉:卓然先知先觉的圣人。　⑧发禁躁妄:言语出口要禁绝轻狂与虚谬的话。　⑨矧是枢机,兴戎出好:矧,何况。枢机,关键。说出的话如射出的箭。一语可以兴战,祸从口出;一语也可安好,言足抚慰。　⑩己肆物忤:自己说话放肆就会冲撞别人。　⑪出悖来违:自己说了背理的话就会有人来跟你过不去。　⑫造次克念,战兢自持:克念,思善。战兢,战战兢兢,恐惧状。自持,自我把持。　⑬习与性成:养成习惯,则习惯成为秉性。这里是说,习行于善,则成其善性。

4.《复》之初九曰:"不远复,无祗悔,元吉。"①《传》曰:阳,君子之道,故复为反善之义。初,复之最先者也,是不远而复也。失而后有复,不失则何复之有?惟失之不远而复,则不至于悔,大善而吉也。颜子无形显之过②,夫子谓其庶几,乃"无祗悔"也。过既未形而改,何悔之有？既未能不勉而中,所欲不逾矩,是有过也③。然其明而刚④,故一有不善,未尝不知；既知,未尝不遽改,故不至于悔,乃"不远复"也。学问之道无他也,惟其知不善则速改,以从善而已。

[注释]①不远复,无祗悔,元吉:语出《周易·复》卦初九爻辞,意谓走得不远就返回,无大悔恨,大吉。祗(zhī)《说文》:"祗,敬也。" ②形显之过:形成实际行为的过失。 ③未能做到不用努力就能从容中道,也不能"随心所欲而不逾矩",说明修养仍然不到家,是谓"有过"。 ④明而刚:明敏而刚毅。

5.《晋》之上九:"晋其角,维用伐邑,厉吉,无咎；贞吝。"①《传》曰:人之自治,刚极则守道愈固,进极则迁善愈速。如上九者,以之自治,则虽伤于厉,而吉且无咎也。严厉非安和②之道,而于自治则有功也。虽自治有功,然非中和之德,故于贞正之道为可吝也③。

[注释]①此言语出《周易·晋卦》上九爻辞。晋,进也。伐邑:原指讨伐本邑内的叛乱者。这里用以比喻人的自身修养即内治,当视过错若仇雠。厉:严厉。 ②安和:安定平和。 ③吝:羞吝。自我修养既然"厉"而非自然中和,那么用坚贞端方之道去衡量仍然有可羞吝处。能达到自然趋善,不强制,方无羞吝。

6.《损》者,损过而就中,损浮末而就本实也①。天下之害,无不由末之胜也。峻宇雕墙,本于宫室；酒池肉林,本于饮食；淫酷残忍,本于刑罚；穷兵黩武,本于征讨。凡人欲之过者,皆本于奉养,其流之远,则为害矣。先王制其本者，天理也；后人流于末者，人欲也。《损》之义，损人欲以复天理而已。

[注释]①此言为程颐对《周易·损》卦卦辞的解释。损指减损、避免。损浮末而就本实：浮末指过度、虚浮、轻巧；本实指事物的本原实体。联系下文，均以浮末与本实相对举。

7. 夫人心正意诚，乃能极中正之道，而充实光辉。若心有所比，以义之不可而决之，虽行于外，不失其中正之义，可以无咎，然于中道未得为光大也①。盖人心一有所欲，则离道矣。《夬》之九五曰："苋陆夬夬，中行无咎。"而《象》曰："中行无咎，中未光也。"②夫子于此，示人之意深矣。

[注释]①比：比照。见贤思齐，"比"义而行，为中正，故"无咎"。但毕竟尚非"心正意诚"即涵养到家自然流露，故"于中道未得为光大"。②此言为程颐释《周易·夬》卦九五爻象。张伯行《近思录集解》：苋陆今马齿苋，感阴气之多者。夬夬，决而又决也。夬之卦体，下乾上兑，五阳决一阴。而九五又以刚居刚，为夬之主，必不系累于阴柔者。但与上六切近，如苋陆得阴气之多，恐不能无所比。虽迫于众阳之合力，且已有阳刚中正之德，必能决而决之，不失中正之道，可以无咎。而象谓中未光者，程子释其意，以为必心正无私昵，意诚无勉强，乃能极大中至正之道，充实于内而光辉于外。今九五比于上爻狎习亲昵，心未必正。特以迫于义之不可而勉强决去之，则其意亦非尽出于诚。虽所行中正，有无咎之道，然胜人之邪者必先自胜其邪，邪念一分未尽，天理便一分未光，何也？人有所欲，别离道矣。

8. 方说而止，《节》之义也①。

[注释]①说：同"悦"。张伯行《近思录集解》：此释《节》之卦义也。节，

有限而止也。其卦《兑》下《坎》上。……人情说便易流,惟说而能止,方无放纵淫佚之失,而合于天理,当于人情,此《节》之义也。非勇于自克者,其孰能之?

9.《节》之九二,不正之节也。以刚中正为节,如惩忿窒欲、损过抑有余是也。不正之节,如啬节于用,懦节于行是也。①

[注释]①《周易·节》卦九二以阳爻居阴位,所以"不正"。程颐解刚《周易·节卦》九二爻,认为九二爻是不正之节,不当节制而节制。如不当节省而节省,即为吝啬;该作为时不作为,即是怯懦,均属不正之节。

10. 人而无克伐怨欲,惟仁者能之。有之而能制其情不行焉,斯亦难能也,谓之仁则未可也①。此原宪之问,夫子答以知其为难,而不知其为仁。此圣人开示之深也②。

[注释]①克伐怨欲:克,好胜;伐,自矜;怨,忿恨;欲,贪欲。叶采《近思录集解》:四者皆生于人心之私也。……四者有于中而能力制于外,则亦可谓之难能。然私欲之根未除,故未可谓之仁。 ②《论语·宪问》:"克、伐、怨、欲不行焉,可以为仁矣?子曰:可以为难矣,仁则吾不知也。"

11. 明道先生曰:义理与客气①常相胜,只看消长分数多少,为君子、小人之别。义理所得渐多,则自然知得客气消散得渐少,消尽者是大贤。

[注释]①客气:邪气。

12. 或谓:人莫不知和柔宽缓,然临事则反至于暴厉①。曰:只是志不胜气,气反动其心也。

[注释]①暴厉:粗暴乖戾。

13. 人不能祛思虑,只是吝①。吝,故无浩然之气。

[注释]①吝:小气。

14. 治怒为难,治惧亦难。克己可以治怒,明理可以治惧。

15. 尧夫解"他山之石,可以攻玉"①:玉者温润之物,若将两块玉来相磨,必磨不成,须是得他个粗砺底物,方磨得出。譬如君子与小人处,为小人侵陵,则修省畏避,动心忍性,增益预防,如此便道理出来。

[注释]①尧夫:邵雍,字尧夫,谥康节。他山之石,可以攻玉:语出《诗经·小雅·鹤鸣》。

16. 目畏尖物,此事不得放过,便与克下。室中率置尖物,须以理胜他,尖必不刺人也,何畏之有?

17. 明道先生曰:责上责下而中自恕己①,岂可任职分?

[注释]①责上责下而中自恕己:责备上司和下属,中间却自我宽恕。

18. "舍己从人"①最为难事。己者,我之所有,虽痛舍之,犹惧守己者固②而从人者轻也。

[注释]①语出《尚书·大禹谟》。 ②守己者固:固执己见。

19. 九德最好。①

[注释]①九德:九种高尚的品德。《尚书·皋陶谟》:"皋陶曰:亦行有九德:宽而栗,柔而立,愿而恭,乱而敬,扰而毅,直而温,简而廉,刚而塞,强而义。"叶采《近思录集解》:宽宏而庄栗,则宽不至于弛;和柔而卓立,则和不至于懦;愿而恭,则朴愿而不徒尚乎质;乱,治也,乱而敬则整治,而不徒恃乎文,盖恭著于外、敬守于中也;驯扰而毅,则扰不至于随;劲直而温,则直不至于讦;简易者或规矩之不立,今有廉隅则简不至于疏;刚果者或伤于刻薄,今塞实而笃厚,则刚不至于虐;强力者或徇血气之勇,今有勇而义则强不至于暴。

20. 饥食渴饮,冬裘夏葛,若致些私吝心在,便是废天职。①

[注释]①问:饥食渴饮,冬裘夏葛,何以谓之天职?朱子曰:这是天教我如此。饥便食,渴便饮,只得顺他。穷口腹之欲便不是。盖天只教我饥则食渴则饮,何曾教我穷口腹之欲?(《朱子语类》卷九十六)

21. 猎,自谓今无此好。周茂叔曰:"何言之易也?但此心潜隐未发,一日萌动,复如前矣。"后十二年因见,果知未也①。(一本注云:明道先生年十六七时好田猎。十二年暮归,在田野间见田猎者,不觉有喜心。)

[注释]①此言论积习难改,亟当注意克服。

22. 伊川先生曰:大抵人有身,便有自私之理,宜其与道难一①。

[注释]①难一:难相合。

23. 罪己责躬不可无,然亦不当长留在心胸为悔。

24. 所欲不必沉溺,只有所向便是欲。①

[注释]①张伯行《近思录集解》:所欲如口目耳鼻四肢之欲,岂人所能无? 然多而不节,未有不失其本心者,故不必沉溺于其中始为非理之正,只一念之差,偏有所向,被他牵惹,即已是欲,不可不克治也。

25. 明道先生曰:子路亦百世之师。(本注:人告之以有过则喜。)

26. "人语言紧急,莫是气不定否?"曰:"此亦当习,习到自然缓时,便是气质变也。学至气质变,方是有功。"①

[注释]①张伯行《近思录集解》:心定者,其言重以舒。语言紧急,自是气不定使然。在以学问之道变之,故当渐渐习。习之既久觉语言间自然和缓,无复紧急之病,便是气质变也。

27. 问:"不迁怒,不贰过①,何也?《语录》有怒甲不移乙之说,是否?"伊川先生曰:"是。"曰:"若此则甚易,何待颜子而后能?"曰:"只被说得粗了,诸君便道易。此莫是最难。须是理会得因何不迁怒,如舜之诛四凶,怒在四凶,舜何与焉? 盖因是人有可怒之事而怒之,圣人之心本无怒也。譬如明镜,好物来时便见是好,恶物来时便见是恶,镜何尝有好恶也? 世之人固有怒于室而色于市②。且如怒一人,对那人说话能无怒色否? 有能怒一人而不怒别人者,能忍得如此,已是煞知义理。若圣人因物而未尝有怒,此莫是甚难? 君子役物,小人役于物。今见可喜可怒之事,自家著一分陪奉他,此亦劳矣③。圣人之心如止水④。"

[注释]①不迁怒,不贰过:语出《论语·雍也》。 ②怒于室而色于市:在家里惹气却到闹市上给别人脸色看。 ③此亦劳矣:劳累太过。 ④张伯行《近思录集解》:圣人之心湛然如水之止。盖止水喻其静,明镜喻其虚。虚故静,静愈虚,二义相须,故本文两言之。

28. 人之视最先,非礼而视,则所谓开目便错了。次听、次言、次动,有先后之序。人能克己则心广体胖,仰不愧,俯不怍,其乐可知。有息则馁矣①。

[注释]①息则馁矣:息,休止;馁,本义为饥饿。这里指修养不足而自我懈怠。张伯行《近思录集解》:有一息之间断,则以行之不慊,致气不充而馁矣。

29. 圣人责己感也处多,责人应也处少。①

[注释]①张伯行《近思录集解》:人己之间有感有应,然必我先有以感乎彼,而彼乃有以应乎我。若徒责人之应,而不自责其所以感之之道,薄于本而厚望于末,无是理也。所以圣人责己处多,责人处少,非故为长厚之行也,揆之感应之理当如是耳。

30. 谢子①与伊川先生别一年,往见之,伊川曰:"相别一年,做得甚工夫?"谢曰:"也只去个'矜'②字。"曰:"何故?"曰:"子细检点得来,病痛尽在这里。若按伏得这个罪过,方有向进处。"伊川点头,因语在坐同志者曰:"此人为学,切问近思者也③。"

[注释]①谢子:谢良佐,程门弟子,人称上蔡先生。 ②矜:自大。

③朱子曰:谢氏谓去得矜字。后来矜依旧在,说道理扬扬地。(《朱子语类》卷一〇一)

31. 思叔诟詈①仆夫,伊川曰:何不动心忍性②? 思叔惭谢。

[注释]①思叔:张绎,字思叔,程颐门人。诟詈:责骂。 ②动心忍性:朱子曰:"动心忍性"者,动其仁义礼智之心,忍其声色臭味之性。(《朱子语类》卷五十九)

32. 见贤便思齐,有为者亦若是;见不贤而内自省①,盖莫不在己。

[注释]①语出《论语·里仁》:"见贤思齐焉,见不贤而内自省也。"

33. 横渠先生曰:湛一,气之本;攻取,气之欲。口腹于饮食,鼻舌于臭味,皆攻取之性也①。知德者属厌②而已,不以嗜欲累其心,不以小害大、末丧本焉尔。

[注释]①朱子曰:湛一,是未感物之时,湛然纯一,此是气之本。攻取,如目之欲色,耳之欲声,便是气之欲。曰:攻取,是攻取那物否?曰:是。(《朱子语类》卷九十八) ②属厌:语出《左传》昭公二十八年,"愿以小人之腹为君子之心,属厌而已"。属,足;厌,饱。属厌而已,即适可而止,无贪心。

34. 纤恶必除,善斯成性矣;察恶未尽,虽善必粗矣。①

[注释]①张伯行《近思录集解》:此去恶莫如尽之意也。

35. 恶①不仁,故不善未尝不知。徒好仁而不恶不仁,则习不察、行不著。是故徒善未必尽义,徒是未必尽仁②,好仁而恶不仁,然后尽仁义之道。

[注释]①恶:憎恶。 ②张伯行《近思录集解》:义所以裁决是非者也。若徒好仁而不恶不仁,则虽有向善之心,而无裁决之明,岂能尽义? 不尽义则无以别其为非,徒见为是,此心未必悉当乎理,岂道尽仁?

36. 责己①者,当知无天下国家皆非之理。故学至于不尤人②,学之至也。

[注释]①责己:要求、督责自身。 ②尤人:责怪别人。

37. 有潜心于道,忽忽为他虑①引去者,此气也。旧习缠绕,未能脱洒,毕竟无益,但乐于旧习耳。古人欲得朋友与琴瑟简编,常使心在于此。惟圣人知朋友之取益为多,故乐得朋友之来。

[注释]①他虑:杂念。

38. 矫轻警惰。①

[注释]①矫:矫正。轻:轻浮。警:警惕。惰:怠惰。

39. "仁之难成久矣! 人人失其所好。"①盖人人有利欲之心,与学正相背驰;故学者要寡欲。

[注释]①语出《礼记·表记》。"所好"指仁的天性。

40. 君子不必避①他人之言，以为太柔太弱。至于瞻视亦有节，视有上下，视高则气高，视下则心柔，故视国君者，不离绅带之中②。学者先须去其客气③；其为人刚行④，终不肯进，"堂堂乎张也，难与并为仁矣"⑤。盖目者人之所常用，且心常托之，视之上下。且试之，己之敬傲，必见于视。所以欲下其视者，欲柔其心也。柔其心，则听言敬且信⑥。

人之有朋友，不为燕安⑦，所以辅佐其仁。今之朋友，择其善柔以相与，拍肩执袂以为气合，一言不合，怒气相加。朋友之际，欲其相下不倦⑧，故于朋友之间主其敬者，日相亲与，得效最速。仲尼尝曰："吾见其居于位也，与先生并行也，非求益者，欲速成者。"⑨则学者先须温柔，温柔则可以进学。《诗》曰："温温恭人，惟德之基。"盖其所益之多。

[注释]①避：在意。　②视国君者，不离绅带之中：面对国君，视线不应离开绅带这一中线。　③此客气指轻傲之气。　④刚行：刚硬、强悍。⑤《论语·子张》所载曾子语。意谓子张高大威严，难以和他一起进于仁德。⑥柔其心，则听言敬且信：心气柔和了，听别人说话就恭敬，出言就诚实。⑦燕安：安适逸乐。　⑧相下不倦：朋友之间互相谦和。　⑨张伯行《近思录集解》：昔仲尼尝有言曰：礼有之，童子必隅坐，必随行。今阙党之童子则不然。吾见其居不让坐，俨然居于先生之位也。行不后长，俨然与先生并行也。是非求学问之进益者，乃欲速跻于成人之列者。

41. 世学①不讲，男女从幼便骄惰坏了，到长益凶狠。只为未尝为子弟之事，则于其亲已有物我②，不肯屈下。病根常在，又随所居而长③，至死只依旧。为子弟，则不能安洒扫应对；在朋友，则不能下④朋友；有官长，则不能下官长;为宰相,则不能下天下之贤。甚则至于徇私意,义理都丧,也只为病根不去,随所居所接而长。人须一事事消了病,则义理常胜。

[**注释**]①世学:原指家传之学。家传之学讲规矩,重师道尊严。②物我:你我。因不懂世学之规,以此对于双亲也要分个你我。　③随所居而长:伴随生活而发展。　④下:态度谦虚。

卷六　齐家之道(凡二十二条)

1. 伊川先生曰：弟子之职，力有余则学文①，不修其职而学文，非为己之学也。

[注释]①弟子之职,力有余则学文：语出《论语·学而》："子曰：弟子入则孝,出则悌,谨而信,泛爱众,而亲仁。行有余力,则以学文。"

2. 孟子曰："事亲若曾子,可也。"①未尝以曾子之孝为有余②也。盖子之身所能为者,皆所当为也。

[注释]①《孟子·离娄上》："曾子养曾皙(曾子父),必有酒肉。将彻(同撤),必请所与(送给谁)。问有余,必曰有。曾皙死,曾元养曾子,必有酒肉。将彻,不请所与。问有余,曰：亡矣。将以复进也(准备下次再拿来给曾子吃)。此所谓养口体者也。若曾子,可谓养志也。事亲若曾子者可也。"②有余：过分。

3. "干母之蛊,不可贞。"①子之于母,当以柔巽②辅导之,使得于义,不顺而致败蛊,则子之罪也。从容将顺,岂无道乎？若伸己刚阳之道,遽然矫拂③则伤恩,所害大矣,亦安能入④乎？在乎屈己下意,巽顺相承,使之身正事治而已。刚阳之臣事柔弱之君,义亦相近。

[注释]①语出《周易·蛊》卦九二爻辞。蛊:事。干母之蛊:强干的儿子辅佐柔暗的母亲。贞:刚进。不可贞:不可伸己刚阳之道。 ②巽(xùn):卑顺。 ③遽然矫拂:急切于矫正母亲之行。 ④安能入:怎能够让母亲安然接受。

4.《蛊》之九三,以阳处刚而不中,刚之过也,故小有悔①。然在《巽》体,不为无顺。顺,事亲之本也,又居得正,故无大咎。然有小悔,已非善事亲也。

[注释]①《蛊》卦巽下艮上。其九三爻以阳爻处刚位而不中,是谓过于刚强。叶采《近思录集解》:亲而过刚,不能无悔矣。然《蛊》之下卦为《巽》,巽者顺也。又阳爻居阳位,居得其正则亦不至大过,故无大咎也。但谓之小悔,则于事亲之道已非尽善者矣。

5. 正伦理,笃恩义,家人之道也。

6. 人之处家,在骨肉父子之间,大率以情胜礼,以恩夺义①。惟刚立之人,则能不以私爱失其正理,故《家人》卦大要以刚为善②。

[注释]①以恩夺义:因恩爱而放弃义理。 ②张伯行《近思录集解》:此见处家之道不可无刚方之意也。人之处家,所与朝夕者,无非至亲之人。其在骨肉父子之间,大抵动于情之不能已,而礼法之严在所不拘,是以情胜礼也。出于恩之不忍薄,而义理之正或所不计,是以恩夺义也。惟刚方卓立之人,自能至公无私,不以一偏之爱失其至正之理。故《家人》一卦之爻,大要以刚阳为善。

7.《家人》上九爻辞,谓治家当有威严,而夫子又复戒云,当先严其身也。威严不先行于己,则人怨而不服。

8.《归妹》九二,守其幽贞,未失夫妇常正之道。世人以媟①狎为常,故以贞静为变常,不知乃常久之道也②。

[注释]①媟(xiè):轻慢。 ②张伯行《近思录集解》:世人以媟亵玩狎习为故常,故以贞静之德为异,而反目之以变常。不知贞静乃夫妇常久不易之道,故孔子系《象》特表而出之。

9.世人多慎于择婿,而忽于择妇①。其实婿易见,妇难知,所系甚重,岂可忽哉?

[注释]①择妇:择媳。

10.人无父母,生日当倍悲痛,更安忍置酒张乐以为乐?若具庆①者可矣。

[注释]①具庆:父母健在。

11.问:"《行状》云:'尽性至命,必本于孝弟。'不识孝弟何以能尽性至命也?"曰:"后人便将性命别作一般事说了①。性命孝弟,只是一统底事,就孝弟中便可尽性至命。如洒扫应对与尽性至命,亦是一统底事,无有本末,无有精粗,却被后来人言性命者,别作一般高远说②。故举孝弟,是于人切近者言之。然今时非无孝弟之人,而不能尽性至命者,由之而不知③也。"

[注释]①将性命别作一般事说了:对性命作另一种诠释。 ②别作一

般高远说:别作一番玄虚飘渺的阐释。 ③由之而不知:如此去做却不明白其中的道理。

12. 问:"第五伦视其子之疾与兄子之疾不同,自谓之私,如何?"曰:"不待安寝与不安寝,只不起与十起,便是私也。父子之爱本是公,才著些心做,便是私也。"①又问:"视己子与兄子有间否?"曰:"圣人立法,曰:'兄弟之子犹子也。'是欲视之犹子也。"又问:"天性自有轻重,疑若有间然?"曰:"只为今人以私心看了。孔子曰:'父子之道,天性也。'此只就孝上说,故言父子天性,若君臣、兄弟、宾主、朋友之类,亦岂不是天性?只为今人小看却,不推其本所由来故尔。己之子与兄之子,所争②几何?是同出于父者也。只为兄弟异形,故以兄弟为手足。人多以异形故,亲己之子异于兄弟之子,甚不是也。"又问:"孔子以公冶长不及南容,故以兄之子妻南容,以己之子妻公冶长,何也③?"曰:"此亦以己之私心看圣人也。凡人避嫌者,皆内不足④也。圣人自至公,何更避嫌?凡嫁女,各量其才而求配,或兄之子不甚美,必择其相称者为之配,己之子美,必择其才美者为之配,岂更避嫌耶?若孔子事,或是年不相若,或时有先后,皆不可知,以孔子为避嫌,则大不是。如避嫌事,贤者且不为,况圣人乎?"

[注释]①第五伦:人名。叶采《近思录集解》:《后汉·第五伦传》。或问伦曰:"公有私乎?"对曰:"吾兄子尝病,一夜十起,退而安寝;吾子有疾,虽不省视,而竟夕不眠。若是者岂可谓无私乎?"人知安寝与不眠为私爱其子,而不知十起与不起亦私意也。张伯行《近思录集解》:只就其有意不起有意十

起,便是私也。子疾既关切,何得不起?不起者,畏人议其私也。兄子之疾亦同关切,又何必十起?十起,欲人见其公也。即此畏人议私,欲人见公,便是私意。　②所争:差别。　③事见《论语·公冶长》。公冶长、南容,均为孔子弟子。　④内不足:修养不到,故内无定见。

13. 问:"孀妇,于理似不可取,如何?"曰:"然。凡取以配身也。若取失节者以配身,是己失节也。"又问:"或有孤孀贫穷无托者,可再嫁否?"曰:"只是后世怕寒饿死,故有是说。然饿死事极小,失节事极大。"

14. 病卧于床,委之庸医,比之不慈不孝。事亲者,亦不可不知医。

15. 程子葬父,使周恭叔主客。客欲酒,恭叔以告,先生曰:"勿陷人于恶。"①

[注释]①周恭叔:名行己,永嘉人,程门弟子。主客:主持接待宾客。《礼记·檀弓下》:"行吊之日,不饮酒食肉焉。"许人饮酒,即是陷人于非情悖礼之恶。

16. 买乳婢,多不得已。或不能自乳,必使人。然食己子而杀人之子,非道。必不得已,用二子①乳食三子,足备他虞。或乳母病且死,则不为害,又不为己子杀人之子,但有所费。若不幸致误其子②,害孰大焉?

[注释]①二子:两个乳母。　②致误其子:害了别人的孩子。

17. 先公太中讳珦,字伯温①,前后五得任子②,以均诸父子孙,嫁遣孤女③,必尽其力。所得俸钱,分赡亲戚之贫者。伯母刘氏寡居,公奉养甚至。其女之夫死,公迎从女兄④以归,教养其子,均于子侄。既而女兄之女又寡,公惧女兄之悲思,又取甥女以归,嫁之。时小官禄薄,克己为义,人以为难。公慈恕而刚断⑤,平居与幼贱处⑥,惟恐有伤其意,至于犯义理,则不假⑦也。左右使令之人⑧,无日不察其饥饱寒燠。娶侯氏。侯夫人事舅姑以孝谨称,与先公相待如宾客。先公赖其内助,礼敬尤至。而夫人谦顺自牧⑨,虽小事未尝专,必禀而后行。仁恕宽厚,抚爱诸庶,不异己出。从叔幼姑⑩,夫人存视⑪,常均己子。治家有法,不严而整,不喜笞扑奴婢,视小臧获⑫如儿女。诸子或加呵责,必戒之,曰:"贵贱虽殊,人则一也。汝如是大时,能为此事否?"先公凡有所怒,必为之宽解,唯诸儿有过,则不掩也。常曰:"子之所以不肖者,由母蔽其过而父不知也。"夫人男子六人,所存惟二,其慈爱可谓至矣,然于教之之道,不少假也。才数岁,行而或蹉⑬,家人走前扶抱,恐其惊啼,夫人未尝不呵责曰:"汝若安徐,宁至蹉乎?"饮食常置之坐侧。尝食絮羹⑭,皆叱止之,曰:"幼求称欲,长当何如?"虽使令辈,不得以恶言骂之。故颐兄弟平生于饮食衣服无所择,不能恶言骂人,非性然也,教之使然也。与人争忿,虽直不右⑮,曰:"患其不能屈,不患其不能伸。"⑯及稍长,常使从善师友游,虽居贫,或欲延客⑰,则喜而为之具。夫人七八岁时,诵古诗曰:"女子不夜出,夜出秉明烛。"自是日暮则不复出房阁。既长,好文而不为辞章,见世之妇女以文章笔札传于人者,则深以为非。

[注释]①太中:即太中大夫,后改谏议大夫。程颐父程珦,官至太中大夫。 ②任子:父为官,朝廷赐其子亦可为官。 ③嫁遣孤女:出嫁伯父叔父留下的孤女。 ④女兄:堂姐。 ⑤慈恕而刚断:宽厚仁慈,刚决果断。⑥与幼贱处:与晚辈或贫贱者相处。 ⑦假:宽恕。 ⑧使令之人:使唤的下人。 ⑨自牧:自我约束。 ⑩从叔幼姑:堂叔小姑。 ⑪存视:存养看顾。⑫小臧获:年龄幼小的奴婢。 ⑬蹭:跌倒。 ⑭尝食絮羹:先尝再吃,指挑食。 ⑮虽直不右:虽然有理也不替孩子说话。 ⑯屈:受委屈。伸:据理而争。 ⑰延客:请客。

18. 横渠先生尝曰:事亲奉祭①,岂可使人为之?

[注释]①事亲奉祭:侍奉父母,祭奠父母。

19. 舜之事亲有不悦者,为父顽母嚚①,不近人情。若中人②之性,其爱恶略无害理,姑必顺之。亲之故旧,所喜者,当极力招致,以悦其心。凡于父母宾客之奉,必极力营办,亦不计家之有无。然为养③,又须使不知其勉强劳苦,苟使见其为而不易,则亦不安矣。

[注释]①顽:冥顽;嚚:恶。舜百般孝敬侍奉父母,父母仍然不悦。②中人,一般人。 ③为养:赡养。

20.《斯干》诗言:"兄及弟矣,式相好矣,无相犹矣。"言兄弟宜相好,不要相学。犹,似也。人情大抵患在施之不见报则辍,故恩不能终。不要相学,已施之而已。①

[注释]①张伯行《近思录集解》:此释《诗·斯干》之辞也。……乃言凡

人之为兄弟者,宜相和好,不要相学,而效其不和之所为。犹者,相似之义也。凡人之情,大抵所患者,在我如是以施之,而彼未必如是以相报,则因之辍其所施,故恩爱之情不能终笃而不衰。岂知兄弟之恩本出于性情之自然而不容己,当然而不可易。不要彼此相视,学其所为。其报不报,俱可勿计,但尽其在己,而以式好之情施之而已。

21. 人不为《周南》、《召南》,其犹正墙面而立。常深思此言,诚是。不从此行,甚隔著事①,向前推不去。盖至亲至近,莫甚于此,故须从此始。

[注释]①隔著事:阻隔、碍事。朱子曰:不知所以修身齐家,则不待出门,便已动不得了。所以谓之"正墙面"者,谓其至近之地,亦行不得故也。(《朱子语类》卷四十七)

22. 婢仆始至者,本怀勉勉①敬心,若到所提掇更谨则加谨②,慢③则弃其本心,便习以性成。故仕者,入治朝则德日进,入乱朝则德日退,只观在上者有可学无可学尔。

[注释]①勉勉:勤勉。 ②提掇更谨则加谨:提掇,提醒指点。意谓主人提醒得愈谨严他就会越勤谨。 ③慢:放松,放纵。

卷七　出处进退辞受之义(凡三十九条)

1. 伊川先生曰：贤者在下，岂可自进①以求于君？苟自求之，必无能信用之理。古人之所以必待人君致敬尽礼而后往者，非欲自为尊大，盖其尊德乐道之心，不如是，不足与有为也②。

[注释]①自进：自我晋身　②叶采《近思录集解》：贤者之进，将以行其道也。自非人君有好贤之诚心，则谏不行，言不听，岂足以有为哉？

2. 君子之需时①也，安静自守，志虽有须，而恬然若将终身焉，乃能用常也②。虽不进而志动③者，不能安其常也。

[注释]①需时：等待时机。　②安静、恬然而毋岌岌乎晋身与功名，乃能自守。用常：不失其常。　③志动：心志躁动。

3. 《比》："吉，原筮，元永贞，无咎。"①《传》曰：人相亲比②，必有其道，苟非其道，则有悔咎。故必推原占决③其可比者而比之，所比得元永贞，则无咎。元，谓有君长之道;永,谓可以常久;贞,谓得正道。上之比下④,必有此三者,下之从上,必求此三者,则无咎也。

[注释]①语出《周易·比》卦卦辞。比:比附。比卦之意为辅佐,下顺从上。此言即阐发在下者亲附上位者的原则。无咎:无灾祸。 ②亲比:亲近依附。 ③推原占决:推原,推论原委;占决,占卜而决断。 ④上之比下:在上者使在下者亲附自己。

4.《履》之初九曰:"素履往,无咎。"①《传》曰:夫人不能自安于贫贱之素,则其进也,乃贪躁而动,求去乎贫贱耳,非欲有为也②。既得其进,骄溢必矣,故往则有咎。贤者则安履其素,其处也乐,其进也将有为也,故得其进则有为而无不善。若欲贵之心与行道之心交战于中,岂能安履其素乎?

[注释]①语出《周易·履卦》初九爻辞,原意谓穿着朴素的鞋出走,比喻志行纯洁,无灾祸。 ②求去乎贫贱耳,非欲有为也:谓意在去贫贱求富贵,而非欲有所作为。

5.大人于否之时,守其正节,不杂乱于小人之群类,身虽否而道之亨也,故曰:"大人否亨。"不以道而身亨,乃道否也。①

[注释]①"大人否亨"为《否》卦六二爻辞。《否》卦之"否",是坏、恶、闭塞不通之义。"亨"与"否"相对,通达之义。

6.人之所随①,得正则远邪,从非则失是,无两从②之理。《随》之六二,苟系于初则失五③矣,故《象》曰:"弗兼与也。"所以戒人从正④当专一也。

[注释]①随:伴随。 ②两从:既从正又取邪。 ③苟系于初则失五:《随》卦的六二爻与其下的初九爻为相从关系,与上卦之中九五爻为正应关系。初爻居下位,为小子,象征小人。九五既得中又得正,处位为大人。六二或者从初或者应五,不可兼得,得此则失彼。所以这里说"苟系于初则失五"。④从正:走正道。

7. 君子所贵,世俗所羞;世俗所贵,君子所贱。故曰:"贲其趾,舍车而徒。"①

[注释]①此言为《贲》卦初九爻辞。贲:文饰。趾:脚。江永《近思录集注》:世俗以势位为荣,君子以道义为贵。故宁舍非道之车而安于徒步。

8.《蛊》之上九曰:"不事王侯,高尚其事。"①《象》曰:"不事王侯,志可则也。"②《传》曰:士之自高尚,亦非一道:有怀抱道德,不偶于时③,而高洁自守者;有知止足之道,退而自保者;有量能度分④,安于不求知者;有清介自守,不屑天下之事,独洁其身者。所处虽有得失小大之殊,皆自高尚其事者也。《象》所谓"志可则"者,进退合道者也。

[注释]①《蛊》卦上九爻,以阳爻居最上位,象征以阳刚之才,超然于人世之外。有隐居求志,不事王侯之象。 ②事:侍奉。不事王侯:拒绝当官。志可则:志趣可作法则,值得效法。 ③不偶于时:不合于时。 ④量能度分:考量、忖度自我的能力、分量。

9.《遯》者,阴之始长。君子知微①,固当深戒。而圣人之意,未便遽已②也,故有"与时行","小利贞"之教③。圣贤之于天下,虽知道之将废,岂肯坐视其乱而不救,必区区致力于未极之间,强此之衰,艰彼之进,图其暂安④。苟得为之,孔、孟之所屑为也,王允、谢安之于汉、晋是也⑤。

[注释]①知微:明察秋毫。 ②遽已:立刻放弃。 ③语出《周易·遁》卦。《遁》卦意在阐述乱世时君子处世之道。遁:隐遁。小利贞:有小的利益。《遁》卦之《象》:"刚当位而应,与时行也。小利贞,浸而长也。"张伯行《近思录集解》:乾上艮九五当位,而下有中正六二之应,若犹可以有为。故圣人之意犹未遽已,而有与时消息,欲行其道之心。但未能大正,而利于小而贞耳。 ④叶采《近思录集解》:强此之衰,扶君子之道未尽消;艰彼之进,抑小人之道未骤长。 ⑤王允:东汉末大臣,汉献帝时为尚书令、司徒。时汉朝大势已去,天下纷争,允当此不可为之时,犹谋杀宦官、诛董卓,欲暂安汉室。谢安:东晋大臣,官至司徒。晋室当时屈居东南一隅,摇摇欲坠,他积极从政,力拒强敌符坚,一度收复中原失地。

10.《明夷》初九,事未显而处甚艰,非见几之明不能也。①如是,则世俗孰不疑怪?然君子不以世俗之见怪而迟疑其行也。若俟众人尽识,则伤已及而不能去已。

[注释]①《明夷》卦,离下坤上,日在地中。象征贤德被伤害,邪恶残害正义。明:光明。夷:痍,创伤。见几之明:见微知著的明智。

11.《晋》之初六,在下而始进,岂遽①能深见信于上?苟上未见信,则当安中自守,雍容宽裕②,无急于求上之信也。苟欲信之心切,非汲汲以失其守,则悻悻以伤于义矣③。故曰:"晋如摧如,贞吉;罔孚,裕,无咎。"④然圣人又恐后之人不达⑤宽裕之义,居位者废职失守以为裕,故特云初六裕则无咎者,始进未受命当职任故也⑥。若有官守,不信于上而失其职,一日不可居也。然事非一概,久速唯时,亦容有为之兆者⑦。

[注释]①遽:立刻。 ②安中自守,雍容宽裕:内心平静,从容自在。 ③汲汲:急切。悻悻:愤愤然。 ④语出《周易·晋》卦初六爻辞。意谓无论上进还是退却,都吉利。即使尚未得到众人信服,以雍容宽裕之态处之,也无灾害。 ⑤不达:不解。 ⑥始进未受命当职任故也:是针对刚刚进身还没有接受任命担当职责的人而言的。 ⑦久速唯时,亦容有为之兆:久速唯时者,晋身迟为"久",晋身快为"速"。此句意谓并非始进身都必须宽裕不迫。或迟或速,只看时宜。或许会有速进的征兆,所贵在明察几微。

12. 不正而合,未有久而不离者也;合以正道,自无终睽之理。故贤者顺理而安行,智者知几而固守。①

[注释]①《睽》卦象征乖异背离。知几而固守:知几微之必然而固守不惑。

13. 君子当困穷之时,既尽其防虑之道而不得免,则命也,当推致其命以遂其志①。知命之当然也,则穷塞②祸患不以动其心,行吾义而已。苟不知命,则恐惧于险难,陨获③于穷厄,所守亡矣,安能遂其为善之志乎?

[注释]①《周易·困》卦之《象》曰:"泽无水,困,君子以致命遂志。"朱子曰:"致命'如《论语》'见危授命'与'士见危致命'一般,是送这命与他。自家但遂志循义,都不管生死,不顾身命。犹言致死生于度外也。(《朱子语类》卷七十三)张伯行《近思录集解》:身安道泰,志固遂也;杀身成仁,志亦遂也。 ②穷塞:困顿不达。 ③陨获:丧失志气。

14. 寒士之妻,弱国之臣,各安其正而已。苟择势而从①，则恶之大者，不容于世矣。

[注释]①择势而从：依附权贵。

15.《井》之九三，渫治而不见食，乃人有才智而不见用①，以不得行为忧恻也。盖刚而不中②，故切于施为③，异乎"用之则行，舍之则藏"者矣。

[注释]①渫(xiè)治：淘去污泥。井中之泥已净却仍然未被食用，象征人有才而不被重用。　②刚而不中：九三爻居下卦之上，不中；九为阳，性刚。刚为刚硬，不中为过头。　③切于施为：迫切地要有所作为。

16.《革》之六二，中正则无偏蔽，文明则尽事理，应上则得权势，体顺则无违悖，时可矣，位得矣，才足矣，处《革》之至善者也。①必待上下之信，故"已日②乃革之也。"如二之才德，当进行其道，则吉而无咎也；不进，则失可为之时，为有咎也。

[注释]①《周易·革》卦之"革"有变革、改革、革命之义。其六二爻位于下卦之中，并以阴爻居阴位，为"正"，所以说"中正则无偏蔽"。下卦离，"离"谓明，"文"是物之纹理，"文明"即明白事理，所以说"文明则尽事理"。六二位于下卦之中，与上卦之中九五相对应。"九五之尊"为王位、尊位，所以说"应上则得权势"。六为阴爻，二为阴位，体、位均柔，柔即顺，所以说"体顺则无违悖"。时处当变之时，是谓"时可"。处下体之中而应上得权，是"位得"。既中正文明又柔顺，是谓"才足"。所以说六二爻处在革卦最善的位置。此时应当抓紧时机进行变革。②"巳"通"祀"。巳日：祭祀之日。

17.《鼎》之有实，乃人之有才业也，当慎所趋向。不慎所往，则亦陷于非义。故曰："鼎有实，慎所之也。"①

[注释]①此言为《周易·鼎》卦九二《象》辞。《鼎》卦之九二爻为鼎中有实之象,鼎中盛有实物,象征人有才业,固然可贵,但在施展才能前应该慎重抉择。

18. 士之处高位,则有拯而无随;在下位,则有当拯,有当随,有拯之不得而后随。①

[注释]①拯:拯救。随:跟随。江永《近思录集注》:拯者救其弊,随者随其失。处高位,不可坐视其失;在下位,则有职所不及,力所不能者矣。

19. 君子思不出其位。位者,所处之分也。万事各有其所,得其所,则止而安。若当行而止,当速而久,或过或不及,皆出其位也①,况逾分非据②乎?

[注释]①位:分限,范围。叶采《近思录集解》:位者,所处当然之分也。处之不逾其分,是不出其位也。所谓止者,当其分而已。当行而止,当速而久,或过或不及,皆为出位,而非得其止者也。 ②逾分非据:超出分限据于不应据之处。

20. 人之止,难于久终,故节或移于晚①,守或失于终,事或废于久,人之所同患也。《艮》之上九,敦厚于终,止道之至善也,故曰:"敦艮,吉。"②

[注释]①节或移于晚:晚节不保。 ②此言为《周易·艮》卦上九爻辞。其《象》曰:"敦厚之吉,以厚终也。"敦艮:敦厚而止。人情之于敦厚,易始而难终。坚持敦厚至最后,才能达"道"而至于至善。

21.《中孚》之初九曰:"虞吉。"《象》曰:"志未变也。"①《传》曰:当信之始②,志未有所从,而虞度所信,则得其正,是以吉也。志有所从,则是变动,虞之不得其正矣③。

[注释]①此言程子释《周易·中孚》卦初九爻之《象》,以此强调识人识事当不怀偏见。志未变:心志没有变化,指没有成见。 ②当信之始:开始选择信任对象。 ③虞:衡量。张伯行《近思录集解》:孚,信也。虞,度也。相信之道,当审于始,初九居《中孚》之始,志未有他岐,中怀无安,于此度其所可信者,必能详审而得其正,是以为吉。若志有所从,则恐牵于偏系之私,而好恶成于中,是非淆于外,必易变动,而失其所度之正矣,何吉之有?

22. 贤者惟知义而已,命在其中;中人以下,乃以命处义①,如言"求之有道,得之有命,是求无益于得"②,知命之不可求,故自处以不求。若贤者则求之以道,得之以义,不必言命。

[注释]①以命处义:以命定的态度来对待义。茅星来《近思录集注》:贤者知义,则自然安命。中人以下,知命则自然不为非。 ②语出《孟子·尽心上》。意谓以"道"去追求,得到得不到听凭命运。追求无益于获得。

23. 人之于患难,只有一个处置,尽人谋之后,却须泰然处之。有人遇一事,则心心念念不肯舍,毕竟何益?若不会处置了,放下便是,无义无命①也。

[注释]①无义无命:既不知义也不知命。

24. 门人有居太学而欲归应乡举者,问其故,曰:"蔡人鲜习《戴记》,决科之利也。"①先生曰:汝之是心,已不可入于尧、舜之道矣。夫子贡之高识,曷尝规规于货利②哉?特于丰约③之间,不能无留情耳。且贫富有命,彼乃留情于其间,多见其不信道也,故圣人谓之"不受命"④。有志于道者,要当去此心,而后可与语也。

[注释]①《戴记》:《礼记》。决科之利:有利于科举考试。 ②子贡:名端木赐,孔子弟子,经商而致富。规规于货利:着意于经营致富。 ③丰约:指财之丰约,即贫富。 ④不受命:不接受天命。

25. 人苟有"朝闻道,夕死可矣"之志,则不肯一日安于所不安也;何止一日,须臾不能。如曾子易箦①,须要如此乃安。人不能若此者,只为不见实理。实理者,实见得是,实见得非。凡实理得之于心自别②,若耳闻口道者,心实不见,若见得,必不肯安于所不安。人之一身,尽有所不肯为,及至他事又不然③。若士者,虽杀之使为穿窬④,必不为,其他事未必然。至如执卷者⑤,莫不知说礼义。又如王公大人,皆能言轩冕⑥外物,及其临利害,则不知就义理,却就富贵。如此者,只是说得,不实见⑦。及其蹈水火,则人皆避之,是实见得,须是有"见不善如探汤"⑧之心,则自然别。昔曾经伤于虎者,他人语虎,则虽三尺童子,皆知虎之可畏,终不似曾经伤者,神色慑惧,至诚畏之⑨,是实见得也。得之于心,是谓有德⑩,不待勉强;然学者则须勉强⑪。古人有捐躯陨命者,若不实见得,则乌能如此?须是实见得生不重于义,生不安于死⑫也。故有杀身成仁,只是成就一个是而已。

[注释]①曾子易箦:据《礼记·檀弓上》:曾子疾笃,其所卧是季孙所送大夫才可铺用的席,曾子要人换掉,说:"吾德(得)正而毙焉斯已矣。"人举扶曾子而易箦,曾子反席未安而没。 ②自别:自有独家体悟。 ③同为是一

身,这件事他不做,及至遇到另外相似的事却坚持不住。 ④穿窬:挖墙洞、爬墙头,指偷窃行为。 ⑤执卷者:此指读书人。 ⑥轩冕:官员的车乘和冕服,借指官位爵禄,引申指富贵。 ⑦只是说得,不实见:只是嘴上说说,并不真正认识。 ⑧汤:沸水。 ⑨至诚畏之:打心眼里害怕。 ⑩得之于心,是谓有德:心中有得,称之为德。 ⑪勉强:努力。 ⑫生不安于死:活着没有死去安心。

26. 孟子辨舜、跖之分,只在义利之间。言"间"①者,谓相去不甚远,所争毫末尔。义与利,只是个公与私也。才出义,便以利言也②。只那计较,便是为有利害。若无利害,何用计较?利害者,天下之常情也。人皆知趋利而避害,圣人则更不论利害,惟看义当为不当为,便是命在其中③也。

[注释]①间:相差不多。 ②刚脱离了义,就是从利上说了。 ③见义勇为,命当如此。

27. 大凡儒者,未敢望深造于道,且只得所存正①,分别善恶,识廉耻,如此等人多,亦须渐好②。

[注释]①得所存正:存心端正。 ②亦须渐好:需要渐渐进于道。

28. 赵景平问:"'子罕言利'①,所谓利者何利?"曰:"不独财利之利,凡有利心,便不可。如作一事,须寻自家稳便处,皆利心也。圣人以义为利,义安处便为利。如释氏之学,皆本于利,故便不是。"②

[注释]①赵景平:程颐门人。《论语·子罕》:"子罕言利与命与仁。" ②叶采《近思录集解》:释氏恶死,则欲无生;恶物欲之乱心,则绝灭人伦。推

其本心,惟欲利己而已,是贼义之大者。

29. 问:"邢七久从先生,想都无知识,后来极狼狈。"① 先生曰:"谓之全无知则不可,只是义理不能胜利欲之心,便至如此也。"

[注释] ①邢七:邢恕,曾从二程学。举进士,趋附交结蔡確、章惇、黄履,陷害多人,人称四凶。都无知识:什么也没有学到。

30. 谢湜①自蜀之京师,过洛而见程子。子曰:"尔将何之?"曰:"将试教官。"子弗答。湜曰:"何如?"子曰:"吾尝买婢,欲试之,其母怒而弗许,曰:'吾女非可试者也。'今尔求为人师而试之②,必为此媪笑也。"湜遂不行。

[注释] ①谢湜:字持正,金堂(今四川金堂)人,元丰进士,官至国子博士。 ②求为人师而试之:想做别人的老师,却让别人来考他。

31. 先生在讲筵,不曾请俸①。诸公遂牒②户部,问不支俸钱。户部索前任历子③,先生云:"某起自草莱④,无前任历子。"(本注:旧例:初入京官时,用下状出给料钱历⑤。先生不请,其意谓朝廷起我,便当"廪人继粟"、"庖人继肉"⑥也。)遂令户部自为出券历。又不为妻求封。范纯甫⑦问其故,先生曰:"某当时起自草莱,三辞,然后受命,岂有今日乃为妻求封之理?"问:"今人陈乞恩例,义当然否? 人皆以为本分,不为害。"先生曰:"只为而今士大夫道得个乞字惯,却动不动又是乞也。"因问:"陈乞封父祖如何?"先生曰:"此事体又别。"再三请益,但云:"其说甚长⑧,待别时说。"

[注释]①请俸:向朝廷请求俸禄。 ②牒:发公文。 ③前任历子:前任职务的证书。 ④草莱:布衣平民。 ⑤宋代料粮院所给料钱证书。官员初入京任职,须出具原先领过俸钱的证明,据此文状上所开受官日月,到户部领取俸钱。料钱即俸钱。 ⑥语出《孟子·万章下》,意谓国君对投奔他的士应当给以生活照顾,让管仓库的送来谷米,让管膳食的送来肉。 ⑦范纯甫:范祖禹字。 ⑧其说甚长:说来话长。

32. 汉策贤良①,犹是人举之,如公孙弘者,犹强起之②,乃就对。至如后世贤良,乃自求举尔。若果有曰"我心只望廷对③,欲直言天下事",则亦可尚④已。若志富贵,则得志便骄纵,失志则便放旷与悲愁而已。

[注释]①汉策贤良:汉代选士制度为察举制,有贤良方正科、贤良文学科。《汉书·文帝纪》记文帝二年,诏"二三执政举贤良方正能直言极谏者,以匡朕不逮"。此为举贤良方正之始。《汉书·东方朔传》:"武帝举方正贤良文学材力之士,待以不次之位。"是为举贤良文学之始。察举制是由大臣或郡国举荐于朝,而后皇帝亲策。 ②公孙弘:汉武帝时人。少时家贫,年四十余乃学《春秋杂说》。武帝初即位,招贤良。是时弘年六十,以贤良征为太学博。旋使匈奴,以上奏不合天子意,乃以病归。元光五年(公元前130年)复征贤良,国人力推,乃就对。见《史记》、《汉书》本传。 ③廷对:在朝廷上与皇帝面对面谏言上策。 ④可尚:值得尊崇。

33. 伊川先生曰:人多说某不教人习举业,某何尝不教人习举业也。人若不习举业而望及第,却是责天理而不修人事①。但举业既可以及第即已②,若更去上面尽力求必得之道,是惑也③。

[注释]①責天理而不修人事:求天命而不尽自身努力。 ②即已:就罢了。 ③这里是说,若再去研究如何才能每试必中之策,那就糊涂了。惑:糊涂。

34. 问:"家贫亲老,应举求仕,不免有得失之累①,何修可以免此?"伊川先生曰:"此只是志不胜气,若志胜,自无此累。家贫亲老,须用禄仕,然得之不得为有命。"曰:"在己固可,为亲奈何?"②曰:"为己为亲,也只是一事。若不得,其如命何?③孔子曰:'不知命,无以为君子。'④人苟不知命,见患难必避,遇得丧必动⑤,见利必趋,其何以为君子?"

[注释]①得失之累:担心不能考中得官。 ②在己固可,为亲奈何:就自己而言,不得官固然都可,为父母之计奈何? ③此句意谓即使不能得官,那是天命,又能怎样? ④语出《论语·尧曰》。 ⑤动:动心。

35. 或谓科举事业夺人之功①,是不然。且一月之中,十日为举业,余日足可为学。然人不志此,必志于彼。故科举之事,不患妨功,惟患夺志。

[注释]①夺人之功:侵夺了人的学道。

36. 横渠先生曰:世禄之荣,王者所以录有功,尊有德,爱之厚之,示恩遇之不穷①也。为人后者,所宜乐职劝功②,以服勤事任③;长廉远利,以似述世风④。而近代公卿子孙,方且下比布衣,工声病,售有司⑤,不知求仕非义,而反羞循理为无能;不知荫袭为荣,而反以虚名为善继⑥,

诚何心哉!

[注释]①示恩遇之不穷:表示对他的恩遇没有穷尽。 ②乐职劝功:乐于职守,励行事功。 ③服勤事任:勤勉做事。 ④长廉远利,以似述世风:"似述",一作"嗣述"。此句意谓清廉而远避利欲,以继承祖述先世的家风。 ⑤工声病,售有司:工研诗赋技巧,以此换取有司的录用。 ⑥善继:《礼记·中庸》:"夫孝者,善继人之志,善述人之事者也。"此指以科举虚名为善继先人之志。

37. 不资其力而利其有,则能忘人之势。①

[注释]①无求于他人的权力,又不想从他人的富有中得到好处,就能自重而不趋炎附势。

38. 人多言安于贫贱,其实只是计穷力屈才短①,不能营画耳。若稍动得②,恐未肯安之。须是诚知义理之乐于利欲也,乃能③。

[注释]①计穷力屈才短:无计可施才力不足。 ②若稍动得:若稍有办法。 ③真正懂得义理之乐超过利欲之享,始能安于贫贱。

39. 天下事,大患只是畏人非笑。不养车马,食粗衣恶,居贫贱,皆恐人非笑。不知当生则生,当死则死,今日万钟,明日弃之,今日富贵,明日饥饿,亦不恤①,惟义所在。

[注释]①不恤:不在意。

卷八　治国平天下之道(凡二十五条)

1. 濂溪先生曰：治天下有本，身之谓也；治天下有则①，家之谓也。本必端②，端本，诚心而已矣；则必善，善则，和亲而已矣。家难而天下易，家亲而天下疏③也。家人离④，必起于妇人，故《睽》次《家人》，以"二女同居，而志不同行"也⑤。尧所以釐降二女于妫汭⑥，舜可禅乎？吾兹试矣⑦。是治天下观于家，治家观身而已矣。身端，心诚之谓也；诚心，复其不善之动⑧而已矣。不善之动，妄也；妄复，则无妄矣；无妄，则诚矣。故《无妄》次《复》，而曰"先王以茂对时育万物"，深哉！

[注释]①则：法则，榜样　②端：端正。　③家难而天下疏：治家难，治天下易。这是因为家人亲近而义难胜情，天下疏远故公易制私。　④离：离心离德。　⑤"睽"：乖离。《周易》之《睽》卦在《家人》卦之后。《序卦》云："家道穷必乖，故受之以《睽》。"《彖》辞："二女同居，其志不同行。"志不同行：志趣相左行为各异。　⑥釐降：下嫁。妫汭：舜所居之处。　⑦吾兹试矣：是否可以放心将帝位禅让给舜？尧用嫁女的办法来验证舜能否治家且治国。　⑧复其不善之动：复，这里用作消除之义。此句意谓诚就是消除不善的念头返回心之本善。

2. 明道先生尝言于神宗曰:得天理之正,极人伦之至者,尧、舜之道也;用其私心,依仁义之偏者,霸者①之事也。"王道如砥②",本乎人情,出乎礼义,若履大路而行,无复回曲。霸者崎岖反侧于曲径之中,而卒不可与入尧、舜之道。故诚心而王,则王矣;假之而霸③,则霸矣。二者其道不同,在审其初而已。《易》所谓"差若毫厘,缪以千里"者,其初不可不审也。惟陛下稽先圣之言,察人事之理,知尧、舜之道备于己,反身而诚之,推之以及四海,则万世幸甚。

[注释]①这里的"霸者"指春秋五霸。　②砥:磨刀石。　③假之而霸:假"王道"的名义实行霸道。

3. 伊川先生曰:当世之务,所尤先者有三:一曰立志,二曰责任,三曰求贤。今虽纳嘉谋,陈善算,非君志先立,其能听而用之乎?君欲用之,非责任宰辅,其孰承而行之乎?君相协心,非贤者任职,其能施于天下乎?此三者,本也;制于事者,用也。三者之中,复以立志为本。所谓立志者,至诚一心,以道自任,以圣人之训为可必信,先王之治为可必行,不狃滞①于近规,不迁惑于众口,必期致天下如三代之世也。

[注释]①狃滞:拘滞。

4. 《比》之九五曰:"显比,王用三驱,失前禽。"①《传》曰:人君比天下之道,当显明其比道而已。如诚意以待物,恕己以及人,发政施仁,使天下蒙其惠泽,是人君亲比天下之道也。如是，天下孰不亲比于上。若乃暴其小仁，违道干誉②，欲以求下之比，其道亦已狭矣，其能得天下之比乎？王者显明其比道，天下自然来比。来者抚之，固不煦煦然求比于物③。若田之三驱，禽之去者，从而不追，来者则取之也。此王道之大，所以其民皞皞而莫知为之者也④。非惟人君比天下之道如此，大率人之相比莫不然。以臣于君言之，竭其忠诚，致其才力，乃显其比君之道也。用之与否，在君而已，不可阿谀逢迎，求其比己也。在朋友亦然，修身诚意以待之，亲己与否，在人而已，不可巧言令色，曲从苟合，以求人之比己也。于乡党、亲戚，于众人，莫不皆然，"三驱，失前禽"之义也。

[注释]①此言为《周易·比卦》九五爻辞。显比：显，光明；比，亲附。《象》曰："地上有水，比。先王以建万国，亲诸侯。"意谓地上有水之象，象征亲密比辅的关系。先代君王以此而建立万国之邦，亲近诸侯。九五爻居中，如道德光明悬著在天，引得众阴来比。王用三驱：即网开一面。古者圣王狩猎不合围，为禽兽留其生路，以示仁爱。三驱：驱猎者从三面驱赶禽兽。凡向前逃跑的都不追赶放其生还，只取那些不从王命，不出而反入者，是"失前禽"。②暴：显露。干誉：沽名钓誉。　③煦煦然求比于物：刻意做出和乐的姿态以求得外物的比附。煦煦然：显示惠爱的样子。　④皞皞：广大自得、心情舒畅之貌。《孟子·尽心上》："王者之民，皞皞如也。"《朱熹集注》："广大自得之貌。"

5. 古之时，公卿大夫而下，位各称其德①，终身居之，得其分②也；位未称德，则君举而进之，士修其学，学至而君求之，皆非有预于己③也。农工商贾，勤其事而所享有限④。故皆有定志，而天下之心可一。后世自庶士至于公卿,日志于尊荣,农工商贾,日志于富侈,亿兆之心,交骛于利,天下纷然,如之何其可一也。欲其不乱,难矣!

[注释] ①位各称其德:德、位相称,有德才有位。 ②得其分:得其应得之分。 ③有预于己:自己预先希望得到。 ④所享有限:享受其应得的分限。

6.《泰》之九二曰:"包荒,用冯河。"①《传》曰:人情安肆,则政舒缓。而法度废弛,庶事无节。治之之道,必有包含荒秽之量,则其施为,宽裕详密,弊革事理,而人安之。若无含弘之度②,有忿疾之心,则无深远之虑,有暴扰之患,深弊未去,而近患已生矣,故在包荒也。自古泰治之世,必渐至于衰替,盖由狃习安逸,因循而然。自非刚断之君,英烈之辅,不能挺特奋发,以革其弊也,故曰"用冯河"。或疑上云"包荒",则是包含宽容。此云"用冯河",则是奋发改革,似相反也。不知以含容之量,施刚果之用,乃圣贤之为也。③

[注释] ①此言为《周易·泰》卦九二爻辞。包荒:包,包容;荒,荒秽。冯河:"冯"同"凭",涉水过河。有"暴虎冯河"一说。此处取义为人须有刚果决断之气性。 ②含弘之度:宽广的气度。 ③张伯行《近思录集解》:或者不察,以冯河之奋发改革,似与上文包荒之含宏宽容,义有相反。不知用柔所以善其刚,用刚所以济其柔。有含容之量,则刚果不至于躁迫;有刚果之用,则含容不至于萎靡,二者相资而后治泰之道成。

7.《观》:"盥而不荐,有孚颙若。"①《传》曰:君子居上,为天下之表仪,必极其庄敬。如始盥之初,勿使诚意少散。如既荐之后,则天下莫不尽其孚诚,颙然瞻仰之矣②。

[注释]①此言为《周易·观》卦卦辞。下视上为观,故观之意为人仰慕。盥:祭祀前洗手。荐:奉献祭品。有孚:受到仰慕。 ②颙然:尊敬状。此文意谓祭祀前洗手,还未献祭之时,人心精诚严肃。保持这种精神状态,才能在人们心中建立信仰,使人仰慕。

8. 凡天下至于一国一家,至于万事,所以不和合者,皆由有间①也;无间则合矣。以至天地之生,万物之成,皆合而后能遂;凡未合者,皆为间也。若君臣、父子、亲戚、朋友之间,有离贰怨隙②者,盖谗邪间于其间也;去其间隔而合之,则无不和且洽矣。《噬嗑》③者,治天下之大用也。

[注释]①间:隔阂。 ②离贰怨隙:芥蒂愤懑。 ③噬嗑(shì kē):口中有物,噬咬而上下唇相合。噬:嚼。《周易·序卦》:"嗑者,合也。"

9. 《大畜》之六五曰:"豮豕之牙,吉。"①《传》曰:物有总摄,事有机会②,圣人操得其要,则视亿兆之心犹一心。道之斯行,止之则戢③,故不劳而治,其用若"豮豕之牙"也。豕,刚躁之物,若强制其牙,则用力劳而不能止;若豮去其势④,则牙虽存,而刚躁自止。君子法豮豕之义,知天下之恶不可以力制也,则察其机,持其要,塞绝其本原⑤,故不假刑法严峻,而恶自止也。且如止盗,民有欲心,见利则动,苟不知教,而迫于饥寒,虽刑杀日施,其能胜亿兆利欲之心乎?圣人则知所以止之之道,不尚威刑而修政教,使之有农桑之业,知廉耻之道,虽赏之不窃⑥矣。

[注释]①此言为《周易·大畜》卦六五爻辞。豮(fén)豕:阉割过的猪。

雄猪利牙刚猛,正面制服不易。将猪阉割,猪性情变得温顺,则不制而服。　②物有总摄,事有机会:总摄,统摄,统领。机会,关键。　③道之斯行,止之则戢:引导他就前进,阻止他就停止。戢,收敛,这里作"止息"讲。　④豮去其势:将猪阉割。势,雄性生殖器。　⑤察其机,持其要,塞绝其本原:把握解决问题的要领,杜绝产生问题的本源。　⑥虽赏之不窃:语出《论语·颜渊》,意谓即使盗窃有奖励,人也不会去做。

10.《解》:"利西南;无所往,其来复吉;有攸往,夙吉。"①《传》曰:西南,坤方。坤之体,广大平易。当天下之难方解,人始离艰苦,不可复以烦苛②严急治之,当济以宽大简易,乃其宜也。既解其难而安平无事矣,是"无所往"也。则当修复治道,正纪纲,明法度,进复③先代明王之治,是"来复"也,谓反④正理也。自古圣王救难定乱,其始未暇遽为⑤也,既安定,则为可久可继之治。自汉以下,乱既除,则不复有为,姑随时维持而已,故不能成善治,盖不知"来复"之义也。"有攸往,夙吉",谓尚有当解之事,则早为之,乃吉也。当解而未尽者,不早去⑥,则将复盛;事之复生者,不早为,则将渐大。故夙则吉也。

[注释]①此为《周易·解》卦卦辞。意谓向西南去有利。没有危难就不必前往,回复到原位就吉利;若有危难必须前往,早行会得到吉利。西南为坤,坤象征平易宽厚的大地。按《解》卦坎下震上。坎为险,震为功。《象》曰:"解,险以动,动而免乎险,解。"即遇见险阻当采取行动走出险境。解:解除困境。　②烦苛:指刑法繁杂苛刻严厉。　③进复:恢复。　④反:返回。　⑤遽为:立刻着手。　⑥不早去:不早一点解决。

11. 夫有物必有则①,父止于慈,子止于孝,君止于仁,臣止于敬,万物庶事,莫不各有其所。得其所则安,失其所则悖。圣人所以能使天下顺治,非能为物作则也,惟止之各于其所而已。

[注释] ①则:法则。

12.《兑》,说而能贞①,是以上顺天理,下应人心,说道之至正至善者也。若夫违道以干百姓之誉②者,苟说之道③,违道不顺天,干誉非应人④,苟取一时之说⑤耳,非君子之正道。君子之道,其说于民如天地之施,感之于心而说服无斁⑥。

[注释] ①《周易·兑·象》:"兑,说也。刚中而柔外,说以利贞,是以顺乎天,应乎人。"此条即对这句话的解说。"说"同"悦"。说而能贞:以正道取悦于人。贞:正。 ②违道以干百姓之誉:违背正道而求得百姓赞誉。 ③苟说之道:苟且取悦之道。 ④干誉非应人:干誉,沽名钓誉。非应人,不符合人心。 ⑤苟取一时之说:苟且处事,以讨得人们一时的喜欢。 ⑥无斁:永远不会满足和厌倦。

13. 天下之事,不进则退,无一定①之理。《济》之终,不进而止矣,无常止也,衰乱至矣;盖其道已穷极也②。圣人至此奈何?曰:唯圣人为能通其变于未穷,不使至于极③,尧、舜是也,故有终而无乱。

[注释] ①一定:拘滞,凝固。 ②此释《周易·既济》卦。既济:成功。意谓《既济》卦最后一爻,不能前进就停止了。但没有永久的停止,停止后接着衰乱就到来了。这是因为治天下之道已经用尽。 ③只有圣人能够在事情没有发展到极端之时通达其变化,不使之走向衰竭。

14. 为民立君,所以养之也。养民之道,在爱其力。民力足则生养遂①,生养遂则教化行而风俗美,故为政以民力为重也。《春秋》凡用民力,必书,其所兴作,不时②害义,固为罪也。虽时且义必书,见劳民为重事也。后之人君知此义,则知慎重于用民力矣。然有用民力之大而不书者,为教之意深矣。僖公修泮宫,复閟宫③,非不用民力也,然而不书。二者复古兴废之大事,为国之先务,如是而用民力,乃所当用也。人君知此义,知为政之先后轻重矣。

[注释]①遂:顺遂。 ②不当用民力时用之为"不时"。 ③叶采《近思录集解》:泮宫者所以教育贤材,閟宫者所以尊事祖先。二者皆为国之先务。以是而用民力,故无议焉。

15. 治身齐家以至平天下者,治之道也。建立治纲,分正百职①,顺天时以制事,至于创制立度,尽天下之事者,治之法也。圣人治天下之道,唯此二端而已。

[注释]①分正百职:建官设制,并且各明其职守。

16. 明道先生曰:先王之世,以道治天下,后世只是以法把持天下。①

[注释]①圣人以道治天下,行仁政;以法把持天下,则依靠法令控制天下。此间实王道、霸道之区别。

17. 为政须要有纪纲文章①,先有司②、乡官读法、平价③、谨权量④,皆不可阙也。人各亲其亲,然后能不独亲其亲。仲弓曰:"焉知贤才而举之?"子曰:"举尔所知。尔所不知,人其舍诸?"⑤便见仲弓与圣人用心之大小。推此义,则一心可以丧邦,一心可以兴邦,只在公私之间尔。

[注释]①纪纲:大纲大法。文章:礼乐制度。 ②先有司:此指在位者应当率先垂范,做下属的表率。 ③平价:平抑物价。 ④谨权量:小心度量衡问题。 ⑤语出《论语·子路》。尔所不知,人其舍诸:你不了解的,难道别人就会舍弃吗?

18. 治道亦有从本而言,亦有从事而言。从本而言,惟从格①君心之非,"正心以正朝廷,正朝廷以正百官"。若从事而言,不救②则已,若须救之,必须变,大变则大益,小变则小益。

[注释]①格:正,这里有革除之意。 ②救:救弊。

19. 唐有天下,虽号治平,然亦有夷狄之风。三纲不正,无君臣、父子、夫妇,其原始于太宗也①。故其后世子弟皆不可使②,君不君,臣不臣,故藩镇不宾③,权臣跋扈,陵夷④有五代之乱。汉之治过于唐。汉大纲正,唐万目举。本朝大纲正,万目亦未尽举。

[注释]①如唐太宗由篡得位,以晋阳宫人侍高祖寝,杀李元吉并娶其妻等。故谓太宗"无君臣、父子、夫妇者"。 ②不可使:不可使遣。如传统认为唐玄宗子肃宗在安史之乱中的即位属于篡;玄宗子永王李璘反叛。 ③藩镇不宾:藩镇不宾服。 ④陵夷:世风败坏。

20. 教人者,养其善心而恶自消;治民者,导之敬让而争自息。

21. 明道先生曰：必有《关雎》、《麟趾》之意①，然后可以行《周官》之法度②。

[注释]①《关雎》、《麟趾》(《麟之趾》)为《诗经·周南》篇名。按传统解诗说，《关雎》为赞美文王后妃之德而作。《诗序》说："《关雎》，后妃之德也，《风》之始也，所以风天下而正夫妇也。"《麟之趾》有云："麟之趾，振振公子。"郑玄笺："喻今公子亦信厚，与礼相应，有似于麟。" ②《周官》即《周礼》，载有天、地、春、夏、秋、冬六官所掌之法。张伯行《近思录集解》：德化为治之本，法度为治之具，二者交致则治业盛。然必先有其意而后可以行其法，否则内多欲而外施仁义，未见其能行也。

22."君仁莫不仁，君义莫不义"①。天下之治乱，系乎人君仁不仁耳。离是而非，"则生于其心，必害于其政"，岂待乎作之于外②哉？昔者，孟子三见齐王而不言事，门人疑之，孟子曰："我先攻其邪心。"③心既正，然后天下之事可从而理也。夫政事之失，用人之非，知者能更之，直者能谏之，然非心④存焉，则一事之失，救而正之，后之失者，将不胜救矣。格其非心，使无不正，非大人其孰能之。

[注释]①语出《孟子·离娄上》："惟大人为能格君心之非。君仁莫不仁，君义莫不义，君正莫不正。一正君而国定矣。" ②作之于外：邪念表现为外在的行为。 ③事见《荀子·大略》。齐王：齐宣王。攻其邪心，言孟子以正色攻齐宣王邪心。 ④非心：邪妄之心。此指君王心术不正。

23. 横渠先生曰：道千乘之国，不及礼乐刑政①，而云"节用而爱人，使民以时"。言能如是，则法行。不能如是,则法不徒行。礼乐刑政,亦制数而已②。

[注释]①语出《论语·学而》。道:导引,即治理。千乘之国:有千辆兵车之国。 ②《孟子·离娄上》:"徒善不足以为政,徒法不足以自行。"法不徒行:不可单单依靠法规。意谓若缺乏有仁爱之心者执法,则礼乐刑法政令推行不下去,徒然成为写成的条款而已。

24. 法立而能守,则德可久,业可大。郑声佞人①,能使为邦者丧其所守,故放远之。

[注释]①郑声佞人:"郑声淫",郑声为靡靡之音。佞人:指巧舌如簧、拍马逢迎之徒。

25. 横渠先生答范巽之书曰:朝廷以道学、政术为二事,此正自古之可忧者。巽之谓孔、孟可作,将推其所得而施诸天下邪?将以其所不为而强施之于天下欤①?大都君相以父母天下为王道,不能推父母之心于百姓,谓之王道,可乎?所谓父母之心,非徒见于言,必须视四海之民如己之子。设使四海之内皆为己之子,则讲治之术,必不为秦汉之少恩,必不为五伯之假名②。巽之为朝廷言③,"人不足与适,政不足与间"④。能使吾君爱天下之人如赤子,则治德必日新,人之进者必良士,帝王之道不必改途而成,学与政不殊心而得矣⑤。

[注释]①江永《近思录集注》:所得即所学之道,所不为谓非其平日所学者也。 ②五伯之假名:五伯,春秋五霸。此句意谓春秋五霸打着"尊王攘夷"的旗号,真实目的在称霸。 ③为朝廷言:向朝廷进言。 ④人不足与适,政不足与间:适,同"谪",指责,谴责。间,非议。既不必指责朝廷用人不

当,也不必批评朝廷行政失误。　⑤学与政不殊心而得矣:此句系照应"朝廷以道学、政术为二事"而有说。不殊心,无二心,意谓学、政合一。叶采《近思录集解》:帝王之道即今日之政事,非有两途;今日之政术即平日之学问,非有二心也。

卷九　制度(凡二十七条)

1. 濂溪先生曰：古圣王制礼法，修教化，三纲正，九畴①叙，百姓大和，万物咸若②，乃作乐以宣八风之气，以平天下之情。故乐声淡而不伤，和而不流③，人其耳，感其心，莫不淡且和焉。淡则欲心平，和则躁心释。优柔平中④，德之盛也；天下化中，治之至也。是谓道配天地，古之极也。后世礼法不修，政刑苛紊⑤，纵欲败度⑥，下民困苦。谓古乐不足听也，代变新声，妖淫愁怨，导欲增悲，不能自止。故有贼君弃父，轻生败伦，不可禁者矣。呜呼！乐者，古以平心，今以助欲；古以宣化，今以长怨。不复古礼，不变今乐，而欲至治者，远哉！

[注释]①九畴：语出《尚书·洪范》。治国的九类大法。　②万物咸若：万物和顺。　③乐声淡而不伤，和而不流：乐声淡泊而不至于哀怨，和顺而不至于随物流迁。　④优柔平中：优容柔顺，平和得中。　⑤政刑苛紊：刑政苛烦而混乱。　⑥纵欲败度：放纵私欲，败坏法度。此指在上者。

2. 明道先生言于朝曰：治天下，以正风俗、得贤才为本。宜先礼命近侍①贤儒及百执事，悉心推访，有德业充备、足为师表者。其次有笃志好学、材良行修者,延聘敦遣②,萃③于京师,俾朝夕相与讲明正学。其道必本于人伦,明乎物理。其教自小学洒扫应对以往,修其孝弟忠信,周旋礼乐④。其所以诱掖激历、渐摩成就之道⑤,皆有节序,其要在于择善修身,至于化成天下,自乡人而可至于圣人⑥之道。其学行皆中于是⑦者为成德。取材识明达可进于善者,使日受其业。择其学明德尊者为太学之师。次以分教天下之学。择士入学,县升之州,州宾兴⑧于太学,太学聚而教之,岁论其贤者能者于朝⑨。凡选士之法,皆以性行端洁、居家孝悌、有廉耻礼逊、通明学业、晓达治道者。

[注释]①礼命近侍:礼命,合乎礼制地任命;近侍,接近帝王之官。②延聘敦遣:厚礼聘请,由州县诚意遣送。 ③萃:聚集。 ④周旋礼乐:人事应酬中的礼乐。 ⑤渐摩成就:指浸淫既久,自成习性。 ⑥自乡人而可至于圣人:意谓普通人也能成圣。 ⑦中于是:符合上述要求。 ⑧宾兴:荐举。 ⑨岁论其贤者能者于朝:当朝讨论谁贤谁能。

3. 明道先生论十事:一曰师傅,二曰六官①,三曰经界②,四曰乡党,五曰贡士,六曰兵役,七曰民食,八曰四民③,九曰山泽,(旧注:修虞衡④之职。)十曰分数⑤。(旧注:冠、婚、丧、祭、车服、器用等差⑥。)其言曰:无古今,无治乱⑦,如生民之理有穷,则圣王之法可改。后世能尽其道则大治,或用其偏则小康,此历代彰灼著明之效也。苟或徒知泥古而不能施之于今,姑欲徇名而遂废其实,此则陋儒之见,何足以论治道哉?然倪谓今人之情皆已异于古,先王之迹不可复于今,趣便目前,不务高远⑧,则亦恐非大有为之论,而未足以济当今之极弊也。

[注释]①六官:天、地、春、夏、秋、冬六官。首见《周礼》。 ②经界:应当划定的田产之界。 ③四民:士农工商。 ④虞衡:主管山泽之官。见《周礼·天官·大宰》。 ⑤分数:职分与限数。 ⑥等差:等级差别。 ⑦无治乱:无论治世还是乱世。 ⑧趣便目前,不务高远:只求眼前便利,不求高远的目标。

4. 伊川先生上疏曰:三代之时,人君必有师、傅、保之官。师,道之教训;傅,傅之德义;保,保其身体。后世作事无本,知求治而不知正君,知规过而不知养德,傅德义之道,固已疏矣,保身体之法,复无闻焉。臣以为,傅德义者,在乎防见闻之非,节嗜好之过;保身体者,在乎适起居之宜,存畏慎之心。今既不设保傅之官,则此责皆在经筵①,欲乞皇帝在宫中言动服食,皆使经筵官知之。有剪桐之戏②,则随事箴规;违持养之方,则应时谏止。(旧注:《遗书》云:某尝进说,欲令人主于一日之中,亲贤士大夫之时多,亲宦官宫人之时少,所以涵养气质,薰陶德性。)

[注释]①经筵:为帝王讲说经史而特开的御前讲席。宋经筵讲官有侍读、侍讲、崇政殿说书等。程颐曾担任崇政殿说书。 ②剪桐之戏:据《吕氏春秋·重言》:"成王与唐叔虞燕居,援梧叶以为圭,而授唐叔虞曰:'余以此封女。'叔虞喜,以告周公。周公以请曰:'天子其封虞邪?'成王曰:'余一人与虞戏也。'周公对曰:'臣闻之,天子无戏言。天子言则史书之,工诵之,士称之。'于是遂封叔虞于晋。"

5. 伊川先生《看详三学条制》①云:旧制,公私试补,盖无虚月②。学校,礼义相先③之地,而月使之争,殊非教养之道。请改试为课④,有所未至,则学官召而教之,更不考定高下。制尊贤堂,以延天下道德之士,及置待宾吏师斋,立检察士人行检等法。又云:自元丰后,设利诱之法,增国学解额至五百人,来者奔凑⑤,舍父母之养,忘骨肉之爱,往来道路,旅寓他土,人心日偷,士风日薄。今欲量留一百人,余四百人分在州郡解额窄处⑥,自然士人各安乡土,养其孝爱之心,息其奔趋流浪之志,风俗亦当稍厚。又云:三舍升补之法⑦,皆案文责迹⑧,有司之事,非庠序育材论秀⑨之道。盖朝廷授法,必达乎下。长官守法而不得有为,是以事成于下,而下得以制其上,此后世所以不治也。或曰:"长贰⑩得人则善矣。或非其人,不若防闲详密⑪,可循守⑫也。"殊不知先王制法,待人而行,未闻立不得人之法⑬也。苟长贰非人,不知教育之道,徒守虚文密法,果足以成人才乎?

[注释]①看详:审阅研究。条制:条例制度。 ②无虚月:每月都要考试。 ③礼义相先:以讲求礼义为先。 ④改试为课:改考试为检验考查。 ⑤奔凑:奔赴凑集。 ⑥解额窄处:解送名额少的州郡。 ⑦三舍升补之法:关于三舍法,详见《宋史》卷一五七《选举志》三。茅星来《近思录集注》:三舍,外舍、内舍、上舍也。初入学为外舍。外舍生升内舍,内舍生升上舍。凡内舍行艺与所试之等俱优者升为上舍。上舍分三等,上等取旨命官,一优一平为中,以俟殿试。一优一否或俱平为下,以俟省试。盖王安石因庆历中尝于太学置内舍生二百人,而遂广为三舍法也。 ⑧案文责迹:仅依书面文卷考察人的实绩。 ⑨论秀:选拔优秀之士。论:通"抡",选拔。 ⑩长贰:长官的副职。 ⑪防闲详密:严密防范。 ⑫可循守:有旧规可循。此指由下而上推选的旧制。 ⑬立不得人之法:为不适合执政者立的法制。即所立规

则不适合培养执政者。

6.《明道先生行状》云：先生为泽州晋城令，民以事至邑者，必告之以孝悌忠信，入所以事父兄，出所以事长上。度乡村远近，为伍保①，使之力役相助，患难相恤，而奸伪无所容。凡孤茕残废者，责之亲戚乡党，使无失所。行旅出于其途②者，疾病皆有所养。诸乡皆有校，暇时亲至，召父老与之语；儿童所读书，亲为正句读；教者不善，则为易置③；择子弟之秀者，聚而教之。乡民为社会④，为立科条，旌别善恶，使有劝有耻⑤。

[注释]①度乡村远近，为伍保：估量乡村之间的距离，分别组成伍保。伍保：古代五家为伍，五伍为保。同一伍保，互相监督，共为守卫。 ②出于其途：途经其境内。 ③易置：撤换。 ④乡民为社会：乡民们组织社团。 ⑤有劝有耻：有上进心羞耻心。

7.《萃》："王假有庙。"①《传》曰：群生至众也，而可一其归仰②；人心莫知其乡也，而能致其诚敬③；鬼神之不可度也，而能致其来格④。天下萃合人心、总摄众志之道非一，其至大莫过于宗庙，故王者萃天下之道，至于有庙，则萃道之至也。祭祀之报，本于人心，圣人制礼以成其德耳。故豺獭能祭，其性然也⑤。

[注释]①此言为《周易·萃》卦卦辞。"萃"，聚集之意。假：到。王假有庙：王赴宗庙祭祀。 ②一其归仰：统一信仰。宗庙为祖先灵魂聚集之所，也是子孙报德感恩之处。至宗庙祭祀，象征同心同德，统一信仰。 ③乡：同向，趋向。致其诚敬：使之诚敬。 ④度：忖度，揣度。来格：来临，到来。格：至。张伯行《近思录集解》：盖祭祀之义，以云报也。此报本之意，实本于

人心之不容自已。圣人制为礼文以达之,乃所以成人心之德,而使之各遂其隐,非多为是礼以勉强人也。 ⑤《礼记·月令》:孟春之月,"鱼上冰,獭祭鱼"。高诱注:"獭祭鲤鱼于水边,四面陈之,谓之祭鱼。"獭以鱼为食。又,季秋之月,"豺乃祭兽戮禽"。豺以禽兽为食,意谓动物尚懂得对养育者报恩,更何况人?

8. 古者戍役,再期①而还。今年春暮②行,明年夏代者至,复留备秋,至过十一月而归③。又明年仲春遣次④戍者。每秋与冬初,两番戍者皆在疆圉⑤,乃今之防秋也。

[注释]①戍役:服兵役。再期:两周年。 ②春暮:晚春。 ③复留备秋,至过十一月而归:夏季代替者到,这时被替换者并不立即返回,再滞留至十一月以后回归,称为备秋。 ④次:下一拨。 ⑤疆圉:边疆。

9. 圣人无一事不顺天时,故至日闭关。①

[注释]①至日闭关:至日,冬至日。闭关,关闭关卡。张伯行《近思录集解》:冬至一阳复生,其气甚微,未可以有为。先王于此日闭其关塞,安静以养之。

10. 韩信多多益办,只是分数①明。

[注释]①分数:礼法规定的职责权利。张伯行《近思录集解》:分数者,管辖之分与多寡之数也。

11. 伊川先生曰:管辖人亦须有法,徒严不济事。今帅千人,能使千人依时及节得饭吃①,只如此者,亦能有几人?尝谓军中夜惊,亚夫坚卧不起②。不起善矣,然犹夜惊何也?亦是未尽善③。

[注释]①依时及节得饭吃:能够按时节吃上饭。 ②亚夫:西汉武将周亚夫。据《史记·绛侯周勃世家》,周亚夫以太尉统兵平吴楚七国之乱,他断吴军粮道,坚壁不出。"夜,军中惊,内相攻击扰乱,至于太尉帐下。太尉终卧不起。顷之,复定。" ③意谓周亚夫处变不惊已属难得,但军中夜惊,仍是其统军未能尽善使然。

12. 管摄天下人心,收宗族,厚风俗,使人不忘本,须是明谱系,收世族,立宗子法。①(旧注:一年有一年工夫②。)

[注释]①张伯行《近思录集解》:谱者,氏族之册籍也;系者,宗派之联属也。宗子之法有大有小。古者诸侯之嫡子嫡孙,继世为君。其余庶子,不得祢其先君,因各自立为本派之始祖,其子孙百世皆宗之,所谓大宗也。族人虽五世外,皆为齐衰三月。大宗之庶子,又别为小宗。 ②一年有一年工夫:实行一年就有一年的功效。

13. 宗子法①坏,则人不自知来处,以至流转四方,往往亲未绝,不相识。今且试以一二巨公之家②行之,其术要得拘守③得,须是且如唐时立庙院,仍不得分割了祖业,使一人主之。

[注释]①宗子法:中国古代以家族为中心,有一套按血统、嫡庶组织、统治宗族乃至于社会的法则,即宗法。 ②巨公之家:显贵世家。 ③拘守:坚守。

14. 凡人家法①,须月为一会以合族。古人有花树韦家宗会法②,可取也。每有族人远来,亦一为之。吉凶嫁娶之类,更须相与为礼,使骨肉之意常相通。骨肉日疏者,只为不相见,情不相接尔。

[注释]①家法:治家的礼法。 ②唐代有韦姓世家,行宗会法。可参唐人岑参《韦员外家花树歌》。

15. 冠婚丧祭,礼之大者,今人都不理会。豺獭皆知报本,今士大夫家多忽此,厚于奉养而薄于先祖,甚不可也。某尝修六礼①,大略:家必有庙,(旧注:庶人立影堂②。)庙必有主③,(旧注:高祖以上即当祧④也。主式见《文集》。又云:今人以影祭,或一髭发不相似,则所祭已是别人,大不便。)月朔必荐新⑤,(旧注:荐后方食。)时祭用仲月⑥,(旧注:止于高祖。旁亲无后者,祭之别位。)冬至祭始祖,(旧注:冬至,阳之始也;始祖,厥初生民之祖也。无主,于庙中正位设二位,合考妣享之。)立春祭先祖,(旧注:立春,生物之始也。先祖,始祖而下,高祖而上,非一人也。亦无主,设两位分享考妣。)季秋祭祢⑦,(旧注:季秋,成物之时也。)忌日迁主,祭于正寝⑧。凡事死之礼,当厚于奉生者。人家能存得此等事数件,虽幼者,可使渐知礼义。

[注释]①修六礼:程颐所修六礼,见《二程集》卷十。 ②影堂:供奉祖先遗像的家庙。影:画像。 ③主:神主,先人的神位。用栗木制成。 ④祧:祧迁。将隔了数代的祖宗神主迁入远祖之庙。 ⑤月朔:朔,每月初一。荐新:以新熟的五谷或其他新令食品祭祀祖先。张伯行《近思录集解》:子孙之于祖宗,月必勿敢忘焉,因思每月各有物之新出者,供而荐之,而未荐则为子孙者不敢先食,所以示尊敬也。 ⑥时祭:四时之祭。仲月:每季第二个月。张伯行《近思录集解》:时祭者,四时之祭也。天道三月而一变,时既易而念其祖,亦人情也,故四时必祭。而祭必用仲月者,盖以其时之中也。

⑦祭祢：祭父庙。茅星来《近思录集注》：人成形于父，故以成物之时祭之。
⑧正寝：居住之正堂。

16. 卜其宅兆①，卜其地之美恶也。地美则其神灵安，其子孙盛。然则曷谓地之美者？土色之光润，草木之茂盛，乃其验也。而拘忌者惑以择地之方位，决日之吉凶，甚者不以奉先为计，而专以利后为虑，尤非孝子安厝②之用心也。惟五患者，不得不慎：须使异日不为道路，不为城郭，不为沟池，不为贵势所夺，不为耕犁所及。（旧注：一本，所谓五患者，沟渠，道路，避村落，远井窑。）

[注释]①宅兆：宅，墓宅，墓穴；兆，墓的界限即位置。 ②安厝：安葬。张伯行《近思录集解》：此论葬地之宜，以解当世之惑也。葬埋，大事也，何可不慎？卜其墓宅茔兆者，卜其地之醇美与丑恶也。地土若醇美，则死者之神灵已而所生之子孙亦盛，其理然也。然则曷为地之纯美而可用乎？其土之色有光辉润泽，其地所生之草木又秀茂美盛，乃其吉气之征验也。而昧于其理，多所拘忌者，为世俗所惑，必欲葬地之方向坐位，占决日辰之吉庆凶咎，以为去取。其甚谬者，不以安奉先人之体魄为计，而专以利益后人之福泽为心，孝子之安厝其亲，其用心固宜若是乎？

17. 正叔①云：某家治丧，不用浮图②。在洛，亦有一二人家化之③。

[注释]①正叔：程颐，字正叔。 ②浮图：即佛陀。此指僧徒。 ③化之：随之而化，因受程颐影响而改变习俗。

18. 今无宗子①，故朝廷无世臣。若立宗子法，则人知尊祖重本；人既重本，则朝廷之势自尊②。古者子弟从父兄，今父兄从子弟，由不知本也。且如汉高祖欲下沛时，只是以帛书与沛父老，其父兄便能率子弟从之。又如相如使蜀，亦遗书责父老，然后子弟皆听其命而从之③。只有一个尊卑上下之分，然后顺从而不乱也。若无法以联属之，安可？且立宗子法，亦是天理。譬如木，必有从根直上一干，亦必有旁枝。又如水，虽远，必有正源，亦必有分派处，自然之势也。然又有旁枝达而为干者，故曰，古者天子建国，诸侯夺宗④云。

[注释]①宗子：封建宗法制实行嫡长子继承制。嫡长子为大宗，其位及爵禄世袭。　②叶采《近思录集解》：古者，宗子袭其世禄，故有世臣。人知尊祖而重本，上下相维，自然固结而不涣散，故朝廷之势自尊。　③张伯行《近思录集解》：古之时宗法郑重，故人知尊尊亲亲，而子弟之卑幼，一惟父兄之尊长是从。今则尊尊亲亲之意蔑如，父兄之衰迈，反从子弟之壮盛而不能违。如此者由于宗法已坏，人不知重本故也。且如汉高祖时去古犹未远，当其欲下沛郡时，只是以帛为书与沛中诸父老劝谕输诚，其父兄便足以服其众，而率子弟顺而从之。又如司马相如使蜀时亦必移书责备蜀中之父老，然后子弟降心听命而归化。　④天子建国，诸侯夺宗：天子建国，语出《左传·桓公三年》师服语。诸侯夺宗：见《白虎通》。意谓既为诸侯，则不得复为宗子即嫡长子，如夺之也。茅星来《近思录集注》：天子建国，言天子嫡子继世以为天子，其别子皆建之国以为诸侯；而诸侯不得祖天子，则当以兄弟之长者为宗，如周封同姓之国，凡兄弟之为诸侯者，皆以鲁为宗，至战国时滕犹称鲁为宗国是也。夺宗者，言既为诸侯，则不得复为宗子，如夺之也。如诸侯嫡子嫡孙继世为君，则第二子以下不得祢先君而别子为祖，继别为宗是也。此总以明旁枝达而为干之意。

19. 邢和叔①叙明道先生事云：尧舜三代帝王之治，所以博大悠远，上下与天地同流者，先生固已默而识之。至于兴造礼乐,制度文为②,下至行师用兵,战阵之法,无所不讲,皆造其极。外之夷狄情状,山川道路之险易,边鄙防戍、城寨、斥候、控带之要③,靡不究知。其吏事操决④,文法簿书,又皆精密详练。若先生,可谓通儒全才矣。

[注释]①邢和叔:邢恕,字和叔,程颐门人。官御史中丞,附蔡确、章惇、黄履等为害,人称四凶。 ②文为:文章所为。文章:具体的礼乐法度。 ③城寨、斥候、控带之要:城寨警哨、战略要地。 ④吏事操决:行政事务的操持决断。

20. 介甫言律是八分书,是他见得。①

[注释]①王安石,字介甫。律:刑律,刑书。张伯行《近思录集解》:律者,刑书也。八分,言其道理未满足也。王介甫言律,乃是八分之书,未能于所以治人者全备无欠缺处也。伊川谓介甫此言,乃是他见得律中分际明白者也。

21. 横渠先生曰:兵谋师律①,圣人不得已而用之,其术见三王方策,历代简书。惟志士仁人,为能识其远者大者,素求预备而不敢忽忘。

[注释]①兵谋师律:阵战之谋略,率师之要领。

22. 肉辟①,于今世死刑中取之②,亦足宽民之死。过此,当念其散之之久③。

[注释]①肉辟:刑法名。肉辟之刑有五:刻颡(额)曰墨辟;截鼻曰劓辟;刖足曰剕辟;淫刑曰宫辟;死刑曰大辟。劓(yì):割鼻;剕(fèi):砍掉脚趾;刖(yuè)砍掉脚;男子割势妇人幽闭曰宫辟。 ②取:取用。即在死刑犯中选取情节较轻者改用肉刑。 ③散之之久:人心涣散已久。此谓系教化不到的

原因。

23. 吕与叔①撰《横渠先生行状》云：先生慨然有意三代之治，论治人先务，未始不以经界为急，尝曰："仁政必自经界始。贫富不均，教养无法，虽欲言治，皆苟②而已。世之病难行者，未始不以亟夺富人之田为辞③。然兹法之行，悦之者众，苟处之有术，期以数年，不刑一人而可复，所病者特上之未行耳。"乃言曰："纵不能行之天下，犹可验之一乡。"方与学者议古之法，共买田一方，画为数井，上不失公家之赋役，退以其私正经界、分宅里、立敛法④、广储蓄、兴学校、成礼俗，救灾恤患，敦本抑末⑤，足以推先王之遗法，明当今之可行。此皆有志未就⑥。

[注释] ①吕与叔：吕大临。　②苟：苟且。　③意谓亟夺富人之田将生乱。　④敛法：税收之法。　⑤敦本抑末：重农抑商。　⑥有志未就：指张载有此志向而未能实现。

24. 横渠先生为云岩令，政事大抵以敦本善俗为先。每以月吉①，具酒食，召乡人高年会县庭，亲为劝酬，使人知养老事长之义。因问民疾苦，及告所以训戒子弟之意。

[注释] ①月吉：初一。

25. 横渠先生曰：古者有东宫，有西宫，有南宫，有北宫，异宫而同财①。此礼亦可行。古人虑远，目下虽似相疏，其实如此乃能久相亲。盖数十百口之家，自是饮食衣服难为得一。又异宫乃容子得伸其私，所以避子之私也②。子不私其父,则不成为子;古之人曲尽人情。必也同宫,有叔父伯父,则为子者何以独厚于其父,为父者又乌得而当之?父子异宫,为命士以上,愈贵则愈严③。故异宫犹今世有逐位,非如异居也。

[注释]①异宫同财:居处不同,财产共有。朱子曰:古父子异宫。宫如今人四合屋。虽各一处,然四面共墙围。……古谓之宫,只是墙,盖古人无今廊屋。(《朱子语类》卷九十一) ②意谓分屋(宫)居住既能满足子孝父的私情,又能避免偏厚独孝父却不及伯父、叔父的尴尬。张伯行《近思录集解》:此言诸父异宫,正所以得尽其为子之情也。诸父虽同一本,亲疏原自有分。惟异宫,乃使为子者得伸其爱亲之私。私则不必使人共知,故异宫者所以避之也。使子不致其私于父,则子职有可亏,不得成方子。此古人异宫之制,正所以曲尽夫人情。若居必同宫,则叔父、伯父皆所当爱,为子者何以独厚于其父?为父者独爱其子之厚,于心必不安,又乌得而当之乎?盖诸父皆在所爱,情之公也;其父独在所厚,情之私也。子诚能尽其私,则合乎天理人情之至当,而亦不害其为公矣。 ③命士:受朝命有官爵之最低等级官员。地位越尊贵父子分开居住的规定就越严格。

26. 治天下不由井地,终无由得平。周道止是均平。①

[注释]①周道:大道。《诗经·小雅·大东》:"周道如砥。"大路就像磨刀石一样平。

27. 井田卒归于封建,乃定。①

[注释]①封建:即封侯建国的分封制。张伯行《近思录集解》:分天下之地以为万国,而与英才共之。大小相制,内外相维,自黄帝尧舜迄于三代,皆因之而不变。故欲行井田之制,终归于封建,其势乃定。

卷十　处事之方（凡六十四条）

1. 伊川先生上疏曰：夫钟，怒而击之则武，悲而击之则哀，诚意之感而入也①。告于人亦如是，古人所以斋戒②而告君也。臣前后两得进讲，未尝敢不宿斋预戒，潜思存诚，觊③感动于上心。若使营营④于职事，纷纷其思虑，待至上前，然后善其辞说，徒以颊舌感人⑤，不亦浅乎？

[注释]①刘向《说苑》卷十九："钟鼓之声，怒而击之则武，忧而击之则悲，喜而击之则乐。其志变，其声亦变。其志诚通乎金石，而况人乎。"　②斋戒：举行重大仪式前沐浴更衣，整洁身心，以示虔敬。　③觊：希望。　④营营：忙碌无休止。　⑤徒以颊舌感人：意谓临阵磨枪，修饰语言以求动人。

2. 伊川《答人示奏稿书》云：观公之意，专以畏乱为主。颐欲公以爱民为先，力言百姓饥且死，丐朝廷哀怜，因惧将为寇乱①，可也。不惟告君之体当如是，事势亦宜尔。公方求财以活人。祈之以仁爱，则当轻财而重民②；惧之以利害，则将恃财以自保③。古之时，得丘民④则得天下，后世以兵制⑤民，以财聚众，聚财者能守，保民者为迂⑥。惟当以诚意感动，觊其有不忍之心而已。

[注释]①祈求朝廷同情怜悯,进而说明担心民众会因穷困而为盗寇作乱。 ②以仁爱之心向皇帝祈求,希望皇帝轻财而重民。 ③若以利害祸乱警惧帝王,帝王就会依靠财物以保其江山安虞。 ④丘民:百姓。 ⑤制:挟制。 ⑥迂:迂腐。

3. 明道为邑,及民之事,多众人所谓法所拘者①,然为之未尝大戾②于法,众亦不甚骇。谓之得伸其志③则不可,求小补,则过今之为政者远矣。人虽异之,不至指为狂也。至谓之狂,则大骇矣。尽诚为之,不容而后去④,又何嫌乎?

[注释]①法所拘者:限于法令而不能做的。 ②戾:违背,乖戾。 ③伸其志:实现志愿。④不容而后去:不能为世所容就离去。

4. 明道先生曰:一命之士①,苟存心于爱物,于人必有所济②。

[注释]①一命之士:最低级的官员。 ②济:帮助。

5. 伊川先生曰:君子观天水违行之象①,知人情有争讼之道。故凡所作事,必谋其始,绝讼端②于事之始,则讼无由生矣。谋始之义广矣,若慎交结、明契券③之类是也。

[注释]①天水违行之象:《周易·讼》卦之《象》曰:"天与水违行,讼,君子以作事谋始。"《讼》卦下坎,为水;上乾,为天。天阳上行,水性就下,相违,所以成讼。 ②讼端:诉讼之起因。 ③交结、契券:交结,交往;契据,契约。

6.《师》之九二,为师之主①。恃专,则失为下之道②;不专,则无成功之理,故得中为吉。凡师之道,威和并至,则吉也。

[注释]①师:军队。《周易·师》卦九二爻辞:"在师中吉,无咎。"《师》卦坎下坤上,仅九二一阳爻,在众阴之中,象征军中主帅。 ②恃专:专权,肆意而为。为下之道:为臣之道。

7. 世儒有论鲁祀周公以天子礼乐,以为周公能为人臣不能为之功,则可用人臣不得用之礼乐①,是不知人臣之道也。夫居周公之位,则为周公之事,由其位而能为者,皆所当为也。周公乃尽其职耳。

[注释]①此言出《师》卦九二爻传。据《礼记·明堂位》:"成王以周公为有勤劳于天下,是以封周公于曲阜,地方七百里,革车千乘,命鲁公世世祀周公以天子之礼乐。"王安石以为,周公有为人臣所不能为之功,故得享用人臣不得用之礼乐。程颐这里辩驳之。世儒:俗儒。

8.《大有》之九三曰:"公用亨于天子,小人弗克。"①《传》曰:三当大有之时,居诸侯之位,有其富盛,必用亨通于天子,谓以其有为天子之有也②,乃人臣之常义也。若小人处之,则专其富有以为私,不知公己奉上之道,故曰"小人弗克"也。

[注释]①此言为《周易·大有》卦九三爻辞。公:公侯。亨:通"享"。克:能够。九三爻在下卦之上位,在下却居人之上,是诸侯的象征。其卦为"大有",所以"富盛"(富裕)。 ②认为自己所有的就是天子所有的。

9. 人心所从，多所亲爱者也。常人之情，爱之则见其是，恶之则见其非。故妻孥之言，虽失而多从；所憎之言，虽善为恶也。苟以亲爱而随之，则是私情所与，岂合正理？故《随》之初九，出门而交，则有功也①。

[注释] ①《周易·随》卦初九爻辞："出门交有功。"出门而交：出门即与人交往，此时意念纯净，心尚未被私情所系，没有成见，故能正确判断，所交不失其正，所以"有功"。

10. 《随》九五之《象》曰："孚于嘉吉，位正中也。"①《传》曰：随以得中为善，随之所防者过也。盖心所说随，则不知其过矣②。

[注释] ①《周易·随》卦之随，为随从、追随、亲附之意。孚：诚信。嘉：善。 ②说：同"悦"。意思是追随心中喜欢的人，应当防止因好感而做过头。

11. 《坎》之六四曰："樽酒、簋贰、用缶，纳约自牖，终无咎。"①《传》曰：此言人臣以忠信善道结于君心，必自其所明处，乃能入也。人心有所蔽，有所通，通者，明处也，当就其明处而告之，求信则易也，故曰"纳约自牖"。能如是，则虽艰险之时，终得无咎也。且如君心蔽于荒乐②，唯其蔽也，故尔③虽力诋其荒乐之非，如其不省何？必于所不蔽之事，推而及之④，则能悟其心矣。自古能谏其君者，未有不因其所明者也。故讦直强劲⑤者，率多取忤；而温厚明辨者，其说多行。非唯告于君者如此，为教者亦然。夫教，必就人之所长。所长者，心之所明也。从其心之所明而入，然后推及其余，孟子所谓"成德"、"达才"⑥是也。

[注释]①此言为《周易·坎》卦六四爻辞。樽,酒杯。簋(guǐ):食器。缶:瓦器,取其质朴之义。约:指简单的食品。牖:窗户。爻辞意谓一樽酒两簋食,用瓦缶盛了,从窗户送进俭朴的食品,终不会有灾难。隐喻质朴无华之利。 ②荒乐:耽于逸乐。荒有纵欲迷乱、逸乐过度之义。 ③蔽:蒙蔽。故尔:如此。 ④推而及之:举一反三,说明道理。 ⑤讦(jié)直强劲:指亢直强谏。 ⑥成德、达才:语出《孟子·尽心上》:"君子之所以教者五:有时雨化之者,有成德者,有达才者……"成德:因其德而成就之。达才:"才"同"材"。因其才而通达之。叶采《近思录集解》:德者,因其有德而成就之。达才者,因其有才而遂达之。皆谓就其所长开导之也。

12.《恒》之初六曰:"浚恒,贞凶。"《象》曰:"浚恒之凶,始求深也。"①《传》曰:初六居下,而四为正应。四以刚居高,又为二三所隔,应初之志,异乎常矣。而初乃求望之深,是知常而不知变②也。世之责望故素③而至悔咎者,皆浚恒者也。

[注释]①《周易·恒》卦。恒:恒常,坚持不懈。浚:深。初六为下卦之下,九四为上卦之下,初、四阴阳相应,为正应。所以说"浚恒"。下卦为巽,巽,入也,谓初六爻深入追求九四,而求之过深。上卦为震,震为动。九四又是上卦惟一的阳爻,所以刚强的九四力强争上进,而不多理会初六之应,但中间毕竟被九二、九三阻隔,所以它不会正常地与初六相应。因此,初六对九四的追求即使正确,也不会有利。 ②变:权变。 ③责望:切责、期望。意谓要求过于深切。故素:故旧素交。

13.《遯》之九三曰:"系遯,有疾厉;畜臣妾,吉。"①《传》曰:系恋之私恩,怀小人女子之道也,故以畜养臣妾则吉。然君子之待小人,亦不如是也②。

[注释]①此为《周易·遯》卦九三爻辞。遯:隐退之意。系遯:系遯时

被羁绊牵累。 ②心有牵累,以这种小恩用来对待仆人臣妾,能够得其他们的欢心而怀念你,为吉利。但却不是君子应行之事。张伯行《近思录集解》:当遁之时,便要果决而退,安可有留恋观望之意,一或留恋观望则败名丧节,病痛百出,不危何待? 故占者所深戒也。伊川言"系恋之私恩",沾沾然以要结为意,此乃怀念小人女子之道,如仆妾之辈,稍示以眷恋,或能得其欢心而用之,故以畜臣妾则吉。爻辞亦非教人畜臣妻也,明此意余无可用,惟畜臣妾或不妨耳。

14.《睽》之《象》曰:"君子以同而异。"①《传》曰:圣贤之处世,在人理之常,莫不大同,于世俗所同者,则有时而独异②。不能大同者,乱常拂理之人也;不能独异者,随俗习非③之人也。要在同而能异耳。

[注释]①《周易·睽》卦之《象》辞:"上火下泽,睽,君子以同而异。"按,《睽》卦离上兑下。离为火,兑为泽,故其象辞说:"火动而上,泽动而下。"动则同,上、下各异,故云"同而异"。 ②独异:判断不同,亦指特立独行。 ③随俗习非:随俗俯仰习惯于为非。

15.《睽》之初九①,当睽之时,虽同德者相与,然小人乖异者至众,若弃绝之,不几尽天下以仇君子乎? 如此,则失含宏②之义,致凶咎之道也,又安能化不善而使之合乎? 故必"见恶人,则无咎"也。古之圣王,所以能化奸凶为善良,革③仇敌为臣民者,由弗绝也。

[注释]①此言为《周易·睽》卦初九爻辞,其象辞云:"见恶人,以避咎也。"睽:乖离,违背。 ②含宏:涵容宽宏。 ③革:改造。

16.《睽》之九二①,当睽之时,君心未合②,贤臣在下,竭力尽诚，期使之信合而已。至诚以感动之，尽力以扶持之，明义理以致其知，杜蔽惑以诚其意③，如是宛转以求其合也。"遇"非枉道逢迎④也，"巷"非邪僻由径也，故《象》曰："遇主于巷，未失道也。"

[注释]①《周易·睽》卦九二爻辞曰："遇主于巷，无咎。"《象》辞曰："遇主于巷，未失道也。"主：主上，隐喻君王。　②君心未合：君主之心未能与我相合。　③杜蔽惑以诚其意：杜绝蔽塞惑乱君心的物事以使国君诚。　④枉道逢迎：绕了弯子去逢迎。

17.《损》之九二曰："弗损益之。"①《传》曰：不自损其刚贞，则能益其上，乃益之也。若失其刚贞而用柔说②，适足以损之而已。世之愚者，有虽无邪心，而惟知竭力顺上为忠者，盖不知"弗损益之"之义也。

[注释]①《损》卦下卦为兑，"兑"即"说（悦）"。　②柔说：曲意阿谀。

18.《益》之初九曰："利用为大作，元吉，无咎。"①《象》曰："元吉，无咎，下不厚事也。"②《传》曰：在下者，本不当处厚事。厚事，重大之事也。以为在上所任，所以当大事，必能济大事，而致元吉，乃为无咎。能致元吉，则在上者任之为知人，己当之为胜任。不然，则上下皆有咎③也。

[注释]①《周易·益》卦初九爻辞。大作：做大事。元吉：大好。②下不厚事：处下位者不应担当重要工作。　③咎：过错。

19. 革而无甚益，犹可悔也，况反害乎？古人所以重改作也。①

[注释]①此条为程颐对《周易·革》卦的诠释。革:变革、革命。重:谨慎对待。

20.《渐》之九三曰:"利御寇。"①《传》曰:君子之与小人比②也,自守以正。岂惟君子自完其己而已乎?亦使小人得不陷于非义。是以顺道相保③,御止其恶也。

[注释]①此言为《周易·渐》卦九三爻辞。御寇:抵御、防御寇贼。②比:相处、相随。 ③顺道相保:顺道,顺乎大道。张伯行《近思录集解》:伊川《传》曰:君子之与小人相近也,自守不可不严,故必以正。然此岂惟君子一身自完,全其在己之正而已?亦使小人因我之正不能相混,知所自持以不陷于非义。如是,乃以大顺之道相为保全,以禦止其恶也。

21.《旅》之初六曰:"旅琐琐,斯其所取灾。"①《传》曰:志卑之人,既处旅困,鄙猥琐细,无所不至,乃其所以致悔辱、取灾咎也。

[注释]①此言为《周易·旅》卦初六爻辞。旅:羁旅,旅行。琐琐:琐碎小器。

22.在旅而过刚自高①,致困灾之道也。

[注释]①过刚自高:刚戾自傲。

23.《兑》之上六曰:"引兑。"《象》曰:"未光也。"①《传》曰:说既极矣,又引而长之②,虽说之之心不已,而事理已过,实无所说③。事之盛,则有光辉,既极而强引之长④,其无意味甚矣,岂有光也?

[注释]①:《周易·兑》卦之"兑",是"说"的本字,"说"同"悦"。 ②引而长之:牵引使之发展。 ③事理已过,实无所说:事理过当,无可喜悦。 ④既极而强引之长:极盛之后勉强使之延续下去。

24.《中孚》之《象》曰:"君子以议狱缓死。"①《传》曰:君子之于议狱,尽其忠而已;于决死,极其恻而已②。天下之事,无所不尽其忠,而议狱缓死③,最其大者也。

[注释]①此言为《周易·中孚》卦之《象》辞。中孚:诚信。议狱:断案。 ②对于判决死刑,极尽真切恻隐之心。 ③议狱缓死:讨论刑律,减缓死刑。

25.事有时而当过①,所以从宜,然岂可甚过也?如过恭、过哀、过俭,大过则不可;所以小过为顺乎宜②也。能顺乎宜,所以大吉。

[注释]①当过:矫枉过正。此句意谓事情有时候做得过分一点。 ②顺乎宜:顺从时宜。

26.防小人之道,正己为先。

27.周公至公不私,进退以道,无利欲之蔽。其处己也,夔夔然①存恭畏之心;其存诚也,荡荡②焉无顾虑之意。所以虽在危疑③之地,而不失其圣也。《诗》曰:"公孙硕肤,赤舄几几。"④

[注释]①夔夔然:敬谨恐惧之貌。 ②荡:坦荡。 ③危疑:史载武王崩,成王幼,周公摄政,行天子之事。时"三监"作乱,散布谣言,人或不知周公

之意,误以为周公将不利于幼主。 ④语出《诗经·豳·狼跋》。旧说此诗以美周公。公:指周公。"孙"同"逊",谦逊顺和。硕:大。肤:美。赤舄(xi):红色的鞋。

28. 采察求访,使臣之大务。

29. 明道先生与吴师礼①谈介甫之学错处,谓师礼曰:为我尽达②诸介甫,我亦未敢自以为是,如有说③,愿往复。此天下公理,无彼我。果能明辨,不有益于介甫,则必有益于我。

[注释]①吴师礼:字安仲,杭州人。 ②尽达:尽告。 ③说:辩答。

30. 天祺①在司竹,常爱用一卒长,及将代②,自见其人盗笋皮,遂治之,无少贷③;罪已正,待之复如初,略不介意。其德量如此。

[注释]①天祺:张载弟戬,字天祺。 ②代:去职。原官卸职,新官接任为代。 ③贷:宽恕。

31. 因论"口将言而嗫嚅"①云:若合②开口时,要他头,也须开口,(旧注:如荆轲于樊於期③。)须是"听其言也厉"④。

[注释]①语出韩愈《送李愿归盘谷序》。嗫嚅:欲言又止。 ②合:应当。 ③指荆轲向樊於期要头之事,见《史记·刺客列传》。 ④听其言也厉:义正词严。

32. 须是就事上学。《蛊》："振民育德"①,然有所知后,方能如此②。何必读书,然后为学③?

[注释]①《周易·蛊·象》:"山下有风,蛊。君子以振民育德。" ②茅星来《近思录集注》:振民所以治人,育德所以修己,二者皆以行言,故曰:有所知后,方能如此。 ③并不仅仅通过读书方能学到知识。

33. 先生见一学者忙迫,问其故,曰:"欲了几处人事。"曰:"某非不欲周旋人事者,曷尝似贤①急迫。"

[注释]①贤:您。

34. 安定①之门人,往往知稽古爱民②矣,则于为政也何有③?

[注释]①安定:胡瑗,学者称安定先生,程颐师。 ②稽古:稽考古事以为楷模。叶采《近思录集解》:稽古则为政之法,爱民则为政之本。 ③何有:有什么困难?

35. 门人有曰:"吾与人居,视其有过而不告,则于心有所不安;告之而人不受,则奈何?"曰:"与之处而不告其过,非忠也。要使诚意之交通①,在于未言之前,则言出而人信矣。"又曰:"责善之道,要使诚有余而言不足②,则于人有益,而在我者,无自辱矣。"

[注释]①诚意之交通:以真诚致使互相体悟。 ②使人趋善,须多用诚意少说话。张伯行《近思录集解》:真诚之意,非徒积于言先也。并当使此意充积极盛,为无憾。故又曰:责善者,朋友之道也。要使此心相孚,实意常觉有余。而所告之言乃是不容以己,常若不足,则言者重而闻者感,于人有所

受之益,而在我无见疏之辱,斯为善矣。

36. 职事不可以巧免①。

[注释] ①巧免:投机取巧,该做的事不做。

37. 居是邦不非①其大夫,此理最好。

[注释] ①非:非议。

38. 克勤小物①最难。

[注释] ①克勤小物:能够勤勉于细碎小事。

39. 欲当大任,须是笃实。

40. 凡为人言者,理胜则事明,气忿则招怫。①

[注释] ①怫:怨恨。张伯行《近思录集解》:为人言者,与人辨其是非得失也。以理为主,反覆开陈以喻之,则其事易于晓畅明白。若以气为主,动多激烈以争之,则彼亦将尚气相加,反以招怫逆之病矣。是以事理通达而心气和平者,为能言之人,而义理相孚、客气咸消者,亦无不可以感人而使之悟也。

41. 居今之时,不安今之法令,非义也。若论为治,不为则已,如复为之,须于今之法度内处得其当①,方为合义。若须更改而后为,则何义之有?

[注释] ①在当今的法度框架内做适当处理。

42. 今之监司,多不与州县一体,监司专欲伺察①,州县专欲掩蔽。不若推诚心与之共治,有所不逮,可教者教之,可督者督之。至于不听,择其甚者去一二,使足以警众可也。

[注释]①伺察:窥伺密查。

43. 伊川先生曰:人恶多事,或人悯之。世事虽多,尽是人事。人事不教人做,更责谁做?

44. 感慨杀身者易,从容就义者难。①

[注释]①叶采《近思录集解》:一时感慨,至于杀身而不顾,此匹夫匹妇犹或能之。若夫从容就义,死得其所,自非义精仁熟者莫之能也。

45. 人或劝先生以加礼近贵①,先生曰:何不见责以尽礼,而责之以加礼?礼尽则已,岂有加也。

[注释]①加礼近贵:加礼,超过常礼。近贵,帝王的亲信和权贵。

46. 或问:"簿,佐①令者也。簿所欲为,令或不从,奈何?"曰:"当以诚意动之。今令与簿不和,只是争私意。令是邑之长,若能以事父兄之道事之,过则归己,善则唯恐不归于令,积此诚意,岂有不动得人。"

[注释]①佐:辅佐。

47. 问:人于议论,多欲直己①,无含容之气,是气不平否?曰:固是气不平,亦是量狭。人量随识长,亦有人识高而量不长者,是识实未至也。大凡别事人都强得②,惟识量不可强。今人有斗筲③之量,有釜斛④之量,有钟鼎⑤之量,有江河之量。江河之量亦大矣,然有涯,有涯亦有时而满,惟天地之量则无满。故圣人者,天地之量也。圣人之量,道也;常人之有量者,天资也。天资有量须有限,大抵六尺之躯,力量只如此,虽欲不满,不可得也。如邓艾,位三公,年七十,处得甚好,及因下蜀有功⑥,便动⑦了。谢安闻谢玄破苻坚,对客围棋,报至不喜⑧,及归,折屐齿,强终不得也⑨。更如人大醉后益恭谨者,只益恭谨便是动了,虽与放肆者不同,其为酒所动一也。又如贵公子,位益高,益卑谦,只卑谦便是动了,虽与骄傲者不同,其为位所动一也⑩。然惟知道者,量自然宏大,不勉强而成。今人有所见卑下者,无他,亦是识量不足也。

[注释]①直己:伸张自己的观点而说服别人。　②强得:可以勉强获得。　③斗筲(shāo):十升为一斗。筲,竹器,容量为一斗二升。皆量小的容器,形容才短量浅。　④釜斛(hú):容器和容量单位。一釜为六斗四升。一斛本为十斗,后改为五斗。容量较斗筲为大。　⑤钟鼎:容量较釜斛更大的容器。　⑥邓艾:字士载,晋棘阳人,以平蜀功,进太尉。事见《三国志·魏书·邓艾传》。茅星来《近思录集注》:艾与姜维相持,每战,辄身先士卒,以子忠战不利,引退,叱出将斩之,驰还更战,大胜。及蜀君臣面缚舆榇诣军门降,艾执节解缚,焚榇,受而宥之。检御将士无所虏略。……皆所谓"处得甚好"也。另据《魏志·邓艾传》:"艾深自矜伐,谓蜀士大夫曰:'诸军赖遭某,故得有今日耳。如遇吴汉之徒,已殄灭矣。'又曰:'姜维自一时雄儿也,与某相值,故穷耳。'有识者笑之。"此即所谓"因下蜀有功而动也"。吴汉:东汉光武帝刘秀名将,率军入蜀讨公孙述,八战皆胜。　⑦动:心旌动摇。　⑧报至不喜:驿报送到,面不露喜色。　⑨谢安:字安石,晋人,官至太保、录尚书事。《晋书·

谢安传》:"苻坚强盛,率众号百万,次于淮、肥,京师震恐。加安征讨大都督。(谢)玄入问计,安夷然无惧色。""玄等既破苻坚,有驿书至,安方对客围棋。看书既竟,便摄放床上,了无喜色,棋如故。客问之,徐答云:'小儿辈遂已破贼。'既罢,还内,过户限,心喜甚,不觉屐齿之折。其矫情镇物如此。"强终不得:气度的大小终究是勉强不得的。 ⑩张伯行《近思录集解》:人之量狭者,往往欲矜持恃以自广,不知矜持即是不能忘矣。如人大醉之后,心知不可放肆,故益自持恭谨。只此益恭谨之意,便是为酒所动,虽与放肆者敬肆不同,而其为酒动心则一也。又如贵家公子地位益崇高,心知其不可骄慢,故益卑下谦退,只此益卑谦之意,便是为贵所动,虽与骄傲者谦傲不同,其为位而动心则一也。

48. 人才有意于为公,便是私心。昔有人典选①,其子弟系磨勘②,皆不为理③,此乃是私心。人多言古时用直,不避嫌得,后世用此不得。自是无人,岂是无时?(旧注:因言少师典举、明道荐才事④。)

[注释]①典选:考察选拔官吏。 ②磨勘:唐、宋官吏考核升迁的制度。唐制,官吏由州府和百司官长考核,分九等注入考状,期满根据考绩决定升降,并且须经吏部和各道观察使等复验,称"磨勘"。宋代则由审官院主持。③典选官因其子弟正被"磨勘",为避嫌故意不加理会。 ④少师:程颐高祖父程羽,字冲远,官尚书兵部侍郎,赠太子少师。宋太宗太平兴国年间典试贡士,选得人才众多。明道荐才:宋神宗曾让程颢推举人才,程颢荐数十人,而以其叔张载、弟程颐为首。借此说明程颢"用直不避嫌"。

49. 君实①尝问先生云:"欲除一人给事中,谁可为者?"先生曰:"初若泛论人才却可,今既如此,颐虽有其人,何可言?"君实曰:"出于公口,入于光耳,又何害?"先生终不言②。

[注释] ①司马光,字君实。 ②叶采《近思录集解》:泛论人物,则无不可。若择人任职,乃宰相之事,非在下位者所可与矣。此制义之方也。

50. 先生云:韩持国①服义,最不可得②。一日,颐与持国、范夷叟③泛舟于颍昌西湖,须臾,客将④云:"有一官员上书谒见大资⑤。"颐将为有甚急切公事,乃是求知己⑥。颐云:"大资居位,却不求人⑦,乃使人倒来求己,是甚道理?"夷叟云:"只为正叔太执,求荐章⑧,常事也。"颐云:"不然,只为曾有不求者不与,来求者与之,遂致人如此。"持国便服。

[注释] ①韩持国:韩维,字持国。 ②不可得:难得。 ③范夷叟:范纯礼,字夷叟;范仲淹子。 ④客将:牙将。因其主管迎客往来,故称客将。 ⑤大资:资政殿大学士。宋时资政殿大学士称大资。 ⑥求知己:请求上级了解自己。 ⑦求人:指下求贤才。 ⑧荐章:推荐人才的奏章,举荐文书。

51. 先生因言:今日供职,只第一件便做他底不得①。吏人押申转运司状,颐不曾签②。国子监自系台省③,台省系朝廷官;外司④有事,合行申状,岂有台省倒申外司⑤之理?只为从前人只计较利害,不计较事体⑥,直得恁地⑦。须看圣人欲正名处,见得道名不正时,便至礼乐不兴,是自然住不得⑧。

[注释] ①做他底不得:做不得。 ②签:签字,签发。 ③台省:中央所属机构。 ④外司:中央机构以外的政府机构,包括地方政府和中央外派机构。程颐这里认为,国子监文书申报转运司,有违内重外轻之礼,有损朝廷体统。 ⑤台省倒申外司:台省倒过来向外司申请。 ⑥只计较利害,不计

较事体:只考虑利害关系,不考虑内外尊卑的统体。　⑦直得恁地:就都那么做。　⑧住不得:当为"做不得",以呼应开头。

52. 学者不可不通世务①。天下事譬如一家,非我为,则彼为;非甲为,则乙为。

[注释]①世务:张伯行《近思录集解》:世务者,当世之事务,如兵农、礼乐、刑名、钱谷之类皆是。

53. 人无远虑,必有近忧,思虑当在事外。

54. 圣人之责人也常缓,便见只欲事正,无显人过恶①之意。

[注释]①显人过恶:暴露他人的过错和缺点。

55. 伊川先生云:今之守令,惟制民之产①一事不得为,其他在法度中甚有可为者,患人不为耳。

[注释]①制民之产:限制、规定百姓的产业。

56. 明道先生作县①,凡坐处,皆书"视民如伤"②四字,常曰:"颢常愧此四字。"

[注释]①作县:做县令。　②《左传·哀公元年》:"国之兴也,视民如伤,是其福也。"意谓对待百姓就像对待伤员一样关怀、抚慰他们,是国家之福。

57. 伊川每见人论前辈之短,则曰:"汝辈且取他长处。"

58. 刘安礼①云：王荆公②执政，议法改令，言者攻之甚力。明道先生尝被旨赴中堂议事，荆公方怒言者，厉色待之。先生徐曰："天下之事，非一家私议，愿公平气以听。"荆公为之愧屈。

[注释]①刘安礼：刘立之，字宗礼，二程门人。　②王荆公：王安石。

59. 刘安礼问临民①，明道先生曰："使民各得输其情②。"问御吏，曰："正己以格物。"

[注释]①临民：治理民众。　②各得输其情：各自能够充分表达自己的真实感情。

60. 横渠先生曰：凡人为上则易，为下则难①。然不能为下，亦未能使下②，不尽其情伪也③。大抵使人，常在其前己尝为之，则能使人。

[注释]①为上、为下：在上位、在下位。　②使下：使用和管理下属。　③尽：深谙。情：实情、真情。

61. 《坎》"维心亨"，故"行有尚"①。外虽积险，苟处之心亨不疑，则虽难必济，而"往有功也"。今水临万仞之山，要下即下，无复凝滞之。在前惟知有义理而已，则复何回避？所以心通②。

[注释]①《周易·坎》卦辞："习坎，有孚，维心亨，行有尚。"《象》辞说："维心亨，乃以刚中也。行有尚，往有功也。"心亨：内心通达。行有尚：行为值

得崇尚。②叶采《近思录集解》：此以坎象而言，人于义理苟能信之笃行之决，如水之比下，则沛然而莫御，何往而不心亨哉？茅星来《近思录集注》：临万仞之山，所谓积险也。要下即下，无复凝滞，所谓处之心亨不疑也。……

62. 人所以不能行己者，于其所难者则惰，其异俗者虽易而羞缩①。惟心弘②，则不顾人之非笑，所趋义理耳，视天下莫能移其道；然为之，人亦未必怪。正以在己者义理不胜。惰与羞缩之病，消则有长③，不消则病常在。意思龌龊④，无由作事。在古气节之士，冒死以有为，于义未必中，然非有志概者⑤莫能，况吾于义理已明，何为不为？

[注释]①异俗者虽易而羞缩：异俗者，与世俗不同之事。羞缩，退缩，羞于作为。　②心弘：心胸开阔。　③消则有长：怠惰、羞缩之病减少则义理之心增长。　④意思龌龊：意趣卑下。　⑤志概者：志气节烈之士。

63.《姤》初六："羸豕孚蹢躅。"①豕方羸时，力未能动，然至诚在于蹢躅，得伸则伸矣。如李德裕处置阉宦，徒知其帖息威伏，而忽于志不忘逞，照察少不至，则失其几也②。

[注释]①此言是对《周易·姤》卦初六爻辞的解说。羸(léi)豕：瘦弱的猪。孚：存心，务在。叶采《近思录集解》：蹢躅(zhí zhú)，跳跃也。豕性阴躁，虽当羸弱之时，其诚心未尝不在于动也，得肆则肆矣。犹小人虽困，志在求逞。君子所当察也。　②李德裕：字文饶，唐武宗宰相。据唐史，唐文宗即位后欲去除宦官专权乱政，与朝臣李训等发动"甘露之变"。事败，宦官仇士良等大杀朝臣。由此形成仇士良等宦官擅权二十余年，武宗时李德裕为相，会昌三年，仇士良致仕，四年削其官爵，籍没其家，宦官势力受到严重打击。会昌六年，武宗死，宦官立宣宗，李德裕罢相。叶采《近思录集解》：唐武宗时，

德裕为相,君臣契合,莫能间之。宦寺之徒,帖息威伏,诚若无能为者,而不知其志在求逞也。继嗣重事,卒定于宦者之手,而德裕逐矣。盖凡微之间,所当深察。

64. 人教小童,亦可取益。绊己不出入①,一益也;授人数数,己亦了此文义,二益也;对之,必正衣冠,尊瞻视②,三益也;常以因己而坏人之才为忧,则不敢惰,四益也。

[**注释**]①绊己不出入:绊住了自己不外出。 ②在小孩面前衣冠要端正,一瞻一视都要严肃。

卷十一　教学之道(凡二十一条)

1. 濂溪先生曰：刚善，为义，为直，为断，为严毅，为干固；恶，为猛，为隘，为强梁。柔善，为慈，为顺，为巽；恶，为懦弱，为无断，为邪佞①。惟中也者，和也，中节也，天下之达道也，圣人之事也。故圣人立教，俾人自易其恶，自至其中而止矣。

[注释]①此处阐明同样是刚、柔，其中也分别善、恶。断：决断。干固：干练贞固。猛：猛悍。巽：谦让。

2. 伊川先生曰：古人生子，能食能言而教之。大学之法，以豫①为先。人之幼也，知思未有所主，便当以格言至论日陈于前，虽未晓知，且当薰陶②，使盈耳充腹，久自安习，若固有之。虽以他说惑之，不能入也。若为之不豫，及乎稍长，私意偏好生于内，众口辩言铄于外，欲其纯完，不可得也。

[注释]①豫：准备工作。　②薰陶：薰，熏陶，影响；陶，不厌其烦地说。

3.《观》之上九曰:"观其生,君子无咎。"《象》曰:"观其生,志未平也。"①《传》曰:君子虽不在位,然以人观其德,用为仪法,故当自慎省,观其所生,常不失于君子②,则人不失所望而化之矣。不可以不在于位故,安然放意,无所事也③。

[注释]①此言解说《周易·观》卦上九爻辞。《观》卦之观为展示、仰观之意。君子展示德操于大众,大众必然瞻仰。志未平:君子永远追求理想,永不自满。 ②《观》卦之上九高居象征君位的九五之外,象征高尚的隐士。君子虽然高蹈隐居,人们还是仰观其人,其人必须言行符合君子之德才不会有灾祸。仪法:礼仪法度,仪表法式。 ③此句意谓不能因不在其位,就懈怠心志而无所事事。

4. 圣人之道如天然,与众人之识甚殊邈①也。门人弟子既亲炙②,而后益知其高远。既若不可以及,则趋望③之心息矣,故圣人之教,常俯而就之④。事上临丧⑤,不敢不勉,君子之常行。不困⑥于酒,尤其近也。而以己处之者,不独使夫资⑦之下者勉思企及,而才之高者亦不敢易乎近⑧矣。

[注释]①殊邈:相差很远。 ②亲炙:亲身受教。 ③趋望:向往。 ④俯而就之:依照普通人能够接受的深度以教之。 ⑤事上临丧:服侍长辈,处理丧事。 ⑥困:沉湎。 ⑦资:天资。 ⑧易乎近:由于浅近而轻视。

5. 明道先生曰:忧子弟之轻俊者,只教以经学念书,不得令作文字①。子弟凡百玩好皆夺志;至于书札,于儒者事最近,然一向好著,亦自丧志。如王、虞、颜、柳②辈,诚为好人则有之,曾见有善书者知道否?平生精力,一用于此,非惟徒废时日,于道便有妨处,足知丧志也。

[注释]①叶采《近思录集解》:志轻才俊者,惮于检束,乐于驰骋。使之习经念书,则心平气定。若令作文字,则得以用其才而长其俊矣。　②王、虞、颜、柳:晋代书法家王羲之,唐代书法家虞世南、颜真卿、柳公权。

6. 胡安定①在湖州,置治道斋,学者有欲明治道者,讲之于中,如治民、治兵、水利、算数之类。尝言刘彝②善治水利,后累为政,皆兴水利有功。

[注释]①胡安定:胡瑗,曾为湖州教授。其教学设数科,每科为一斋,如治道斋、经义斋等。　②刘彝:字执中,胡瑗门人。神宗熙宁中为都水丞。

7. 凡立言,欲涵蓄意思,不使知德者厌,无德者①惑。

[注释]①无德者:不懂德义的人。

8. 教人未见意趣,必不乐学。欲且教之歌舞,如古《诗》三百篇,皆古人作之。如《关雎》之类,正家之始,故用之乡人,用之邦国,日使人闻之。此等诗,其言简奥①,今人未易晓。别欲作诗,略言教童子洒扫应对事长之节,令朝夕歌之,似当有助。

[注释]①简奥:简约深奥。

9. 子厚①以礼教学者最善,使学者先有所据守。

[注释]①子厚:张载字。

10. 语学者以所见未到之理①,不惟所闻不深彻,反将理低看了。

[注释]①识见尚未达到还不能够理解的道理。

11. 舞射便见人诚。古之教人,莫非使之成己①。自洒扫应对上,便可到圣人事。

[注释]①成己:成就自身德行。

12. 自"幼子常视毋诳"①以上,便是教以圣人事。

[注释]①《礼记·曲礼上》:"幼子常视毋诳。"意谓平日不可以谎话教示儿童。视:同"示"。

13. 先传后倦①,君子教人有序:先传以小者近者,而后教以大者远者;非是先传以近小,而后不教以远大也。

[注释]①先传后倦:先传,先传授什么? 后倦,后传授什么以使之不倦。倦,倦怠。

14. 伊川先生曰:说书必非古意,转使人薄①。学者须是潜心积虑,优游涵养②,使之自得。今一日说尽,只是教得薄。至如汉时说下帷③讲诵,犹未必说书。

[注释]①薄:浅薄。 ②优游涵养:从容悠游于其间,涵泳持养,至于透彻理解。 ③《汉书·董仲舒传》:"孝景时为博士,下帷讲诵,弟子传以次相受业,或莫见其面。"下帷:放下帐子。

15. 古者八岁入小学,十五入大学,择其才可教者聚之,不肖①者复之农亩。盖士农不易业②,既入学,则不治农,然后士农判。在学之养③,若士大夫之子,则不虑无养;虽庶人④之子,既入学,则亦必有养。古之士者,自十五入学,至四十方仕,中间自有二十五年学,又无利可趋,则所志可知,须去趋善,便自此成德。后之人,自童稚间已有汲汲趋利之意,何由得向善?故古人必使四十而仕,然后志定。只营衣食却无害,惟利禄之诱最害人。(本注:人有养,便方定志于学。)

[注释]①不肖:不成器。 ②士农不易业:古代士、农都是终身职业,不能互相变换。 ③在学之养:在学校中的供养。 ④庶人:平民百姓。

16. 天下有多少才!只为道不明于天下,故不得有所成就。且古者"兴于《诗》,立于礼,成于乐"①。如今人怎生会得?古人于《诗》,如今人歌曲一般,虽闾巷童稚,皆习闻其说而晓其义,故能兴起于《诗》。后世老师宿儒,尚不能晓其义,怎生责得学者?是不得"兴于《诗》"也。古礼既废,人伦不明,以至治家皆无法度,是不得"立于礼"也。古人有歌咏以养其性情,声音以养其耳目,舞蹈以养其血脉,今皆无之,是不得"成于乐"也。古之成材也易,今之成材也难。

[注释]①语出《论语·泰伯》。意谓《诗》能使人振奋而向学,礼能使人立身,乐能完善人格。

17. 孔子教人,"不愤不启,不悱不发"①。盖不待愤悱而发,则知之不固;待愤悱而后发,则沛然②矣。学者须是深思之,思而不得,然后为他说便好。初学者,须是且为他说,不然,非独他不晓,亦止人好问之心③也。

[注释]①语出《论语·述而》。朱子曰:"愤"者,心求通而未得之意。"悱"者,口欲言而未能之貌。"启"谓开其意。"发"谓达其辞。(《论语集注·述而第七》)。　②沛然:生机勃勃貌。　③止人好问之心:闭塞了人的好奇而好问之心。

18. 横渠先生曰:"恭敬撙节退让以明礼。"①仁之至也,爱道之极也。己不勉明,则人无从倡,道无从弘,教无从成矣②。

[注释]①语出《礼记·曲礼上》。撙节:俭约。　②江永《近思录集注》:此张子言以礼教人,当自勉也。教者能恭敬、撙节、退让以明礼,则能率人使成材,是仁之至也;宏道以教人,是爱道之极。

19.《学记》曰:"进而不顾其安,使人不由其诚,教人不尽其才。"①人未安之,又进之;未喻之,又告之,徒使人生此节目②。不尽材,不顾安,不由诚,皆是施之妄③也。教人至难,必尽人之材,乃不误人;观可及处④,然后告之。圣人之明,直若庖丁之解牛,皆知其隙,刃投余地,无全牛矣⑤。人之材足以有为,但以其不由于诚⑥,则不尽其材。若曰勉率⑦而为之,则岂有由诚哉?

[注释]①语出《礼记·学记》。进,指学习内容的推进。安,熟习。使人不由其诚:使,教育;由,出于;诚,诚信。　②生此节目:产生不诚实。"节目"即指不诚实。　③施之妄:施教者的不是。　④观可及处:寻找可以入手处,此指可以施教处。　⑤刃投余地:庖丁解牛即寻找可以入手处投刃,故在骨节间游刃有余。　庖丁之解牛:见《庄子·养生主》。隙:骨节间隙。

⑥以其不由于诚:施教者不从诚入手。　⑦勉率:勉强草率。

20. 古之小儿,便能敬事①。长者与之提携,则两手奉②长者之手;问之,掩口而对。盖稍不敬事,便不忠信。故教小儿,且先安详恭敬。

[注释]①敬事:恭敬奉事长辈。　②奉:捧。

21. 孟子曰:"人不足与适也,政不足与间也,唯大人为能格君心之非。"①非惟君心。至于朋游学者之际,彼虽议论异同,未欲深较②。惟整理其心,使归之正③,岂小补哉!

[注释]①语出《孟子·离娄上》。适:谪,指责。间:批评。格:纠正。②较:计较、较量。此句意谓议论不同无需深加计较。　③整理其心,使归之正:规整人心,使之入正轨。

卷十二 改过及人心疵病(凡三十三条)

1. 濂溪先生曰:仲由①喜闻过,令名②无穷焉。今人有过,不喜人规,如护疾而忌医,宁灭其身而无悟也,噫!

[注释]①仲由:孔子弟子子路,名仲由。 ②令名:美名。

2. 伊川先生曰:德善日积,则福禄日臻。德逾于禄①,则虽盛而非满。自古隆盛,未有不失道而丧败者也②。

[注释]①德逾于禄:德行高出享有的禄位。 ②此言为对《周易·泰》卦九三爻辞的阐发。物极必反,盛极而失道必衰。

3. 人之于豫乐,心悦之,故迟迟,遂至于耽恋不能已也。《豫》之六二,以中正自守,其介如石,其去之速,不俟终日,故贞正而吉也①。处豫不可安且久也,久则溺矣。如二可谓见几而作②者也。盖中正,故其守坚,而能辨之早,去之速也。

[注释]①此言解《周易·豫》卦。豫:安逸、欢乐。人喜逸乐,最易沉湎耽恋而失于正,故《豫》卦诸爻多不得正,即多凶悔。惟其六二一爻处下卦之

中,并以阴爻处阴位而得正。上未有应,为自守之象。故六二《象》辞云:"不终日,贞吉,以中正也。"众爻耽于逸乐,独六二孤介中正自守,可谓特立之操。故其爻辞曰:"介于石,不终日,贞吉。"介:特立孤高。言其德如石之坚强孤高。不终日:言其既知耽于逸乐必有凶咎,故"不终日"而舍之。此处有明辨、果敢、迅速之意。　②"二"指六二爻。见几而作:发现征兆即采取行动。

4. 人君致危亡之道非一,而以豫①为多。

[注释]①豫:安逸享乐。

5. 圣人为戒,必于方盛之时。方其盛而不知戒,故狃①安富则骄侈生,乐舒肆则纲纪坏,忘祸乱则萌蘖萌,是以浸淫②不知乱之至也。

[注释]①狃:习惯。　②浸淫:渐渐。此句意谓在不知不觉中祸乱已经到了。

6.《复》之六三,以阴躁处动之极,复之频数而不能固者也①。复贵安固②,频复频失,不安于复也。复善而屡失,危之道也。圣人开迁善之道,与其复而危其屡失,故云"厉无咎"③。不可以频失而戒其复④也,频失则为危,屡复何咎?⑤过在失而不在复也。(旧注:刘质夫⑥曰:频复不已,遂至迷复。)

[注释]①《复》卦《震》下《坤》上。一阳复生于下,有复于善之意。复于善,就是改过。　②复贵安固:复善改过,贵在稳定牢固。张伯行《近思录集解》:此释《复》六三爻传也。……《复》之六三以阴居阳,不中不正,是为阴躁,又震动之,终则其于复善也,为躁而动,屡失屡复,而不能固守其德者也。　③与:肯定。"厉无咎":厉,危险;咎,灾祸。屡复屡失固然危险,但每次失

误又能"复",故虽"厉"而"无咎",没有灾祸。 ④不可以频失而戒其复:不可以频频失误而阻止人迁善改过。 ⑤张伯行《近思录集解》:失可危,而复则可与。圣人欲人为善,故开其迁善之道。"与之"之意及"危之"之意,并系于一爻,而云"厉无咎"。无咎者,善补过也。若曰不幸之中犹有幸焉,非可以其频失之故,虽复无益,而并戒其复也。 ⑥刘绚,字质夫。

7. 睽极则怫戾而难合,刚极则躁暴而不详,明极则过察而多疑。《睽》之上九,有六三之正应,实不孤,而其才性如此,自睽孤也①。如人虽有亲党,而多自疑猜,妄生乖离,虽处骨肉亲党之间,而常孤独也②。

[注释]①《周易·睽》卦。睽:睽违、乖离。其上九爻位居《睽》卦最上位,是睽之极;为阳爻,其以阳刚居最上,是刚之极;又,《睽》卦《兑》下《离》上,离为明,在离之上位,是明之极。此为《睽》卦上九爻的三种特性,即睽极、刚极、明极。"极"均过分而非"中"。怫(fú):古同"拂",违逆,乖戾。睽孤:孤独、孤立。此谓上九爻本不孤,其孤立是自造的。 ②张伯行《近思录集解》:盖人不可过明,过明则多自疑猜;人又不可过刚,过刚则妄生乖离。如今之人虽有亲党而不免于此,则不特与他人不合,即处骨肉亲党之间,人亦不敢依附而常见孤独,岂非自诒伊戚乎?

8.《解》之六三曰:"负且乘,致寇至;贞吝。"《传》曰:小人而窃盛位,虽勉为正事,而气质卑下,本非在上之物,终可吝也①。若能大正②,则如何?曰:大正,非阴柔所能也。若能之,则是化为君子③矣。

[注释]①此言为《解》卦的六三爻辞。《周易·系辞上》解此爻辞:"负也者,小人之事也;乘也者,君子之器也。小人而乘君子之器,盗思夺之矣。"按六三为阴爻,象征小人,然居于下卦之上,是小人而窃据高位。又,六为阴爻,三是阳位,其德与位均不称。如此将招致寇盗思夺其位。贞:正。贞吝:

谓即使行正道,由于本非正人,终至于悔吝。　②大正:非常正派。　③化为君子:变化气质而成为君子。

9.《益》之上九曰:"莫益之,或击之。"①《传》曰:理者,天下之至公;利者,众人所同欲。苟公其心,不失其正理,则与众同利,无侵于人,人亦欲与之。若切于好利,蔽于自私,求自益以损于人,则人亦与之力争。故莫肯益之,而有击夺之者矣。

[注释]①《周易·益》卦之上九爻辞。意谓无人周济他,却有人攻击他。

10.《艮》之九三曰:"艮其限,列其夤(yín),厉薰心。"①《传》曰:夫止道贵乎得宜,行止不能以时,而定于一②,其坚强如此,则处世乖戾,与物睽绝,其危甚矣。人之固止一隅,而举世莫与宜者,则艰蹇忿畏,焚挠其中,岂有安裕之理?"厉薰心",谓不安之势薰烁其中也③。

[注释]①《周易·艮》卦之艮,意为止。而九三爻以阳刚之性居下卦之上,分界上下卦,此谓"艮其限"。限:界限,分隔。以之喻人,则当人献腰部。九三以刚爻止于腰部,使腰部上下决裂而不能屈伸。列其夤:"列"同"裂"。夤为腰部脊背的肌肉。如此上下相裂,左右不谐,以此处世,必至上下叛离,左右决裂,此谓"其危甚"。其人当之,自然心神不定,心中火焦火燎,此谓"厉薰心"。厉,不安。　②定于一:指拘滞、胶固于一隅。　③艰蹇:行走困难。忿畏:忿恨惧怕。挠:搅扰。张伯行《近思录集解》:拘固一隅以为止,而举世之大,至莫与之相宜者,则身之所处,艰而多阻,蹇而多难,有所不平则忿,有行不得则畏。如火之将焚,如木之见挠,交逼于中,岂有安舒宽裕之理?

11. 大率以说而动,安有不失正者。①

[注释]①此言程颐为诠释《周易·归妹》而作。《归妹》卦兑下兑震上,兑为少女,震为长男;兑为悦,震为动。长男动而少女悦,男女均以动而悦,悦而复动,有恣情纵欲之嫌。

12. 男女有尊卑之序,夫妇有倡随之理,此常理也。若徇情肆欲,唯说是动,男牵欲而失其刚,妇狃说而忘其顺,则凶而无所利矣。①

[注释]①此言解《周易·归妹》之《象》辞:"无攸利,柔乘刚也。"牵:羁绊;说:同"悦"。

13. 虽舜之圣,且畏巧言令色①,说之惑人,易入而可惧也如此。

[注释]①巧言令色:花言巧语。

14. 治水,天下之大任也,非具至公之心,能舍己从人,尽天下之议,则不能成其功,岂方命圮族者所能乎①? 鲧虽九年而功弗成②,然其所治,固非他人所及也。惟其功有叙③,故其自任益强④,咈戾⑤圮类益甚,公议隔而人心离矣,是其恶益显,而功卒不可成也。

[注释]①事见《尚书·尧典》。方:违抗。命:正理。圮(pǐ):倒塌、毁灭。圮族,意谓鲧的行事违背天理、毁败族类。 ②鲧:禹之父。曾奉尧命治水,因筑堤堵水,九年未平,被舜杀死在羽山。 ③功有叙:有值得称赞之功。 ④自任益强:听不进不同意见。 ⑤咈戾:违背、乖戾。

15. 君子敬以直内。微生高所枉虽小,而害则大。①

[注释]①《论语·公冶长》:"子曰:孰谓微生高直?或乞醯焉,乞诸其邻而与之。"意谓谁说微生高直?有人向他讨醋,他不直说没有,而向邻人讨来转送。

16. 人有欲则无刚①,刚则不屈于欲。

[注释]①刚:刚毅。

17. 人之过也,各于其类。君子常失于厚,小人常失于薄;君子过于爱,小人伤于忍。①

[注释]①忍:残忍。朱子曰:厚与爱,毕竟是仁上发来,其苗脉可见。又曰:此段也只是论仁。若论义,则当云君子过于公,小人过于私。君子过于廉,小人过于贪。君子过于严,小人过于纵。观过斯知义矣,方得。(《朱子语类》卷二十六)

18. 明道先生曰:富贵骄人固不善,学问骄人害亦不细。

19. 人以料事为明,便骎骎入逆诈亿不信去也。①

[注释]①料事:预料未来。亿:同"臆",臆断。《论语·宪问》:"不逆诈,不亿不信。"意谓不预先怀疑别人欺诈;不臆断别人不老实。

20. 人于外物奉身者,事事要好,只有自家一个身与心却不要好。苟得外面物好时,却不知道自家身与心却已先不好了也。①

[注释]①奉身:奉养身体。此句意谓一味追求物质享受,必然危害心地纯正。茅星来《近思录集注》:外物奉身者,如宫室、饮食、衣服之类皆是。身不好谓身不修,心不好谓心不正,所谓以小害大、贱害贵也。

21. 人于天理昏者,是只为嗜欲乱著他。庄子言:"其嗜欲深者,其天机浅。"①此言却最是。

[注释]①语出《庄子·大宗师》。庄子所谓天机,指人的纯正天性。张伯行《近思录集解》:人心自有天理,故动静之间皆理之流行,而天机于焉勃发,何至昏暗不明,只为在外之嗜欲,入而乱之,便觉昏了。虽嗜欲亦人所不能无,而徇之则为人欲。理欲二者常相消长,故庄子有云:"嗜欲深者,其天机浅"。

22. 伊川先生曰:阅机事之久,机心必生①。盖方其阅时,心必喜,既喜,则如种下种子。

[注释]①机事:机巧之事。机心:机变之心。

23. 疑①病者,未有事至时,先有疑端在心;周罗事②者,先有周事之端在心。皆病也。

[注释]①疑:猜疑。 ②周罗事:爱揽事。

24. 较事大小,其弊为枉尺直寻之病。①

[注释]①较事大小:先计较事情值不值得做。枉尺直寻:《孟子·滕文公下》:"且《志》曰:枉尺而直寻,宜若可为。"八尺为寻,人屈一尺而换得伸直一寻,指小有所屈而大有所获。尺短寻长,斤斤计较,是为先儒所反对的。张伯行《近思录集解》:事无大小,惟理是视。若计较于大小之间,则有苟成急就之心,便是利根,必至害道。

25. 小人小丈夫,不合小了他①,本不是恶。

[注释]①小人小丈夫:见《孟子·公孙丑下》。小人:小人物。小丈夫:气度狭小。不合小了他:不该小看他。

26. 虽公天下事,若用私意为之,便是私。

27. 做官夺人志。

28. 骄是气盈,吝①是气歉。人若吝时,于财上亦不足,于事上亦不足,凡百事皆不足,必有歉歉之色②也。

[注释]①吝:吝啬。 ②歉歉之色:小家子气。

29. 未知道者如醉人,方其醉时,无所不至①,及其醒也,莫不愧耻。人之未知学者,自视以为无缺,及既知学,反思前日所为,则骇且惧矣。

[注释]①无所不至:什么事都能干出来。

30. 邢七①云:"一日三点检②。"明道先生曰:"可哀也哉!其余时理会甚事?盖仿三省之说③错了,可见不曾用功。"又多逐人面上说一般话④,明道责之,邢曰:"无可说。"明道曰:"无可说,便不得不说⑤。"

[注释]①邢七:邢恕,程颢弟子,人品差。 ②三点检:审查三次。③三省之说:《论语·学而》:"曾子曰:吾日三省吾身。" ④当人面说迎合的话。 ⑤无可说,便不得不说:将这当说不当说之事辩论清楚。

31. 横渠先生曰：学者舍礼义，则饱食终日，无所猷为①，与下民②一致，所事不逾衣食之间，燕游之乐尔。

[注释]①猷为：作为。 ②下民：普通百姓。

32. 郑、卫之音悲哀，令人意思留连，又生怠惰之意，从而致骄淫之心。虽珍玩奇货，其始感人也亦不如是切，从而生无限嗜好①。故孔子曰"必放之"，亦是圣人经历过，但圣人能不为物所移耳。

[注释]①郑、卫之音：春秋时郑、卫两地的民间音乐。《诗经》有郑风和卫风。孔子认为郑、卫之音是靡靡之音，主张"放郑声，远佞人。郑声淫，佞人殆"。(《论语·卫灵公》)但郑、卫之音悦耳，故能移人性情。《礼记·乐记》："魏文侯问于子夏曰：'吾端冕而听古乐，则惟恐卧；听郑卫之音，则不知倦。'"

33. 孟子言反经，特于乡原之后者。以乡原大者不先立，心中初无主，惟是左右看，顺人情，不欲违。一生如此。①

[注释]①反经：返回大道。乡原：又作乡愿，意谓和事佬。不欲违：谁都不得罪。

卷十三　异端之学（凡十四条）

1. 明道先生曰：杨、墨之害，甚于申、韩①；佛、老之害，甚于杨、墨。杨氏为我，疑于②义；墨氏兼爱，疑于仁。申、韩则浅陋易见。故孟子只辟③杨、墨，为其惑世之甚也。佛、老其言近理，又非杨、墨之比，此所以为害尤甚。杨、墨之害，亦经孟子辟之，所以廓如也④。

[注释]①杨、墨：杨朱、墨翟。战国时两位思想家。杨朱主张为我，墨子主张兼爱。申、韩：申不害、韩非，战国时法家代表人物，主张刑名法术，强调君主以权术御下。　②疑于：近似于。　③辟：批判。　④廓如：廓然清净。

2. 伊川先生曰：儒者潜心正道，不容有差，其始甚微，其终则不可救。如"师也过，商也不及"①，于圣人中道，师只是过于厚些，商只是不及些；然而厚则渐至于兼爱，不及则便至于为我，其过不及同出于儒者，其末遂至杨、墨。至如杨、墨，亦未至于无父无君，孟子推之便至于此，盖其差必至于是也。

[注释]①此言意谓若过或不及,子张、子夏尚且会流入杨、墨,更何况杨、墨之为我与兼爱,尚不至于无父无君,所以其危害远没有佛、老二氏之烈。《论语·先进》:"师也过,商也不及。"师,颛孙师,即子张。商,卜商,即子夏。叶采《近思录集解》:子张才高意广,泛爱兼容,故常过乎中。子夏笃信自守,规模谨密,故常不及乎中。二子于道,亦未远也。然师之过,其流必至于墨氏之兼爱;子夏之不及,其后传……是杨氏为我之学也。

3. 明道先生曰:道之外无物,物之外无道,是天地之间无适①而非道也。即父子而父子在所亲,即君臣而君臣在所严,以至为夫妇、为长幼、为朋友,无所为而非道,此道所以不可须臾离也。然则毁人伦、去四大②者,其外于道也远矣。故"君子之于天下也,无适也,无莫也,义之与比"③,若有适有莫,则于道为有间,非天地之全也。彼释氏之学,于"敬以直内"则有之矣,"义以方外"则未之有也④。故滞固者入于枯槁,疏通者归于恣肆⑤,此佛之教所以为隘也。吾道则不然,率性而已。斯理也,圣人于《易》备言之。又云:佛有一个觉⑥之理,可以"敬以直内"矣,然无"义以方外",其直内者,要之其本亦不是。

[注释]①无适:无处。 ②四大:佛家以地、水、风、火为四大,认为人身也由四大幻化而成,主张寂灭幻根,断除一切。如此,则不知身由何处而来,故不知有父母,是谓"毁人伦"。叶采《近思录集解》:释氏以地、水、火、风为四大,谓四大幻假而成人身。寂灭幻根,断除一切。 ③语出《论语·里仁》,意谓君子对于天下之事,既不固执于怎么做,也不坚持不怎么做。怎么合乎义便怎么做。 ④《周易·坤·文言》:"君子敬以直内,义以方外。"张伯行《近思录集解》:就释氏之学论之,习定此心,收敛虚静,亦若吾儒常惺惺之法,与所云"敬以直内"者相合。然天下事理,各有当然之义。一切扫灭,不求精察,则有体无用,吾儒所云"义以方外"者,未之有也。既无方外之义,则敬

之云者,亦只是一个灵觉。……其直内之本,亦不是矣。 ⑤张伯行《近思录集解》:一味拘滞固执不化者,则劳筋苦骨,屠肤乞钵,入于枯槁而无人道;其疏旷自恣,矫语通达者,则浮沤世故,超豁顿悟,归于恣肆而侮天地。 ⑥觉:觉悟,即内心虚静修持不已,而超越虚幻的现世与生死的烦恼。此与儒家"敬以直内"相似。

4. 释氏本怖死生为利,岂是公道①?唯务上达而无下学②,然则其上达处,岂有是也?元不相连属,但有间断,非道也③。孟子曰:"尽其心者,知其性也。"彼所谓识心见性是也,若存心养性一段事则无矣。彼固曰出家独善,便于道体自不足④。或曰:"释氏地狱之类,皆是为下根之人⑤设此怖,令为善。"先生曰:"至诚贯天地,人尚有不化,岂有立伪教而人可化乎?"

[注释]①叶采《近思录集解》:释氏谓有生必有灭,故有轮回。今求不生不灭之理,可免轮回之苦,此本出于利己之私意也。 ②语出《论语·宪问》:"下学而上达。"下学:学习基础性知识。上达:领悟精深的道理。叶采《近思录集解》:绝学而求顿悟,故无下学工夫。 ③不相连属,但有间断:指下学与上达之间断了联系。张伯行《近思录集解》:道本是彻上彻下,周流连属。若离下求上,则元不连属,有间断而非道矣,尚可谓上达乎? ④出家独善:佛教主张弃父母出家为僧。叶采《近思录集解》:道本人伦。今日出家,则于道体亏欠大矣。 ⑤下根之人:器根狭浅的普通人。

5. 学者于释氏之说,直须如淫声美色以远之;不尔,则骎骎然入其中矣。颜渊问为邦,孔子既告之以二帝、三王之事,而复戒以"放郑声,远佞人",曰:"郑声淫,佞人殆。"彼佞人者,是他一边佞耳①,然而于己则危,只是能使人移②，故危也。至于禹之言曰："何畏乎巧言令色！"巧言令色，直消言畏，只是须著如此戒慎，犹恐不免，释氏之学更不消言，常戒③到自家自信后，便不能乱得。

[注释]①此指就佞人一边而言，固然出自其巧言令色能说会道的本性。 ②受佞人影响能够移易性情，是谓"危"。 ③常戒：需要时常戒备。

6. 所以谓万物一体者，皆有此理，只为从那里来。"生生之谓易"，生则一时生，皆完此理①。人则能推②，物则气昏推不得，不可道他物不与有也③。人只为自私，将自家躯壳上头起意④，故看得道理小了他底。放这身来，都在万物中一例看，大小大快活⑤。释氏以不知此，去他身上起意思，奈何那身不得，故却厌恶，要得去尽根尘，为心源不定，故要得如枯木死灰。然没此理，要有此理，除是死也。释氏其实是爱身，放不得，故说许多。譬如负版之虫，已载不起，犹自更取物在身。又如抱石投河，以其重愈沉，终不道放下石头，惟嫌重也。

[注释]①天地万物无不从"理""那里"生出。完：完备、体现。 ②推：推演、探究。 ③物与人皆出于"理"，不能说物因与人异"不能推"，便说物非出于"理"。 ④起意：思量。 ⑤将此身与万物一律看待，即可得大快活。

7. 人有语导气①者，问先生曰："君亦有术乎？"曰："吾尝夏葛而冬裘，饥食而渴饮，节嗜欲，定心气，如斯而已矣。"

[注释]①导气：导引呼吸，类似于气功。

8. 佛氏不识阴阳、昼夜、死生、古今，安得谓形而上者与圣人同乎？

9. 释氏之说，若欲穷其说而去取之，则其说未能穷，固已化而为佛矣。只且于迹上考之，其设教如是，则其心果如何？固难为取其心，不取其迹，有是心则有是迹。王通言心迹之判，便是乱说。故不若且于迹上断定不与圣人合。其言有合处，则吾道固已有；有不合者，固所不取。如是立定，却省易。①

[注释]①张伯行《近思录集解》：迹者，心之著也。迹正则心必正，迹邪则心必邪。近世士大夫于佛学，每每言其设教虽差，心犹有可取。殊不知心迹合一，彼既以是设教矣，则其心果如何？不取其迹而取其心，固甚难也。王通亦尝言心迹之判，此是析理未精胡乱说话。天下未有迹非而心是者。……今释氏灭伦断种，背天逆地，其迹彰彰可考，故不若且于迹上断定与圣人不合，不待深辨而明。

10. 问："神仙之说有诸"？曰："若说白日飞升之类，则无；若言居山林间，保形炼气，以延年益寿，则有之。譬如一炉火，置之风中则易过，置之密室则难过，有此理也。"又问："杨子言'圣人不师仙，厥术异也'，圣人能为此等事否？"曰："此是天地间一贼，若非窃造化之机，安能延年？使圣人肯为，周、孔为之矣。"①

[注释]①张伯行《近思录集解》：此言神仙之说，非造化自然之理，圣人不为也。……卫生家乃倡为神仙之说，欲超出阴阳造化之外以常存。自昔迄今，哆口争谈。故或问程子果有此理乎，程子谓人无生而不死，如白日飞升之类，决无此理。若僻处闲静，息嚣止纷，讲呼吸吐纳之方，习用逆导顺之法，保

形炼气以求延年。此如置炉火于风中,火易泄则易主;置于密室无风之地,火难泄则难过。理亦有之,然总无久而不散,谓此形可以长存者也。或又问扬子云有言"圣人不师仙",为其择术之异,彼行彼法,我行我法耳。疑圣人不为,非不能也。程子以为圣人自是不为,然不止是异术。此乃天地间一贼,岂有人而可以为贼者?天地间聚散之正理,造化司其柄,人生其中,只好顺受其正。今以延年之故盗弄阖辟,翻腾道理,偷生全躯,侥幸喘息,如鼠窃之辈,播弄神通时亦攘窃些须,总非有道得财。

11. 谢显道①历举佛说与吾儒同处,问伊川先生,先生曰:"恁地同处虽多,只是本领②不是,一齐差却。"

　　[注释]①谢显道:谢良佐,字显道,程门弟子。　②本领:根本与要领。

12. 横渠先生曰:释氏妄意天性,而不知范围之用①,反以六根②之微因缘天地,明不能尽③,则诬天地日月为幻妄,蔽其用于一身之小,溺其志于虚空之大④,此所以语大语小,流遁⑤失中。其过于大也,尘芥六合⑥;其蔽于小也,梦幻人世⑦。谓之穷理,可乎?不知穷理而谓之尽性,可乎?谓之无不知,可乎?尘芥六合,谓天地为有穷也;梦幻人世,明不能究其所从也。

　　[注释]①范围之用:范围,范,模范;围,合围。意谓"理"裁成天地万物,天地万物均透显"理",不出其范围。　②六根:指人的眼、耳、鼻、舌、身、意。佛教认为六根产生色、声、香、味、触、法六识,由此形成天地世界。即天地系由人心的因缘发生。　③明不能尽:显然不能从根本上说明天地的缘起。　④蔽其用于一身之小,溺其志于虚空之大:叶采《近思录集注》:厌此身之小,则蔽其用而不能推;乐虚空之大,则溺其志而下能反。故其语大语小,展转流遁,皆失其中。　⑤流遁:放逸而失于正道。　⑥尘芥六合:佛教认

为,一微尘芥子中有无限大千世界。六合:天、地、四方。此为佛家关于"大"的误说。 ⑦佛教认为,尘世的一切均为人心的幻象,因而都是虚妄。即人世也不真实,如梦幻。只有心的真如是绝对不变的实体,是真实。此为佛家关于"小"的误说。

13. 大《易》不言有无。言有无,诸子之陋也。①

[注释]①此言张载针对老、庄"天下万物生于有,有生于无"而发。

14. 浮图明鬼,谓有识之死,受生循环①,遂厌苦求免,可谓知鬼乎？以人生为妄见,可谓知人乎？天人一物,辄生取舍,可谓知天乎②？孔、孟所谓天,彼所谓道③,惑者指"游魂④为变"为轮回,未之思也。大学当先知天德⑤,知天德,则知圣人、知鬼神。今浮图剧论要归⑥,必谓死生流转,非得道不免,谓之悟道,可乎？（旧注:悟则有义有命,均死生,一天人⑦,推知昼夜,通阴阳,体之无二。）自其说炽传中国,儒者未容窥圣学门墙⑧,已为引取,沦胥⑨其间,指为大道⑩。乃其俗⑪达之天下,致善恶知愚、男女臧获⑫,人人著信。使英才间气,生则溺耳目恬习之事⑬,长则师世儒⑭崇尚之言,遂冥然⑮被驱,因谓圣人可不修而至,大道可不学而知。故未识圣人心,已谓不必求其迹；未见君子志,已谓不必事其文。此人伦所以不察,庶物所以不明,治所以忽⑯,德所以乱。异言满耳,上无礼以防其伪,下无学以稽其弊,自古诐淫邪遁之辞⑰,翕然⑱并兴,一出于佛氏之门者千五百年。向非独立不惧,精一自信,有大过人之才,何以正立其间,与之较是非,计得失哉！

[注释]①受生循环:佛家有所谓六道轮回论。六道:天道、人道、阿修罗道、畜生道、饿鬼道、地狱道。佛家认为人死后为鬼,鬼即在这六道中循环转变,痛苦难忍。只有得道成佛方可免除轮回,达极乐世界。儒学认为人由气聚而生,气散而死。死而归于太虚,以"归"名"鬼",与佛教异,是谓佛家不知"鬼"。 ②妄见:佛教语。佛教认为,尘世的一切均为人心的幻象,因而都是虚妄。儒家认为天人合一,人死自然归天,而佛家却认为只有成佛才能升天,是妄生取舍。儒佛抵牾,故张载谓佛不知"人",不知"天"。 ③儒家以天为太虚,认为气化流行是谓道。道存在于天。而佛教直指天为道。 ④游魂:游散之气。《周易·系辞上》:"精气为物,游魂为变,是故知鬼神之情状。"韩康伯注:"精气絪缊,聚而成物,聚极则散,而游魂为变也。游魂,言其游散也。"佛家则认为游魂是人死后的鬼魂,并将"变"指为"六道轮回"。 ⑤大学:大学问。茅星来《近思录集注》:大学,指儒者之学而言。天德,茅星来《近思录集注》:天德,即天道之本然者,如下文所谓死生、天人、昼夜、阳阴之类皆是。 ⑥剧论:激切论辩,极力要论证的。要归:大要与旨归。叶采《近思录集解》:当生而生,当死而死,是则有义有命。生死均安,何所厌苦?天人一致,何所取舍?知昼夜,通阴阳,则知生死之说,何所谓轮回? ⑦均死生,一天人:同等看待生、死,将天、人视为一体。 ⑧门墙:师门。《论语.子张》:"夫子之墙数仞,不得其门而入。" ⑨沦胥:沦落、陷溺。 ⑩指为大道:认佛理为高明的学说。 ⑪俗:学说。 ⑫臧获:奴婢。 ⑬英才间气:如说英雄豪杰。耳目恬习:看得习惯,听得习惯,不以为怪,而可以安。 ⑭世儒:俗儒。 ⑮冥然:不知不觉。 ⑯忽:政治混乱。茅星来《近思录集注》:上无礼,则法度不立,故无以防其伪;下无学,则不知是非,故无以稽其弊。 ⑰诐淫邪遁之辞:诐辞,偏颇之论;淫辞,说话过分;邪辞,不合正道之论;遁辞,躲闪之词。 ⑱翕然:兴盛、盛行之貌。

卷十四　圣贤气象(凡二十六条)

1. 明道先生曰：尧与舜更无优劣，及至汤、武便别。孟子言"性之"、"反之"①，自古无人如此说，只孟子分别出来，便知得尧、舜是生而知之，汤、武是学而能之。文王之德则似尧、舜，禹之德则似汤、武。要之皆是圣人。

[注释]①"性之"、"反之"：性之，天性如此，不习而能，不勉而中；反之，"反"同"返"。通过后天修习恢复本善之性。《孟子·尽心上》："尧、舜，性之也；汤、武，身之也。"《尽心下》："尧、舜，性者也；汤、武，反之也。"

2. 仲尼，元气也；颜子，春生也；孟子，并秋杀尽见①。仲尼无所不包；颜子示"不违如愚"②之学于后世，有自然之和气，不言而化者也；孟子则露其材，盖亦时焉③而已。仲尼，天地也；颜子，和风庆云也；孟子，泰山岩岩之气象也。观其言，皆可见之矣。仲尼无迹，颜子微有迹，孟子其迹著④。孔子尽是明快人，颜子尽岂弟⑤，孟子尽雄辩。

[注释]①张伯行《近思录集解》：夫子阴阳合德，不刚不柔，太和充满，众理渊涵，如一元之气，浑沦溥博，自然而然，无二无间，此圣不可知者也。颜子则亚圣之资，盎若春阳，蔼若春风，万物发荣滋润，到处皆有生意。……孟

子亦亚圣之才,而有刚明果毅整齐严肃之意……所谓并秋杀尽见者。 ②"不违如愚":语出《论语·为政》:"子曰:吾与回言终日,不违,如愚。"不违:不违背。愚:迟钝。 ③时焉:时势使然。 ④气象:气度、风采。张伯行《近思录集解》:仲尼一理浑然,泛应曲当,如是焉已。风云变化,虽不知其所以然而微有迹可见。如颜子为仁之问,喟然之叹,庶乎可以窥测其迹也。泰山岩岩,壁立万仞,其中景物,昭布森列,如《孟子》一书,发挥透露,不留余蕴,其迹著明也。 ⑤岂弟:即恺悌,也作恺弟,谦和。

3. 曾子传圣人学,其德后来不可测,安知其不至圣人?如言"吾得正而毙①",且休理会文字,只看他气象极好,被他所见处大。后人虽有好言语,只被气象卑②,终不类道。

[注释]①据《礼记·檀弓上》,曾参病重将死,所垫为大夫才能用的席,曾参坚决要求换掉,说:"吾何求哉?吾得正而毙焉斯已矣。"正而毙:合乎礼仪、规矩地死去。 ②气象卑:气质卑下。

4. 传经为难。如圣人之后才百年,传之已差。圣人之学,若非子思、孟子,则几乎息矣。道何尝息,只是人不由之。"道非亡也,幽、厉不由也"①。

[注释]①语出董仲舒《对贤良策》。幽、厉:周幽王、周厉王,周代昏君。由:遵行。

5. 荀子才高,其过多;扬雄才短,其过少。

6. 荀子极偏驳,只一句"性恶",大本已失;扬子虽少过,然已自不识性,更说甚道?

7. 董仲舒曰："正其义,不谋其利。明其道,不计其功。"①此董子所以度越诸子。

[注释]①见《汉书·董仲舒传》。朱子曰:仲舒所立甚高。后世之所以不如古人者,以道义功利关不透耳。(《朱子语类》卷一三七)

8. 汉儒如毛苌①、董仲舒,最得圣贤之意,然见道不甚分明。下此即至扬雄,规模又窄狭矣。

[注释]①毛苌:人称小毛公,以别于人称大毛公的毛亨。治《诗》甚精,为河间献王博士。当时治《诗》有齐、鲁、韩三家。后三家皆废,《毛诗》独传,以至于今。

9. 林希①谓扬雄为禄隐②。扬雄,后人只为见他著书,便须要做他是③,怎生做得是?

[注释]①林希:宋人,字子中,长乐人,《宋元学案》入《荆公新学案》,王安石婿。　②禄隐:食禄的隐士。　③做他是:肯定他。

10. 孔明有王佐之心,道则未尽。王者如天地之无私心焉,行一不义而得天下,不为。孔明必求有成,而取刘璋。圣人宁①无成耳,此不可为也。若刘表子琮,将为曹公所并,取而兴刘氏,可也②。

[注释]①宁:宁肯。　②诸葛亮,字孔明,佐刘备创立蜀汉。刘璋:字季,益州牧刘焉子,时据蜀。刘备入蜀围成都,刘璋出降。刘表:字景升,为荆州牧。刘表死,其子刘琮以荆州降曹操。程颢以刘氏为正统,判定曹操为非正统,故有此论。

11. 诸葛武侯有儒者气象。

12. 孔明庶几礼乐。

13. 文中子①本是一隐君子②,世人往往得其议论,附会成书,其间极有格言,荀、扬道不到处。

[注释]①文中子:隋代学者王通,隐居不仕,居河汾之间讲学,门人记其言行,成《中说》十卷。卒,门人私谥文中子。　②隐君子:隐居的君子。

14. 韩愈亦近世豪杰之士,如《原道》中言语虽有病,然自孟子而后,能将许大见识寻求者,才见此人。至如断曰:"孟子醇乎醇。"又曰:"荀与扬择焉而不精①,语焉而不详。"若不是他见得,岂千馀年后便能断得如此分明?

[注释]①择焉而不精:认为荀子、扬雄治学路径不精当。

15. 学本是修德,有德然后有言。退之却倒学①了,因学文,日求所未至,遂有所得。如曰:"轲之死,不得其传。"似此言语,非是蹈袭前人,又非凿空撰得出,必有所见。若无所见,不知言所传者何事。

[注释]①倒学:意谓"学"、"行"颠倒。朱子曰:韩文公第一义是去学文字,第二义方去穷究道理,所以看得不亲切。又曰:如韩退之虽是见得个道之大用是如此,然却无实用功处。……只是做诗、博弈,酣饮取乐而已。观其诗便可见,都衬贴那《原道》不起。至其做官临政,也不是为国做事,也无甚可称,其实只是要讨官职而已。(《朱子语类》卷一百三十七)

16. 周茂叔胸中洒落,如光风霁①月。其为政精密严恕②,务尽道理。

[**注释**]①霁:雨雪停止,天放晴。 ②精密严恕:精当而缜密,严毅而宽恕。

17. 伊川先生撰《明道先生行状》曰:先生资禀既异,而充养①有道;纯粹如精金,温润如良玉;宽而有制,和而不流②;忠诚贯于金石,孝悌通于神明。视其色,其接物也,如春阳之温;听其言,其入人也,如时雨之润。胸怀洞然,彻视无间。测其蕴,则浩乎若沧溟之无际;极其德,美言盖不足以形容。先生行己,内主于敬,而行之以恕,见善若出诸己,不欲弗施于人。居广居而行大道,言有物而动有常③。先生为学,自十五六时,闻汝南周茂叔论道,遂厌科举之业,慨然有求道之志。未知其要,泛滥于诸家,出入于老、释者几十年,返求诸《六经》而后得之。明于庶物,察于人伦,知尽性至命,必本于孝弟,穷神知化④,由通于礼乐。辨异端似是之非,开百代未明之惑,秦汉而下,未有臻斯理也。谓孟子没而圣学不传,以兴起斯文为己任。其言曰:"道之不明,异端害之也。昔之害近而易知,今之害深而难辨。昔之惑人也,乘其迷暗;今之入人也,因其高明。自谓之穷神知化,而不足以开物成务⑤。言为无不周遍,实则外于伦理。穷深极微⑥,而不可以入尧、舜之道。天下之学,非浅陋固滞,则必入于此。自道之不明也,邪诞妖异之说竞起,涂生民之耳目,溺天下于污浊。虽高才明智,胶于见闻,醉生梦死,不自觉也。是皆正路之榛芜⑦,圣门之蔽塞⑧,辟之而后可以入道。"先生进⑨将觉斯人,退⑩将明之书⑪;不幸早世,皆未及也。其辨析精微,稍见于世者,学者之所传耳。先生之门,学者多矣。先生之言,平易易知,贤愚皆获其益,如群饮于河,各充其量⑫。先生教人,自致知至于知止⑬,诚意至于平天下,洒扫应对至于穷理尽性,循循有序。病世之学者舍近而趋远,处下而窥高,所以轻自大⑭而卒无得也。先生接物,辨而不间⑮,感而能通。教人而人易从,怒人而人不怨,贤愚善恶咸得其心。狡伪者献其诚,暴慢⑯者致其恭,闻风者诚服,觌德⑰者心醉。虽小人以趋向⑱之异,顾于利害,时见排斥,退而省其私⑲,未有不以先生为君子也。先生为政,治恶以宽,处烦而裕⑳。当法令繁密之际,未尝从众为应文逃责㉑之事。人皆病于拘碍㉒,而先生处之绰然㉓。众忧以为甚难,而先生为之沛然㉔。虽当仓卒,不动声色。方监司㉕竞为严急之时,其待先生率皆宽厚,设施㉖之际,有所赖焉。先生所为纲条法度,人可效而为也。至其道之而从,动之而和,不求物而物应㉗,未施㉘信而民信,则人不可及也。

[注释]①充养:修养。 ②宽而有制,和而不流:宽大而有节制,和顺但不随波逐流。 ③居广居:心胸宽广如居广居;言有物而动有常:言之有物行之有常。 ④穷神知化:《周易·系辞下》:"穷神知化,德之盛也。"孔颖达疏:"穷极微妙之神,晓知变化之道,乃是圣人德之极盛。" ⑤开物成务:语见《周易·系辞上》。孔颖达疏:"言能开通万物之志,成就天下之务。" ⑥穷深极微:学说深奥精微。 ⑦榛芜:草木杂乱丛生。 ⑧蔽塞:障碍。 ⑨进:进身为官。 ⑩退:退身隐居。 ⑪将明之书:著书以明理。 ⑫充其量:得到满足。 ⑬知止:知其当止。 ⑭轻自大:轻浮自大。 ⑮辨而不间:明辨

是非但不拒绝人。　⑯暴慢:暴戾傲慢。　⑰觌德:见其德行。　⑱趋向:追求。　⑲退而省其私:退处而独自思量。　⑳处烦而裕:处理繁难悠游宽裕。㉑应文逃责:虚应文牍,逃避责任。　㉒拘碍:受束缚遭阻碍。　㉓绰然:游刃有余。　㉔沛然:兴盛貌。　㉕监司:负责监察州县的官吏,如路转运使、提点刑狱公事、提点常平等。程颢曾知扶沟县。　㉖设施:处置公务。㉗不求物而物应:不求外物应己而外物自应之。　㉘施:施加。

18. 明道先生曰:周茂叔窗前草不除去。问之,云"与自家意思一般"①。(旧注:子厚②观驴鸣,亦谓如此。)

[注释]①叶采《近思录集解》:天地生意流行发育,惟仁者生生之意,充满胸中,故观之有会于其心者。　②子厚:张载字。

19. 张子厚闻皇子生,喜甚;见饿殍①者,食便不美。

[注释]①饿殍:饿死的人或饿得快死的人。

20. 伯淳尝与子厚在兴国寺讲论终日,而曰:"不知旧日曾有甚人于此处讲此事?"

21. 谢显道云:"明道先生坐如泥塑人,接人则浑是一团和气。"

22. 侯师圣云:"朱公掞①见明道于汝②,归谓人曰:'光庭在春风中坐了一个月。'"游、杨③初见④伊川,伊川瞑目而坐,二子侍立。既觉,顾谓曰:"贤辈尚在此乎? 日既晚,且休矣。"及出门,门外之雪深一尺⑤。

[注释]①侯仲良,字师圣;朱光庭,字公掞,均程颢门人。　②汝:汝

州。时程颢监汝州酒税。　③游、杨：游酢、杨时，为程门四弟子中二人。程颢死，两人复从程颐学。　④初见：初次拜见老师。　⑤此即"程门立雪"典故出处。叶采《近思录集解》：明道接人和粹，伊川师道尊严，皆盛德所形，但气质成就有不同耳。明道似颜子，伊川似孟子。

23. 刘安礼①云：明道先生德性充完，粹和之气，盎②于面背，乐易多恕③，终日怡悦。立之从先生三十年，未尝见其忿厉之容。

[注释]①刘立之，字宗礼。此作"刘安礼"，误。（见《宋元学案》卷三十）二程门人。　②盎：洋溢、充满。　③乐易多恕：和乐、平易、宽大。

24. 吕与叔撰《明道先生哀词》云：先生负特立之才，知《大学》之要，博文强识，躬行力究，察伦明物①，极其所止，涣然心释，洞见道体。其造②于约③也，虽事变之感不一，知应以是心而不穷④；虽天下之理至众，知反之吾身而自足⑤。其致于一⑥也，异端并立而不能移，圣人复起而不与易。其养之成也，和气充浃，见于声容，然望之崇深，不可慢也；遇事优为，从容不迫，然诚心恳恻，弗之措⑦也。其自任之重也，宁学圣人而未至，不欲以一善而成名；宁以一物不被泽为己病，不欲以一时之利为己功。其自信之笃也，吾志可行，不苟洁其去就；吾义所安，虽小官有所不屑。

[注释]①察伦明物：精查人伦，深通物理。　②造：造诣。　③约：原理。　④应以是心而不穷：应，应对。心应无穷万物而各得其当。　⑤反之吾身而自足：所求诸己，不假外求而理自足。　⑥致于一：修养已达精致纯。　⑦弗之措：不懈怠。

25. 吕与叔撰《横渠先生行状》云：康定用兵时，先生年十八，慨然以功名自许，上书谒范文正公。公知其远器，欲成就之，乃责之曰："儒者自有名教，何事于兵？"因劝读《中庸》。先生读其书，虽爱之，犹以为未足，于是又访诸释、老之书，累年尽究其说，知无所得，反而求之《六经》。嘉祐初，见程伯淳、正叔于京师，共语道学之要。先生涣然自信曰："吾道自足，何事旁求！"于是尽弃异学，淳如也。（尹彦明云：横渠昔在京师，坐虎皮，说《周易》，听徒甚众。一夕，二程先生至，论《易》。次日，横渠撤去虎皮，曰："吾平日为诸公说者，皆乱道。有二程近到，深明《易》道，吾所弗及，汝辈可师之。"）晚自崇文移疾①西归横渠，终日危坐一室，左右简编，俯而读，仰而思，有得则识之。或中夜起坐，取烛以书。其志道精思，未始须臾息，亦未尝须臾忘也。学者有问，多告以知礼成性、变化气质之道，学必如圣人而后已，闻者莫不动心有进。尝谓门人曰："吾学既得于心，则修其辞；命辞无差，然后断事；断事无失，吾乃沛然。精义入神者，豫而已矣②。"先生气质刚毅，德盛貌严，然与人居，久而日亲。其治家接物，大要正己以感人；人未之信，反躬自治，不以语人；虽有未谕，安行而无悔。故识与不识，闻风而畏。非其义也，不敢以一毫及之。

[注释]①自崇文移疾：因病从崇文院去职。　②精义入神者，豫而已矣：能够精熟义理，达于神妙，就要在事情没有出现时预先熟知此事的道理。

26. 横渠先生曰：二程从十四五时，便脱然欲学圣人。

近期国学读物要目

国学新读本

诗经　梁锡锋　注说
论语　臧知非　注说
尚书　姜建设　注说
国语　曹建国　张玖青　注说
孔子家语　杨朝明　注说
山海经　郑慧生　注说
墨子　苏凤捷　程梅花　注说
孟子　何晓明　周春健　注说
庄子　曹础基　注说
荀子　杨朝明　注说
韩非子　赵沛　注说
孙子兵法　赵国华　注说
楚辞　李中华　邹福清　注说
潜夫论　王健　注说
文心雕龙　戚良德　注说

礼记　杨天宇　注说
老子　曹峰　注说
吕氏春秋　张富祥　注说
商君书　徐莹　注说
战国策　张彦修　注说
淮南子　杨有礼　注说
春秋繁露　曾振宇　注说
世说新语　赵成林　注说
史通　李振宏　注说

周易　龚留柱　注说
新语　李振宏　注说
新书　徐莹　注说
新论　臧知非　注说
说苑　赵国华　范正娥　注说
搜神记　王利锁　注说
颜氏家训　郭宝军　注说

文中子　王路曼　池桢　注说
潜书　池桢　王路曼　注说
六祖坛经　姚彬彬　注说
韩愈集　刘真伦　注说
柳宗元集　岳珍　注说
贞观政要　苏士梅　注说
通书　张文瀚　注说
正蒙　李峰　注说
王弼集　党圣元　注说
欧阳修集　杨亮　注说
王安石集　张富祥　李玉诚　注说
容斋随笔　张富祥　注说
论语集注　梁振杰　注说
大学中庸集注　梁振杰　注说
孟子集注　赵庆伟　注说
近思录　路新生　注说
传习录　岳淑珍　注说
焚书　李竞艳　注说
明夷待访录　赵轶峰　注说
闲情偶寄　惠萍　注说
龚自珍集　曹志敏　注说
校邠庐抗议　刘克辉　戴宁淑　注说
劝学篇　马小泉　注说

百年河大国学旧著新刊

河洛方言诠诂　王广庆　著
三统历表　邵瑞彭　著
中国戏剧概论　卢前　著
晚明思想史散论　嵇文甫　著
论语新探　赵纪彬　著
天问研究　孙作云　著
汉魏六朝文学史　李嘉言　著
金艺文志　金登科记考　万曼　著
唐集叙录　万曼　著
中国文学史新编　张长弓　著
汉碑集释　高文　著
袁中郎研究　任访秋　著
东夷杂考　李白凤　著
宋会要辑稿考校　王云海　著
长江集新校　李嘉言　著

高适岑参选集　高　文　王刘纯　选著
花间集注　华锺彦　著
庆湖遗老诗集校注　王梦隐　著
曾瑞散曲集校注　李春祥　著
辛弃疾选集　佟培基　选著
汉魏六朝韵谱　于安澜　著
毡推闲话　武慕姚　著
中国救荒史　邓云特　著
红学二百年　李春祥　著
文心雕龙选讲　温绎之　著

于安澜书画学四种
画论丛刊
画史丛书
画品丛书
书学名著选

元典文化丛书
中华第一经——《周易》与中国文化　宋会群　苗雪兰　著
教化百科——《诗经》与中国文化　孙克强　张小平　著
经国治民之典——《周礼》与中国文化　郝铁川　著
哲人的智慧——《老子》与中国文化　高秀昌　龚　力　著
圣人箴言录——《论语》与中国文化　李振宏　著
武学圣典——《孙子兵法》与中国文化　龚留柱　著
亚圣思辨录——《孟子》与中国文化　何晓明　著
逍遥之祖——《庄子》与中国文化　白本松　王利锁　著
外王之学——《荀子》与中国文化　张曙光　著
中国帝王术——《韩非子》与中国文化　王宏斌　著
史家绝唱——《史记》与中国文化　邓鸿光　著
诸经总龟——《春秋》与中国文化　涂文学　周德钧　著
管理宝典——《管子》与中国文化　袁　闯　著
纵横家书——《战国策》与中国文化　张彦修　著
人仙之间——《抱朴子》与中国文化　徐仪明　冷天吉　著
医学圣典——《黄帝内经》与中国文化　王庆宪　梁晓珍　著
礼乐渊薮——《礼记》与中国文化　黄宛峰　著
词章之祖——《楚辞》与中国文化　李中华　著
星学宝典——《历书天官书》与中国文化　郑慧生　著
天人衡中——《春秋繁露》与中国文化　曾振宇　范学辉　著
王政全书——《吕氏春秋》与中国文化　张富祥　著
神话之源——《山海经》与中国文化　高有鹏　孟　芳　著

新道鸿烈——《淮南子》与中国文化　杨有礼　著
史家龟鉴——《史通》与中国文化　曾凡英　著
政事纲纪——《尚书》与中国文化　姜建设　著
春秋弦歌——《左传》与中国文化　龚留柱　著
平民理想——《墨子》与中国文化　苏凤捷　程梅花　著
人伦本原——《孝经》与中国文化　臧知非　著
法典之王——《唐律疏议》与中国文化　徐永康　吉霁光　郑取　著
文论巨典——《文心雕龙》与中国文化　戚良德　著

宋代研究丛书

北宋诗学　张海鸥　著
宋代东京研究　周宝珠　著
宋代地域经济　程民生　著
宋代监察制度　贾玉英　著
宋代官员选任和管理制度　苗书梅　著
宋代地域文化　程民生　著
宋代文学通论　王水照　主编
宋代司法制度　王云海　主编
宋代教育　苗春德　主编
清明上河图与清明上河学　周宝珠　著
宋代文化史　姚瀛艇　主编
黄庭坚与宋代文化　杨庆存　著
宋代交通管理制度研究　曹家齐　著
岳飞和南宋前期政治与军事研究　王曾瑜　著
成圣之道——北宋二程修养工夫论之研究　温伟耀　著
宋代绘画研究　邓乔彬　著

汉语史专书语法研究丛书

《三朝北盟会编》语法研究　刁晏斌　著
《荀子》虚词研究　黄珊　著
《晏子春秋》词类研究　姚振武　著
《聊斋俚曲》语法研究　冯春田　著
《孟子》词类研究　崔立斌　著
《朱子语类辑略》语法研究　吴福祥　著
敦煌变文12种语法研究　吴福祥　著
《吕氏春秋》句法研究　殷国光　著
《尚书》语法论稿　钱宗武　著
《左传》语法研究　何乐士　著
《元典章·刑部》语法研究　李崇兴　祖生利　著
汉语语法史断代专书比较研究　何乐士　著

图书在版编目(CIP)数据

近思录/路新生注说. —郑州：河南大学出版社，2016.11

(国学新读本)
ISBN 978-7-5649-2615-1

Ⅰ. ①近… Ⅱ. ①路… Ⅲ. ①理学－中国－南宋 ②《近思录》－注释 Ⅳ. ①B244.7

中国版本图书馆 CIP 数据核字(2016)第 279061 号

责任编辑	薛建立
责任校对	柴桂玲
封面设计	马　龙

出　版	河南大学出版社
	地址：郑州市郑东新区商务外环中华大厦 2401 号　邮编：450046
	电话：0371－86059701(营销部)　网址：www.hupress.com
排　版	郑州市今日文教印制有限公司
印　刷	河南新华印刷集团有限公司
版　次	2016 年 11 月第 1 版
印　次	2016 年 11 月第 1 次印刷
开　本	650mm×960mm　1/16
印　张	22
字　数	276 千字
定　价	44.00 元

(本书如有印装质量问题请与河南大学出版社营销部联系调换)